地方教育 43 輔導叢書

九年一貫教改系列
研討會論文集之 ❶

國文作文教學的
理論與實務

王開府、陳麗桂 ●主編

作者簡介

李玉貴

學歷：台北市立師範學院國民教育研究所

經歷：台灣小學語文教學學會理事

現職：台北市國語實小教師

張春榮

學歷：國立台灣師範大學國文研究所博士

現職：國立台北教育大學語文教育學系教授

著作：短篇小說集《含羞的歲月》，極短篇《狂鞋》，散文集
《鴿子飛來》、《青鳥蓮花》，論述《詩學析論》、
《公無渡河》、《修辭散步》、《詞語的藝術》、《修
辭萬花筒》、《一把文學的梯子》、《一扇文學的新
窗》、《極短篇的理論與創作》、《現代散文廣角鏡》、
《修辭新思維》、《作文新饗宴》、《國中國文修辭教
學》。另編有《名家極短篇悅讀與引導》

甄曉蘭

學歷：國立成功大學學士

美國德州農工大學碩士

美國俄亥俄州立大學博士（主修課程與教學）

經歷：伯大尼美僑小學教師

國立嘉義師範學院初等教育系副教授

國立台灣師範大學教育學系副教授

美國史丹福大學教育學院訪問學者

現職：國立台灣師範大學教育學系教授

王基倫

學歷：國立台灣大學文學博士、國立台灣師範大學文學碩士

經歷：國立台北師範學院副教授、教授

現職：國立台灣師範大學國文學系教授

郭鶴鳴

學歷：國立台灣師範大學國文研究所博士

經歷：省立北門高中國文教師

　　　台北市立建國高中國文教師

　　　國立台灣師範大學國文學系助教、講師、副教授

現職：國立台灣師範大學國文學系教授

王慧茹

學歷：輔大中文系畢業、國立台灣師範大學國研所四十學分班
　　　結業

經歷：曾任高職、高中教師，國中國文、高中國文編纂委員，
　　　高中國文語文表達應用練習編者；曾獲台北縣優良教
　　　師，赴歐洲文化考察；及多項語文競賽優等獎等

現職：台北市南湖高中國文科教師、國立台灣師範大學國文研
　　　究所在職專班學生

劉渼

學歷：國立台灣師範大學國文研究所博士

經歷：國立台灣師範大學國文學系講師、副教授、教授

國文天地總編輯

教育部九年一貫推動小組（國語文領域）委員

教育部數位教學設計師線上教師

現職：國立台灣師範大學國文學系教授

賴來展

學歷：國立台灣師範大學國文學系畢業

國立台灣師範大學國文學系教學碩士班

經歷：台北縣立三和國中

台北縣立三重高級中學

現職：台北縣立三重高級中學教務主任

王全興

學歷：國立中正大學課程所博士班研究生

經歷：教育部數學領域審查委員

台南市教學輔導團輔導員

現職：台南市東光國小教師

張嘉玲

學歷：國立中山大學教育所博士班研究生

現職：台南市東光國小教師

王家珍

學歷：國立花蓮教育大學國民教育研究所

經歷：桃園縣中壢市大崙國小教師

現職：桃園縣大崙國小教學組長

　　　國立花蓮教育大學國民研究所博士班研究生

鄭圓鈴

學歷：國立台灣師範大學國文學系文學博士

經歷：國立台灣科技大學人文學科副教授

現職：國立台灣師範大學國文學系副教授

楊如雪

學歷：國立台灣師範大學國文研究所博士

學術專長：古代漢語語法

現職：國立台灣師範大學國文學系副教授

林素珍

學歷：國立政治大學中國文學研究所博士

經歷：國立清華大學中國文學系副教授

現職：國立彰化師範大學國文學系副教授

作文教學的危機與轉機
──代序

國立台灣師範大學國文學系主任　王開府

　　自從九年一貫課程實施以來，由七大學習領域分配學習節數，語文領域雖然分到學習節數的 20% 至 30%，但語文領域中分本國語文與英語，本國語文又分國語文與鄉土語言，因此，國小多數學校分配到的每週國語文學習節數，實際上是三至五節，比過去十節大幅縮減；國中國文大約是五節；高中國文四節；高職國文三節。在這麼少的節數中，作文難以在課堂中進行，習作效果自然降低。加上高中入學考試近年又不考作文，作文不受重視，程度日趨滑落。

　　寫作能力的低落，其實也是世界各國的普遍現象。學生看電視、使用電腦與上網的時間，比閱讀與寫作的時間大幅增加。圖片、動畫或影音視訊，比文字來得有趣，也更容易理解。這些因素都造成學生語文能力每下愈況，作文能力更是一落千丈，造成作文教學莫大的危機。

　　所幸教育部決定明年基本學力測驗，恢復加考作文。作文能力開始受到重視。但是節數的問題不能解決，作文教學仍然沒有施行的時間。學生和家長只好求助於補習班了。

　　這次，台灣師範大學國文學系與實習輔導處、教育部九年一貫本國語文領域深耕輔導組，共同合辦「中小學國文作文教

學理論與實務研討會」，目的就在探討如何在現行教育制度中，提升作文教學的品質與成效。本次會議獲得各界熱烈的響應與踴躍的參與，令人欣慰。包括大學國語文教育的學者專家、中小學教師、學生家長與社會人士，共四百多人參加會議，盛況空前。因會議場地所限，其他四、五百人未能如願與會，主辦單位深表歉意。

在會議中發表的論文與作品，都是精心的學術研究與教學實驗成果，充滿了創意和巧思。經審慎評選後，現在結集出版，以供各界參考。對會議中發表研究成果的學者與教師，表達由衷的感謝；對作品獲選收入論文集的作者，也藉此深致恭賀之意。

研討會的成果，受到各界的肯定，媒體也大幅報導，影響深遠。在作文教學的危機中，我們見到了轉機，也希望未來有更多的國語文教育專家與教師，參與作文教學理論與實務的研究與創新，讓我們的下一代作文能力，由向下沉淪轉為向上提升。

序

　　自二〇〇一年九年一貫實施以來，迄今四年，四年來，教改的理想與願景儘管因著實際執行時所孳生的種種困難而一再遭受衝擊、質疑，甚至陷入混沌紛亂，而不斷地調整與修正；「能力的提升而非知識累積」的指標，卻是一路走來，始終如一的清明堅持。

　　就國文一科之教學而言，作文能力的提升，被認為最具指標性的成果，肩負著最沉重的期待與壓力。尤其自教育部杜部長宣示基測考作文的政令之後，作文教學更成了中小學教師、家長、學生的最大關切。本處地方教育輔導組有鑑於此，因結合著教育部九年一貫本國語文領域深耕輔導組、台北市政府教育局，與台北縣政府教育局，於二〇〇五年四月九、十兩日，假國立台灣師範大學教育大樓二樓演講廳，舉辦「中小學國文作文教學理論與實務研討會」，企圖結合國文教學專家與第一線的國文教師，共同檢討作文教學的過去，從而有效策劃未來。會中共分三大主題：

　　一、作文教學的定位與挑戰。

　　二、作文教學策略與創新作法。

　　三、考試制度下的作文教學因應策略與評量。

　　會議採取對外公開徵稿的方式，共收論文摘要四十件，錄取十四篇，邀稿論文八篇；教學錦囊投稿三十九件，錄取特優七篇，優等八篇，錄取之論文及特優之教學錦囊皆於研討會中發表，入選之教學錦囊並於會場展示其成果與海報。

　　訊息一發出，立即獲得熱烈迴響，報名第一天，人數即超過預定人數。至報名截止日為止，總報名人數已達八七六人，踴躍情況是歷年相關活動中之絕無僅有者。為擴大參與，另闢三個分場，透過同步轉播方式，共同研討國文作文教學改進之道。會議中除了論文發表外，並有作文教學錦囊之展示。會後並自投稿及邀稿之二十二篇論文中，選出十三篇，彙整成書，付梓出版，非特為這一盛會豐碩成果之具體顯現，亦為今後中小學作文教學之實施提供有效之協助。

　　研討會之舉辦與發表有終時，國文作文教學之檢討與改進，今後卻仍要不斷推陳出新地走下去，本書的出版只是一個良好的開始，藉著這樣一個開始，若能使九年一貫中國文科的作文乃至相關教學能引起廣泛重視與有效改進，才是我們最大的希望。

　　今後，九年一貫中數理科，乃至社會科的相關研討會都將依序逐一地展開，英語科研討會並已於二〇〇五年五月二十一日展開，會後都將出版類似的論文集，敬期　各科專家、學者、同道繼續支持與參與。

陳麗桂

謹誌於國立台灣師範大學實習輔導處

二〇〇五年十月十二日

目 錄

Chapter *1*

解構現行課文教學的呼籲與實踐

從讀寫結合取向的寫作鷹架談起

台北市國語實小教師
李玉貴

緣起

你參加過各校、各校群、各分區、各縣市所舉辦的九年一貫、深耕閱讀。諸如此類繁花似錦的教學成果展嗎？

你必定曾踏進同業伙伴的課室，入班作客、觀察記錄、學習與建議。無論是開放校外參觀，或校內觀摩的正式課堂；不管兩造有意或不願。彷彿教學創新才是常態。

你是否總是不經意信步經過一間又一間的課室，但憑專業五感，在走廊方寸移動，似已瞬息敏銳覺察，掌握課堂萬千動靜。卻發現天天如常。

置身不同的教育空間，從成果展、教學觀摩到日常課室，語文教學的春天似乎花團錦簇，語文教學的冬天似仍冰封不動。究竟課室中語文教學的真實面貌如何？怎樣的面貌才算踏實又多采？

壹、我的觀察——九年一貫以來語文教學的現象

一、語文讀寫教學，春風吹又生？

　　九年一貫推行以來的確可以看到，多元文本進入小學課堂，如：繪本、童話、詩集、小說、戲劇、電影等；較以往更重視多元學習形式，如：採訪、報導、體驗等；尊重學生興趣的獨立研究、自主課程；重視學生提問之班級讀書會等。

二、語文讀寫教學，八風吹不動！

　　語文教學活動的歷程，如果老師仍以教學生精熟課文為主，只在剩下的時間與空間，進行老師真心想嘗試的語文教學。亦即，課內教學，以灌輸為主、以成果為導向；師生互動結構維持，老師問學生答，老師說學生聽。如此，我們能說語文教學本質活化了嗎？

三、維持課文教學又能促成讀寫成果的可能條件

　　教學進度是所有老師普遍面臨的難題。如果老師維持照教學指引課文教學，說實在，在時間有限的條件下，我們很難見到各校九年一貫、閱讀推展、深耕閱讀成果等會場如此多元的學生讀寫成果。有限時間維持課文教學仍能呈現多元讀寫成果，有以下兩種可能：

　　（一）老師維持課文教學結構不變，一方面課內教學「趕
　　　　　快一點」；一方面「另闢戰場、拉長戰線」，尋覓多

元、活潑、創意語文讀寫教學的時間與空間，在語文課堂外實踐與發展，如：彈性課程、綜合課程時數。

（二）我們所常見的讀寫成果，是少數老師、特定學校（如深耕閱讀中心學校）、限定時機（深耕閱讀計畫）所呈現的讀寫教學活動，而不是長期、多數老師的普遍教學實況。

四、可能的潛在課程——課外「悅讀」？課內「越毒」？

這三年我親身走過台灣十六個縣市，約一百所小學，一百五十場進入小學校園的教學分享經驗發現：各校的「語文校本課程」、「語文特色課程」，幾乎都需要仰賴語文教學以外時數發展而來。也就是說，各校有趣的、多元的、豐富的、挑戰的讀寫活動，多數與「課內」、「課本」、「課文」教學區隔。這其中的弔詭是：教師認為有意義的、實質的教學活動，總是排在「課內」、「課本」、「課文」教學活動的隊伍之後。

當然，將語文本位課程或特色課程從語文領域教學時數獨立出來，不失為確保校本課程建構與施作的手段之一。研究者要探究的是如果語文課堂，也就是所謂的課內課本課文教學此一大宗，如果沒有實質改變，我們怎能說九年一貫以來的語文教學真的改善了。

上述事實指出語文領域有特色的教學改變、課程改革，多在語文課堂外發展，多數不在語文課室裡。當學校或老師這樣施作語文課程，我擔心老師將課內教學與課外教學區隔，把教課內和教課外區分，總在課內教完了，才能進行課外（材料、

學習型態）嘗試。若此，師生經驗的潛在課程，可能蘊藏以下的危機：

（一）我擔心區隔課內與課外教學後，教學創新嘗試機會渺茫

九年一貫以來，本國語文教學時數壓縮到一週只有四到五節，我擔心老師將課內教學與課外教學區隔，老師預設唯有課內教完了，才能進行課外（不同材料、學習型態）嘗試，則進行語文教學嘗試的機會，相對渺茫。

（二）我擔心學生身處課內「越毒」與課外「悅讀」的學習 經驗

老師若沒有改變語文教學的結構，而是採取課內壓縮時間趕課，以進行課外讀寫延伸活動。亦即，九年一貫後，學生發現課外讀寫活動創新、多元、自主的趣味與興趣，但是，一回到課內、一進入課本、一讀起課文，老師基本的、根本的語文教學並沒有改變。學生是不是經歷課內語文學習單調刻苦（越毒），在課外語文學習快樂多元（悅讀）的處境。長期來看，這對於學生語文學習的態度與認知，並沒有正面助益。

貳、研究方法──記錄教學、建立檔案、進行專業 溝通與反思

一、研究方法：記錄（recording）與書寫（writing）；敘 說（narrating）與反思（reflecting）

　　我以文字與圖像，持續不間斷「記錄」三年來每一節的語文教學（李玉貴，2004）。再根據教學活動紀錄，依相關主題，如「合作學習融入語文教學的實踐與回顧」（李玉貴，2004 年 7 月）、「真實閱讀與寫作的結合」（李玉貴，2004 年 10 月）、「探索式單元課程設計」（李玉貴，2004 年 12 月）、「合作與討論式的歷程寫作」（李玉貴，2005 年 4 月）、「知識性文類的讀寫」（書寫中），「書寫」教學案例。

　　上述教學活動與教學案例，讓我透過教學檔案「反思」教學，藉此對同業「敘說」教學作為，藉此溝通背後隱含的教學信念。

二、研究工具：透過語文教學檔案重建課程脈絡與省思教學作為

　　對我而言，語文教學的實質內涵，除了學期初的課程規劃外，還需覺察教學現場的學生回應，並將語文重要教學「信念」牢牢地放在心上，於教學歷程尋找恰當的時機，一點一滴的嘗試。然而，這點滴的教學嘗試、看似脈絡清晰的教學實踐，實因每一步的教學歷程都記錄存檔有跡可尋，使得每一次的教學嘗試與課程間的脈絡關係更清晰。

三、研究歷程：記錄、書寫、敘說與反思的質變歷程

（一）記錄教學本身就是質變歷程

　　人類思維最大特質就是連貫（coherent）與合理（reasonable）。回想與記錄絕非影印（copy）過程，記錄教學同時，一再覺察教學步驟間的縫隙（gaps）與合理銜接的可能，實屬質變歷程。

（二）記錄與書寫教學使得教學歷程外化與持久化，促進教學默識知識的反思

透過記錄把迅速流動、轉眼即逝的教學歷程外化（externalizing）、持久化。讓我有機會透過書寫與言說，揭露語文教學的視框，反思教學施作的默識知識（tacit knowledge）。

唯有盡可能如實保留與記錄教學歷程，教學檔案就會趨向3D立體影像，從不同的角度觀看浮現不同的圖像。這三年來建立教學檔案，經歷三個體驗的歷程，容我以比喻說明如下：

剛開始，我覺得教學檔案像一面「鏡子」，鏡照教學者的教學活動，但只看到表面；

後來，我覺得教學檔案比較像「榨汁機」，省思讓教學者回味與釐清課程與教學的交織與本質、理論與實踐，讓你從綜合果菜汁的綜合滋味裡，品嚐到芹菜、苜蓿芽、鳳梨、蜂蜜等獨特滋味；

此刻，我認為教學檔案更像是「魔法師的現身水」，他顯現出教學行為背後深層的默識知識、隱藏的教學信念，幫教學者把促使我們這樣決定、那樣實踐的幕僚顯像現身。

（三）閱讀回顧教學檔案，促進語文教學的詮釋、批判與創意

　　教學就是人生，此刻一秒轉眼成為歷史。教學規劃有無限的可能與樣貌；教學歷程有無數的變數、決定與判斷；教學結果留待不同角度的詮釋與批判。閱讀與回顧教學檔案，讓老師關聯前後教學活動的規劃、連貫與合理性，促進語文教學的詮釋、批判與創意。

（四）書寫與閱讀教學檔案，促進反思能力

　　教師教學「反思」什麼？是反省嗎？反省誰；是檢討嗎？檢討什麼？檢討有用嗎；如果教學反思檢討「教育部推行語文教育政策粗率與令人困惑」，對課室的學生有實質的幫助嗎？如果教學省思檢討「我的學生文化刺激不夠」，這對學生公平有意義嗎？如果教學省思檢討的是：如果有充裕的教學時間，就能如何如何，這種違背現況的期待，能夠對課室學生起正面的影響作用嗎？

　　那反思是什麼？反思比較是老師盡其所能理解學生、運用資源、嘗試教學，並據此充分發揮教學能量。體驗三年的教學記錄發現反思的教學價值，如下：

1. 檢視與擴展教學反思的框架

　　進行三年的教學記錄發現，愈來愈能從單堂、單次、單課教學檢視並擴展教學框架，看到每次教學與整體課程規劃（如文類教學、重要語文技能）間的關係與脈絡。

2. 愈來愈能即時反思

反思不是教學記錄形式上的必然，也不是檔案中必要的標題項目，反思的目的在培養老師愈來愈能在教學現場，教學行動的「同步」敏銳覺察。亦即，「反身性」，反身性指彷彿下一秒的我移位回頭，看見教學歷程前一秒的自己。

以我的經驗，反思能力是「鍛鍊」來的。當教學省思再次出現「離題總是老師的權力」之教學反思，其強度與張力顯著大於第一次出現。對教學者而言，意味深長──為什麼同一現象短期內出現兩次？我有沒有想一想可有什麼具體的措施嘗試改善？我的這個教學弱點是不是其他老師的普遍困境？「課堂離題」是個重要的教學議題嗎？同儕老師也意識到離題是重要的教學議題嗎？遇到什麼程度的教學困境，我會選擇暫時「看開」與「放下」，先處理其他比較容易著手處理的議題？哪些議題一再出現，觸動我的心弦，促成我願意進行下一個較具規劃的行動實踐。

3. 反思愈來愈能轉化成後續實質的教學實踐

有了上述教學記錄的深入思考，鍛鍊出教學者愈來愈能在行動實踐中反思。也就是教學反思不是離開紛雜教室、錯綜教學活動、靈動的師生往來之外，隔絕的閉關反省；那只是一個必然歷程，通過課後反思，促成我愈來愈能在「當下」、「即時」反思自己前一秒的教學施作，並決策下一秒的千萬選擇。

檔案中若反思一再出現，卻未見「執行力」，就會具體促

進教學者思考，困境是什麼？有沒有哪一點最容易突破的出口？有時候，突破的教學嘗試也規劃好了，但是，就是遲遲未見行動力，有了反思，就多一面鏡子，照見自己空有規劃、空有點子的慣性、一旦照出教學的遲滯，就能具體敦促自己採取行動。

（五）藉教學檔案訴說教學，成為與同業溝通語文教學信念的最佳觸媒

教學需要專業討論，專業討論單憑口述費時、費力，描述不清又費猜疑。有系統記錄教學材料、歷程與結果所建立的檔案，能讓同儕討論聚焦在專業範疇。

這三年進入小學校園，專業溝通與分享語文教學的經驗發現，教學檔案不只是與同儕溝通教學的極佳媒介，透過檔案還能肯定自己教學的困惑與關注，分享教學實務。透過教學檔案的教學經驗分享，讓我驚訝原來我覺得不值一提的困惑，是多數老師共同的處境；分享教學實務，讓我欣喜我的教學嘗試，受到許多同業老師的鼓舞與激賞。每一次分享與演說的溝通表達歷程，我逐次澄清、組織零碎片段的議題，建構成語文教學實踐與理論的網絡。

許多老師讀了我的教學檔案，比較私下且真實的聲音是：「我們認真教學都來不及了，哪來的時間弄這些紙上作業，有必要這樣嗎？」我只能說：就像親遊名勝，欣賞就好了，為什麼既要拍照又要攝影？風景如此，課堂教學的春風、綠意、豔陽、冰霜、酷寒、憂鬱，若沒有記錄與回顧，立即 gone with the wind。

　　我承認，建立教學檔案真是一條弔詭又真實的漫漫長路。為了向自己的認真討公道，卻要磨難本已疲憊的筋骨，但請容我打一個比方：建立教學檔案比投保效益更高，不但不必繳年費，且受益人肯定是自己。如果真要計較教學檔案的效益，時距一定要拉長，不能只計較眼前效益；教學檔案香醇濃郁，後勁很強，效益總是持續發威。

四、記錄教學與建構教學檔案，使我釐清語文教學可行途徑與寫作鷹架內涵

　　我的教學檔案從二○○三年九月至二○○五年七月，歷經三年記錄每一節的語文課堂至今（二○○五年七月）。透過一次一次翻閱，從每次上課之原始紀錄資料、所書寫教學案例之次級資料、所建構的語文專業知識：一方面釐清讀寫教學具體途徑，一方面建立鷹架寫作的理論，分別在第參節與第肆節論述如下：

參、三條具體可行的語文讀寫教學途徑

途徑一：教語文非僅教課文

（一）「教課文」僅是教語文的重要手段之一

　　「教課文」指老師遵循教師手冊之教學指引，以「國語科混合教學」的程序，使學生精熟一課一課的課文。台灣多數的

老師，幾乎都是以「國語科混合教學法」進行語文教學，分析可能的原因如下：(1)最近一次教科書開放後，所有版本的「教學指引」皆採國語科混合教學法。我想這是解嚴後的台灣，最令人驚豔的「一統」「團結」局面，且跨越二十世紀，至今沒有改變。(2)台灣教師手邊最易取得（accessible）的教學參考資源，就是教學指引，教學指引這樣寫，老師順理如此教。

國語科混合教學流程約略從美讀、概覽課文、大綱段意大意掌握、生字新詞習寫與字詞義探究、內容與形式深究，到閱讀與寫作的延伸。國語科混合教學不失循序指引學生理解一篇課文的方法。但是正如筆者一再強調，課文只是媒介，語文學習目標絕不僅限於精熟課文，而是企圖透過課文學習，進而培養課外獨立閱讀與寫作的能力。課文理當是學生學習語文（甚至是學習文學）的重要媒介，但不是唯一。

（二）僅以「國語科混合教學」教語文的可能缺失

1. 所有文類教學流程相同，學生無法習得依據不同目的選擇不同形式表達思考的能力

所有的議題皆可以議論文、論說文、韻文等文類呈現。選擇以某一種特定文類表達，必有其具體關鍵的理由。以「愛我的家人」單元為例，單元內三課課文分別為韻文、論說文與記敘文，現行指引三課學習程序，皆以單一教學視框──「國語科混合教學法」，讓學生精熟三課課文。

如果將語文學習的重點放在精熟課文，則學生恐學不到文

類是表徵思想的形式。學習語文的重點在於引導學生接觸與認識不同的文類，使具有認識、分辨、選擇、嘗試、運用不同形式表達內容的能力，這些能力是僅教課文無法達成的。

2. 單元主題概念固定單薄，不利多元討論與探究導向學習（inquiry-oriented）

課文彷彿就肩負身為課文的宿命：概念要溫馨、寫法要平穩、內容要合乎多數人一致的想法，導致一個單元三課課文趨同性高。這與 Hartman 和 Hartman（1993）研究相悖。Hartman 和 Hartman 強調創造課室探究導向討論文化時，五種選擇主題文本的重要考量，分別是：(1)互補性，(2)衝突性，(3)控制性，(4)綜合性，與(5)對話性。

現行課文僅做到同一視角的補充，也就是做到部分「互補」功能，甚少衝突性、控制性、綜合性與對話性文本。如此一來，學生僅憑課文較難進行多元討論，或藉此自主探究單元概念。

3. 閱讀與寫作聯繫不足

指引每單元都安排寫作練習，通常從課文出發，每單元要求學生練習一篇作文。以單元主題「春天來了」為例，此一單元共三課，其中有一課是韻文，單元學習結束，教學指引可能要求學生寫一篇以「春天」為題的韻文。教學指引中一個單元的作文練習，看起來似乎在關聯閱讀與寫作，細探卻缺乏讀寫結合的實質，亦即，此一單元寫作練習，並不是分佈於單元內

三課學習的循序整體規劃。

　　缺失如下：一是閱讀輸入不夠，二是討論激發不足，三是閱讀與寫作僅形式與表面連結，可稱是「準」（quasi）讀寫結合。

4. 強調成篇作文（composition）成果，忽略過程寫作（writing）歷程

　　現行寫作課程列在三課教學後的單元活動，而前三課教學指引對於寫該篇「作文」通常沒有任何鋪陳與規劃。相較於 Flower 和 Hayes 所強調「過程寫作」之計畫、轉譯、回顧、監控四個子歷程（Bruning, Scbraw, & Ronning, 1995），在一段有輸入、互助的寫作歷程，逐步完成，非常不同。這種強調成篇作文成果，忽略寫作歷程的寫作教學，老師極可能引導學生「仿」課文的內容與形式而「作」。

（三）跨出國語科混合教學法教語文

　　「教語文」指語文教學不單以「國語科混合教學法」教學生精熟一課一課的課文，其重點在：教師改變課文教學的結構，透過教材文章的特色分析，擇每課語文重點，規劃單元統整課程進行教學；課程進行中，讓學生練習特定語文技能，期盼學生逐漸遷移閱讀與寫作能力，而成為課室外有興趣、較成熟、能獨立的閱讀者與寫作者。

　　以教「愛的教育讀書報告」單課教學為例。老師不會僅限深究與精熟該課的生字、語詞、內容與形式，隨後要求學生寫「讀書報告」。這樣的作法，老師其實只教課文的「陳述性知

識」（declarative knowledge），卻要求學生展現「程序性能力」（procedural ability）。如果老師接受語文領域的學習重點是「語文」不是「課文」，老師的作法可能如下：提供另一篇讀書報告，透過比較閱讀，引領學生共同探究讀書報告可能的書寫角度；亦即，課文是重要媒介，目的在促成學生學會寫讀書報告的「程序性能力」，不僅是精熟該課課文。

　　再以長期學習「詩」這類文體為例。如某一單元有一課是韻文，老師教了那一課課文後，要求學生創作一首詩，對學生而言，是很艱難的任務。如此一來，學生很可能「仿」課文的形式與內容而「寫」。若此，老師到了批改作文的時候，就會覺得枯燥、痛苦。因為學生仿課文內容與形式所寫的作文，全班相似度非常高，也就是所謂的「千篇一律」，缺乏個人見解與新意，老師還得認真眉批、提供建議、費盡心思、寫作評語。這好比一場無形又無謂的相互陷害。

　　眾所周知，寫詩需要「鋪陳」，因此，學習詩需要比較持續、長期的規劃，不會因為這一課的課文不再是詩，就停止詩的學習。如果老師願意，可規劃為期一個單元或一學期詩的讀寫課程，與正式課文交織學習；透過提供不同詩文、試探學生對詩的先備理解、鼓勵學生朗誦詩文、分享讀詩的回應、教師介紹詩的元素、提供詮釋向度等。有了上述經驗，持續比較詩和散文、鼓勵學生關聯自身經驗到所閱讀詩文、持續進行讀詩活動、鼓勵學生經常寫詩、幫學生找到分享詩的途徑、鼓勵學生蒐集他們喜歡的詩，彙成詩集，發表詩作。

　　以上僅以詩為例，淺釋「教課文」與「教語文」的差別，

及其具體可行的途徑。

（四）教學時間與其相關議題

墨守每一課以國語科混合教學法的教學程序，學生學到的是精熟課文的能力，但不確保課室外敏覺閱讀文本特性、閱讀策略的選擇、閱讀目標與閱讀策略的聯繫、符應寫作目標和閱讀對象之寫作手法等重要語文讀寫能力的習得。

既然時間極為有限，因此需要解構現行課文教學的結構，不再一課一課的教課文，而是根據單元主題概念、擇訂每一課的語文教學重點，規劃單元課程。

如今，即使教育部真的決定語文教學時數每週增加一節、甚至兩節，老師們還是會覺得語文教學時間永遠不會有足夠的一天。因為，身為老師憑藉專業判斷，永遠知道學生的學習，在哪裡仍有拓展的可能。

因此，語文教師終究要面對「何謂教完一課？」的終極挑戰。但是，保守的教育職場，瀰漫一股看不見的集體潛意識，彷彿依照教學指引教就是「政治正確」的教完一課；未依照教學指引教語文，就要面臨沒有好好「教完一課」的質疑！

途徑二：打破課內讀寫與課外讀寫界線

打破「課內讀寫」與「課外讀寫」兩造界線的可行途徑之一，就是適時讓課外真實文本與課文交織，以課外文本媒介多元語文技能、文學閱讀策略、學習策略。例如進行「流光村」教學（康軒，三下），老師同時讓學生閱讀「李伯大夢」小說

（格林，1995），再進行兩個文本的比較閱讀，如此一來，學生閱讀的主動性與深入性，比只進行單課課文教學更好。

途徑三：搭建讀寫結合取向的寫作鷹架

　　筆者為文提倡「讀寫結合的寫作鷹架」旨在思考與闡釋——為什麼我強調讀寫結合？現行課程架構與教學指引示例中，閱讀與寫作沒有結合嗎？本文所指讀寫結合為何？本文強調讀寫結合的要意何在？

　　首先，語文教學時數銳減是所有老師現實嚴苛的處境與挑戰。就現實層面而言，讀寫結合是面臨有限教學時間，不得已走的一條路。本研究之讀寫結合指跳脫指引侷限於課文閱讀與文類、技能寫作的連結，簡言之，乃提供教師一條整合文學作品閱讀與寫作策略的有效途徑。

　　其次，讀寫結合並不是指閱讀後一定要記錄心得、創新寫作；而是反過來，「寫作」的確是較高層、難達成的語文重要教學目標。寫作前如果有足夠、多元的閱讀與輸入，必然有助寫作。Rasinski 等（2000）也指出：閱讀與寫作交互提供訊息與促進彼此——學生寫得愈多，能使閱讀更佳；閱讀量愈大，寫作就能變得更好。

　　最後也是最關鍵的思考：「讀寫結合」指的是有閱讀輸入的寫作課程，「寫作鷹架」指的是教師提供具體有效的寫作協助。在「讀寫結合取向」的寫作教學課程，老師究竟可以提供怎樣的「寫作鷹架」支援。將在下一節詳細說明。

肆、寫作鷹架理論

　　教師有哪些有效的寫作教學途徑？從學生的角度而言，寫作時需要老師提供什麼協助？專業搭建哪些鷹架？這三年來，我透過教學檔案的建構，回顧教學實踐、改進與反思行動的循環歷程，採讀寫結合教學取向，嘗試營造以下幾種不同的寫作鋪陳，讓學生漸漸在同儕讀寫互動、同儕專家讀寫示例與老師放聲思考示範等教學鋪陳，企圖使學生逐步移動自己最大發展區的基線（baseline）與閾限（threshold）。

　　以下是我回顧三年讀寫教學活動，整理歸納為兒童從閱讀到寫作路途，所鋪設的踏腳石，概述如下：從兒童喜愛的故事開始，借重並引發兒童相關讀寫先備知識，暖化讀寫活動，透過真實讀寫、師生放聲思考示範讀寫策略、同儕合作與討論、參觀與體驗活動、閱讀大量相關文本並建構文本可能意義，以概念圖組織讀寫內容，保留寫作命題彈性空間，在寫作鷹架的協助與引導下，老師最終希望，學生從願意寫、樂意寫、覺得寫作不難，到樂於寫、樂在寫、樂於一寫再寫。

　　「讀寫結合的寫作鷹架」乃萃取自教學實務的理論，因此，每個鷹架內涵都有其具體詳細的教學實例，限於篇幅僅能以文字概述。其中「從故事開始：認識故事元素」，於「真實閱讀與寫作的結合」（李玉貴，2004）一文中以案例闡釋；另「合作與討論式的歷程寫作」案例，發表於國立師範大學實習輔導處舉辦「中小學國文作文教學理論與實務研討會」之「中小學作文教學錦囊」教案競賽，獲得國小組特優（李玉貴，

2005）。透過上述案例，較能具體理解各鷹架的詳細內涵與想法，現分別簡介如下：

一、 從故事開始：認識故事元素（story elements）

　　故事總是讓兒童著迷，不愛故事的學生，實在少之又少（至少我還沒有見過）。「故事元素」指故事裡的角色、情節、場景與主題；角色是作品與讀者間的延長線，情節乃持續閱讀的動能，場景總是營造故事的氛圍，主題建構讀者與文本間的意義關聯。正是這些故事元素抓住兒童的專注力與想像力，老師如果能設計有意義的、適齡的學習活動，將故事元素策略性地介紹給學生，則每個愛故事的小孩都能主動熱情參與老師所設計的閱讀與寫作活動。

　　從閱讀的角度觀之，Merchant和Thomas（1999）歸納閱讀故事書的功能，分別如下：有助學習故事元素、進入想像世界、認識自己與他人、探索情感、思考議題。我也曾指出，在台灣的語文課程與教學生態，故事書還可以更積極扮演助長群性閱讀、成書概念的形成、媒合課程統整的角色（李玉貴，2001），亦即從「從閱讀中學習」與「學習閱讀」。

　　從寫作的角度觀之，學習故事元素不僅協助兒童從故事裡讀出更多的意義，經由練習，也提供兒童獲得創作故事的語文技能。故事中角色的視覺特性、事件的順序、情節鋪陳、圖文交織、插圖呈現誰的觀點、場景描述與轉換、文章敘事的口氣與觀點、敘事的技法，提供許多高層次讀寫技能的示範，也提供老師進行各種閱讀與寫作活動的示例。也就是「從閱讀學寫

作」和「從寫作學閱讀」兩者乃交互辯證的歷程，彼此相互依賴、琢磨、成就與輝映，而其中因為故事的特性，的確是帶領年幼學習者著手寫作的入門途徑。

故事元素寫作教學首重教師確立教學目標，保障學生閱讀樂趣，帶領學生探討主題深入文學作品，在經歷最個人、最獲報償的故事閱讀歷程，就等同於建構與累積許多不同的故事原型與基模，這對兒童的創作構思與寫作有很大的助益。

二、珍視並激發先備知識（prior knowledge）

先備知識是每個學生因人而異隨身攜帶的資產，目前寫作教學在激發兒童先備知識方面仍有成長空間。現行作法通常在寫作教學「引起動機」階段，問學生有沒有相關的經驗，以達到關聯自身（relating）的暖身（warm-up）作用。接著，可能有兩個常見作法：一種可能，老師引導學生寫作，如果過度引導，要求學生寫一篇「順序法」記敘文，學生可能符合老師要求而寫，可惜不理解為何如此；另一種可能，老師命題後但憑學生獨立寫作。

又以進行知識性寫作（nonfiction-writing）為例，先備知識不但需要引發，更需要蒐集與記錄，從先備知識擴展新知與後續探究的發展性與連慣性，以便在學習歷程讓學生在視覺上比較出來。

寫作重視先備知識，與 Pressley 所研發的——KWL 閱讀教學法，K 指已知（knowledge）、W 指想知（wanted）、L 指新知（learning）異曲同工（Moen, 2002），運用在學生形成某一

主題與概念的發展過程有實質的幫助。

　　先備知識引發後，需要有一段「持續安靜寫作時間」（keeping quiet writing time）約十至十五分鐘（對中年級學生而言），讓學生將「目前」、「自己」、「已知」比較零碎的想法組織起來。這十至十五分鐘的寫作非常重要，讓學生不拘形式、不管分段、不考慮最恰當安排，先放心大膽、行雲流水書寫，我稱此歷程為「隨筆快寫」（powerful paragraph writing），這段時間所寫為寫作樣本（writing sample）。

　　根據先備知識所寫的寫作樣本稱不上成篇作文的完美形式，但是，這是每一個學生相信自己有內容可寫、有能力可寫的關鍵起點。至於，從寫作樣本到成篇作品所要求的琢磨與鍛鍊是什麼，但看老師後續所規劃的寫作教學目標而定。我想要強調的是珍視先備知識的價值，進而激發學生寫作相關主題的先備知識，是寫作重要、關鍵、絕佳的開始。

三、視覺組織圖（visual organizor）：組織想法視覺呈現

　　寫作課堂中的發表與討論，舉凡兒童形成中的概念、起草寫作綱要的想法、口頭發表的內容，此類聲音訊息總是不留痕跡，因此，「視覺組織」教學策略應運而生。概念圖是訊息與訊息的群組與其彼此間的關係。概念圖讓學生在視覺上「看到」自己與他人的思考，看到自己的思考與他人思考間的關係，看到自己的思考在整個議題討論的位置（李玉貴，2004）。在寫作與構思過程，「概念圖」扮演視覺圖示功能（visual organization），組織寫作者原創想法，呈現全班、小組閱讀與討

論的內容等功能。

以四年級學生探究「成長與學習」單元為例，老師請學生將所知輻射記錄在網狀圖。學生輪流上台，重複不記，共有以下十七點「成長與學習」先備想法（圖1-1）；接著，引領學生練習整併與分類先備想法，計六類（圖1-2）。回家功課，請學生預習「成長與學習」單元內的三課課文，思考這三課與我們以先備知識所建構的「成長與學習」概念間的關係，在次概念下標示課次（教學檔案）。

這個活動協助老師看出，課本的三課課文是否拓展學生根據「先備知識」對「學習與成長」單元概念的理解。接著，老師選擇一篇文章「路易的故事」（國語科實驗教材），大聲朗讀讓學生邊聆聽邊思考，這一篇故事是否擴展「成長與學習」概念。若有，請學生以不同顏色的筆加進以先備知識所建構的概念圖上（圖1-3）。

圖1-1　學生先備想法

圖1-2　整併與分類之次概念

開始嘗試概念圖教學，老師常會問：「如何教視覺組織圖？如何讓學生習得並運用此一快速組織訊息、想法的工具？」我嘗試以下三種循序途徑引導學生認識並運用概念圖：

圖1-3　例文增加的次概念

（一）老師放聲思考示範概念圖的建構

　　學生經常看到老師利用概念圖組織訊息，並且以放聲思考方式，將老師內在分類、組織的歷程同步大聲說出來。

（二）引導學生產生次類目組織訊息

　　「次類目」（sub-category）與「次概念」（sub-concept）對學生而言艱難抽象，因此，我通常以隨機擇訂某個概念下任一想法開始，問學生：「在這個網狀圖裡，還有沒有跟老師現在選的這個想法，可以說是同一類的？」學生會邊瀏覽概念圖邊提供訊息，只要是合理的都可以接受。當學生找到幾個合理同類的想法後，我會再請學生思考：「如果這幾個類似想法要放在一起，你們會貼上怎樣的標籤？」學生提供後，我會逐漸把次概念寫在網狀圖的第二層，把原先的想法從第二層移到該次概念下。

（三）學生利用概念圖組織訊息，進行寫作

　　當學生有機會經常看到老師運用概念圖組織訊息，並同步聽到用概念圖組織訊息的作法；當學生不斷在全班討論與小組合作的實作中，運用概念圖分類與組織訊息；接著，學生就能運用視覺組織圖蒐集同儕想法、記錄蒐集的訊息，超越寫作樣本的內容與形式。

四、真實（authentic）讀寫

本文真實讀寫的「真實」指涉閱讀作品的真實、寫作議題的真實、寫作行為的真實與彩排人生真實四個面向，以下具體陳述說明之：

（一）作品真實

我曾為文指陳「課文」的缺失，如去作者化、去個性化、缺乏程序性知識、知識缺乏自明仰賴專家教導（李玉貴，2001）。作品真實指學生閱讀不限於少有作者的特殊文類——課文，大量閱讀真實文學作品，如一本本小說或傳記、一篇篇散文、一則則真實報導（如：南亞地震與海嘯）、一首首詩篇等。

（二）議題真實

寫作議題的真實，是相對於學生經驗的真實，並不是指寫實。如請學生議論「張家三兄弟赴美就醫之我見」，若經學生蒐集訊息、同儕合作討論、個別學生向同儕表達立場等過程，就屬真實的議題。學生習寫議論文，教師作法不同，學生經驗到的真實程度也不同，如「論功課」時議論功課的目的、數量、投資時間、由誰決定功課、寫與不寫的優缺，提供學生學生可論可議的論題；透過資料蒐集、真實訪談、記錄一手資料而有論想議；透過同儕溝通表達與分享後，真的想論想議，這樣一來，就比單向寫作一篇議論「功課的好處」作文，要更真實。

（三）寫作真實

　　寫作的真實指學生寫作時有明確的寫作對象，寫作作品有真實的讀者。試舉兩例比較說明：

　　例一：如某一課是書信實用文體，單元主題是「學習與成長」，老師規劃讀寫延伸活動，請學生寫信給老師，談一談學完這個單元的經驗，或提供老師教學建議。

　　例二：讓校內某兩個班建立同盟，透過活動讓兩班相互認識，接著抽籤配成筆友，真實書信往返。當兩班討論過「張家三兄弟是否赴美就醫之我見」，寫一封信向筆友表達各人見解，並直接將信投到同盟班的郵筒中，此一教學活動引發中年級學生熱烈的內在寫作動力（教學檔案20041231）。

　　這兩個教學實例目標可說都在達成教育部本國語文編號F-1-3之能力指標：「能認識各種文體的寫作要點，並練習寫作。」但是，一旦老師具備真實讀寫教學信念，必能「再靠近一點」，使教學設計更貼近學生。

（四）彩排真實人生：理解（understand）與面質（confront）多元觀點

　　「辯論」與「討論」最大的差異在於，辯論似僅有一個最好的、終究的結論。為了贏得唯一「對」的可能，隱藏對方的優點，擴大對方的缺點，都是主要的辯論技巧。這與強調伙伴、社群、團隊、協商、合作關係的進步社會，實相違背。

　　當學生閱讀後根據事實（fact）論證論點（opinion），認

知上辨析不同想法的理由，情意上學習尊重讀者意見的多元。所有選擇都有「損」有「益」，這種面對人生多元的、真實的能力，在台灣社會極為重要。透過閱讀與寫作，讓學生表達立場、選擇決定，就是最真實的人生彩排（rehearsal）。

五、教師放聲思考（think aloud）——示範讀寫

整體而言，閱讀文章經常需要統整大意、深究賞析內容與形式；寫作需要綱要佈局、生動描述、細節潤飾等。放聲思考示範是結合讀寫的重要鷹架。課堂教師經常要求學生口頭表達或書面表現，但是學生卻極少看到老師親自示範讀寫歷程。以學生「安排寫作綱要」為例，很少學生看過老師出聲示範閱讀文章、激發先備知識、參考例文安排寫作綱要的內在思考歷程。對小學生而言，就算看到老師寫的「寫作綱要」，多數學生仍然不知道老師「如何」寫成，又自己可以如何架構寫作綱要？

放聲思考的讀寫示範是 Vygotsky 最大發展區——ZPD（zone of proximal development）學習概念的具體實踐。Pressley 和 Afflerbach（1995）指出，放聲思考雖永遠是部分的，無法窮盡讀者與寫作者所思、所感，但是放聲思考就像指引讀寫路徑的光，讓學生習得讀寫外顯行為下潛藏的思考。正如 Wilhelm（2001）具體指出，教師透過放聲思考示範，能使讀寫策略可見（visible）與可用（available）。

教師的讀寫放聲思考示範目的，在使每個學習者能在沒有鷹架協助下，獨立表現；放聲思考示範的功用，在介紹一般的

讀寫歷程、展現寫作過程間的連結等。以下介紹我在經營學生獨立讀寫的規劃與實踐，在班級示範放聲思考時，依內容與程序簡要說明，如下：

　　1.教師放聲思考示範的內容：向學生示範閱讀策略，如激發背景知識、預測、摘要、推論與監控；向學生示範寫作策略，如蒐集資料、構思綱要、起草、回應同儕寫作等。

　　2.教師放聲思考示範的程序：放聲思考是師生在密切合作的情境一起工作，學生在有意義的情境與合作活動中，向老師、同儕專家學習。教師提供機會給學生嘗試所學的策略，並提供不同層次的支持。教師示範後，讓學生小組練習，透過相互幫忙、輪流，困住的時候，彼此提供協助。讀寫策略放聲思考的進行程序如下：

（1）老師策略示範：老師使用並談論策略，學生觀察，老師強調策略使用的內涵、理由與時機。

（2）學生幫忙：老師使用策略，學生談論並幫忙指認策略使用的時機與方法。

（3）老師鷹架策略的使用：學生在老師幫忙下，使用並談論策略，如小組進行、放聲思考。

（4）學生獨立使用策略：學生獨立使用策略，透過放聲思考的技術，證明理解；教師觀察與評量，計畫進一步教學。

六、學生參觀與體驗活動

　　目前台灣多數教師樂於將課程實踐田野跨出校園、跨足縣市，甚至走出台灣，進行參觀、體驗與交流。本文所指參觀與體驗不侷限走出校園的形式，首重學生五感甦醒、投身情境。

　　讓學生有所感的閱讀與書寫意指：⑴「選文」要寬廣、豐富觸及兒童樂趣與心靈；⑵「讀寫氛圍」的營造，也就是閱讀場與書寫場的經營；⑶為「有新知」、「有所感」而寫，非為寫而感。

　　讓學生到植物園尋幽探訪、漫步小徑、看滿池翠綠搖曳與殘荷凋倒；春天讓學生在校園春雨撐傘與好友漫步談心；颱風後回到學校尋訪枝斷葉落的角落；每個小孩此生無數造訪百遍不厭的動物園。這些看似課外的參觀、悠遊與體驗，對學生的寫作有顯著促發作用。當然有了體驗，並不一定要求學生寫作；但是，寫作前若全身參與體驗，定能豐富思考、靈活想像、解放心靈，促成寫作的可能。

　　當然，颱風不會常來，雨也不會常下；然而，學生有所感的生活經驗其實天天發生，春雨哪一年不來、颱風哪一年不刮、大隊接力與拔河已是校慶例行競賽項目，重要的是，老師是否相信真實經驗與體驗對寫作的重要性，一旦情境對了，時機到了，相信的老師不忘化慣例（routine）為機先（opportunity），願意敏捷微撥既定課程。

　　學生置身參觀與體驗活動中，相較於缺乏鋪陳只提供幾張圖片，要求學生運用「五官」——透過看到什麼？聽到什麼？

聞到什麼？摸起來怎麼樣？採「摩寫法」，甚至加上「比喻法」寫一篇作文，作法相當不同。當選文寬廣、營造讀寫氛圍、使學生有所感後，學生自然五感甦醒、敏銳覺察，希望這樣的對照，能說清楚我的想法。

七、寫作留有彈性與想像空間

閱讀不是僅為服務寫作而存在，因此，閱讀不會窄化到讀了一篇寫景的記敘文，就要求學生寫一篇「寫景的記敘文」，甚而還有寫一篇「先總後分、一個詳細描寫、兩個比喻」的寫作要求，這極可能窄化寫作空間。若非學生本已具備上述寫作能力，可能反而視寫作為畏途，一味模仿形式，符合形式的需求。以下舉「童話創作」與「童詩創作」為例，分別說明如下：

（一）以童話創作為例　整理自「真實閱讀與寫作的結合」（李玉貴，2004）

以讀寫結合取向的寫作教學為例，可以請學生分享所閱讀的童話故事開始。首先，請一個同學上台分享所閱讀的童話故事（圖 1-4）。其次，老師摘記同學所發表童話的故事元素。接著，繼續童話分享，請同學擔任故事元素摘記角色，約分享六至八個同學的童話故事。然後，請同學回顧黑板上的「角色」、「場景」、「事件」故事元素表列。最後，老師圈選出一個角色、一個場景、一個事件，當作創作童話故事的基本

圖1-4　老師示範摘記故事元素

元素，要求學生創作童話故事。

　　以我曾進行過的三年級童話寫作教學為例，我圈選「穿白色衣服的老人」為角色、漂流到「荒島」為故事場景之一，並以「收到一封信」、「昏倒」兩事件，當作寫作基本元素（圖1-5），讓學生透過合作與討論構思綱要（圖1-6）後再獨立創作童話故事（教學檔案20030302）。

圖1-5　寫作限制

　　我分析上述教學設計，學生構思容易、創作多元、寫作順暢的可能理由在於：(1)寫作前聽了八個故事，享受其中悠遊其間；(2)黑板上視覺呈現八個故事的故事元素，有助學生想像故事間的關聯、創造故事間的可能性；(3)所挑選故事元素

圖1-6　學生構想故事綱要

富彈性、有空間，容易發揮寫作空間。因為學生對衣著「白色」的「老人」，一封不知道誰寫、不知道傳遞什麼重要訊息的書「信」，導致「漂流」與「昏倒」，必有驚險、為難的原因，可能面臨的風險，但憑作者想創造的文本樣貌，可有諸多的預設與想像。

（二）以童詩創作為例

除了同步介紹大量詩文與學生共讀，我喜歡以「眼睛閉起來，我看見——」為題，揭開寫詩的序幕。眼睛閉起來，哪有人能看見？閉眼看見就是鼓勵透過聯想與想像寫作。

寫作留有空間與彈性、鼓勵想像，有助學生把寫作當作記錄閱讀、記錄生活、記錄自己、抒發情感、論證事理、實驗寫作的途徑；寫作留有彈性與想像空間，並非完全沒有方向與束縛，而是鬆鬆的綁或是將死結鬆開；寫作留有彈性、想像與空間，雖非重要的寫作教學策略，但卻經常是成功寫作的重要關鍵。

八、互文閱讀（intertextuality）：透過群文比較與批判閱讀

文本（text）指任何溝通意義的媒介，群文（inter-texts）指兩篇或兩篇以上的文本，互文（intertextuality）指讀者閱讀群文所詮釋與建構的意義（李玉貴，2003）。聽起來，閱讀兩篇文章比閱讀單篇文章更難，如何能協助寫作？其實，閱讀一篇課文就要求學生寫作，學生還是寫得出來，只是寫作內涵與角度比較扁平與單一。透過比較閱讀、批判閱讀或群文閱讀，反而更能促使學生深入理解原本獨立的單篇文章、形塑閱讀見解、下筆寫出有論點的立論、有見解的回應。

以比較閱讀為例：如閱讀課文「流光村」（康軒，三上），若能延伸閱讀「李伯大夢」（格林，1995），再比較兩文本討論兩篇文章的異同，此時，讓學生建立比較的判準、重讀文章

提出有論據的意見、討論分享後寫下比較喜歡某一篇的理由。比較閱讀同時，讀者重讀文章對兩篇文章之結構、情節鋪陳、氣氛營造、主題寓意，促成更深廣的理解（教學檔案20031007）。

以批判閱讀為例：學習課文「愛的教育讀書心得」（仁林，四下）。學生延伸閱讀愛的教育三篇每月故事「少年愛國者」、「少年斥侯」、「少年鼓手」，探討故事角色的愛國表現，鼓勵學生分析角色決定為國犧牲的相關因素，思考同一事件不同角色的不同立場與思考，針對角色決定提出批判的看法，展現了讀者詮釋文本的觀點，形成批判閱讀的趣味與品味（教學檔案20050311）。

以群文閱讀為例：學習「向大自然學習」單元，由於單元中的三課課文，包含一篇論說文，其中有許多論斷式、結論式文句；一篇記敘文一面倒、毫不遲疑保護自然的光明宣示。由於不巧發生南亞地震與海嘯世紀災難，於是規劃「群文閱讀」——連續四天閱讀報章報導，陸續整理南亞海嘯所涉「議題」（issue），分辨社論中的「事實（fact）與意見（opinion）」，認識報導文章的寫法，學習吸引人的標題，思考南亞海嘯與台灣的關係，最後寫一篇「我所知道的南亞海嘯報導」（教學檔案20041228）。

隨著時序追蹤特定議題，閱讀群文，學生閱讀許多知識（non-fiction）、報導（report）、專欄（column）類文章，能統整類目、建立關係，理解事件發展，習得透過閱讀理解世界的能力，透過報導式的書寫，表達個人觀點的能力。

九、合作與討論式的歷程寫作

　　討論是一種協同合作、建構意義、分享回饋的社會性互動（Almasi, 1995；引自鮮活的討論）。Short 和 Pierce 指出社會互動和促進閱讀理解間有一個很強的連結（Short & Pierce, 1990）。讀寫課堂中的討論，是透過公開分享與回應的社會互助，同儕彼此激發與深化讀寫內在動機、豐富概念，並從中習得讀寫策略。

　　讀寫活動中有很多看似無形又快速發生的討論，這種集體的、共構的、相互激盪的討論，對於寫作有實質的助益。閱讀有了合作產生多元的趣味，寫作有了合作容易形成概念、匯集思想、寬廣思路、下筆行文；討論觀照個人經驗，使閱讀得以跳脫文本，使文本成為集體的智慧。

　　「合作與討論式的歷程寫作」指同儕合作與討論經歷構思、起草、轉譯、修改互助互動的寫作歷程，讓同儕交互扮演讀者與寫作者的真實角色。如圖 1-7 中雙線標示的「寫作會議」與「作家椅」兩個寫作歷程。（並可參考圖 1-8 至圖 1-13）

　　以四年級學習寫「讀書報告」為例，對於讀書報告能寫什麼，投影學生所寫讀書報告（reading response）全班討論，經由「寫作會議」或「作家椅」等小組合作討論歷程，讓學生歸納與發現書寫「讀書報告」多元面向，不自限於寫閱讀內容的「啟示」，還可以寫：⑴推測作者寫這本書的用意；⑵作者預設的讀者；⑶故事給我的啟示；⑷令我印象最深刻的是；⑸我讀了多久；⑹哪一些內容與寫法讓我停頓；⑺思考很久；⑻我

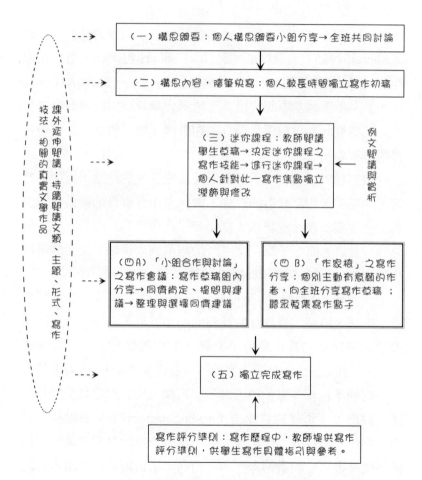

（一）構思綱要：個人構思綱要小組分享→全班共同討論

（二）構思內容，隨筆快寫：個人較長時間獨立寫作初稿

課外延伸閱讀：持續閱讀文類、主題、形式、寫作技法、相關的真實文學作品

（三）迷你課程：教師閱讀學生草稿→決定迷你課程之寫作技能→進行迷你課程→個人針對此一寫作焦點獨立斟酌與修改

例文閱讀與寫析

（四A）「小組合作與討論」之寫作會議：寫作草稿組內分享→同儕肯定、提問與建議→整理與選擇同儕建議

（四B）「作家椅」之寫作分享：個別主動有意願的作者，向全班分享寫作草稿；聽眾蒐集寫作點子

（五）獨立完成寫作

寫作評分準則：寫作歷程中，教師提供寫作評分準則，供學生寫作具體指引與參考。

圖 1-7　合作與討論式的歷程寫作模式

圖1-8　個別構思寫作綱要　　圖1-9　全班共同討論寫作綱要

圖1-10　隨筆快寫　　　　　　圖1-11　作家椅
構思綱要後，個人獨立較長　　學生分享寫作初稿
時間寫作

圖1-12　同儕寫作會議　　　　圖1-13　迷你課程
相互提供寫作建議　　　　　　老師針對學生的初稿，擇訂
　　　　　　　　　　　　　　迷你課程內容

的疑惑、懷疑、批判；(9)這個故事讓我想到我的……經驗；(10)
我對作者寫作安排的見解等（教學檔案20050308）。

伍、結語

我以教學記錄與教學檔案當作研究工具，解構並重建現行
課文教學，發現教語文非僅教課文，打破課內讀寫與課外讀寫
的界線，結合閱讀與寫作，乃當今採用既有教科書現實下，嘗
試突破語文教學的具體可行途徑。

對學生而言，寫作是一條複雜、錯綜甚至艱鉅的路，如何
提供學生寫作協助，是寫作教學重要的議題與挑戰。我回顧檔
案發現：激發兒童先備知識、若能從故事元素開始、經由群文
比較與批判閱讀、透過教師放聲思考、提供參觀與體驗活動、
經營合作與討論式的歷程寫作，都是有助學生寫作的有效鷹架。

這次的行動歷程，正如甄曉蘭（2004）所指陳提升教師課
程批判意識途徑：實踐中論辯哲學思維（doing philosophy）、
對話、分享實務生活，以提升課程批判意識，不謀而合。

我回想這三年走過一百個學校分享的經驗，有些老師驚嘆
語文教學豐富的可能性，激起躍躍一試的心動與悸動；有些老
師對我分享的教學施作外在歸因：只有國語實小的老師能那樣
教、只有國語實小的學生能那樣表現，以下是我對這些迴響最
真心的想法與呼籲：

教育不是等我們找到一塊水文、土壤、氣候各方條件符合
我們心目中理想的田地，才動手開墾；教育比較像是幾百年前

冒命渡過黑水溝，來台開墾的我們的祖父的祖母的祖父的祖母
……的祖父與祖母，當時，齊心胼手胝足嘗試種植適應在地所
有可能的作物。

　　我相信各校存在差異的事實，但是我們不能讓必然存在的
差距，癱瘓老師鬥志中的抗體。如果我們很容易外在歸因論定
結果放棄嘗試，我可不可以苛刻地說，問題不只在學生天生不
利，是我們用「後天不利」的方式在教學生。

　　那　學生　怎麼　辦

參考文獻

中文部分

谷瑞勉（譯）（2001）。Dixon-Krauss, L.著。**教室中的維高斯基：仲介的讀寫教學與評量**。台北：心理。

古瑞勉（譯）（2004）。Gambrell, L. B. & Almasi, J. F.主編。**鮮活的討論！培養專注的閱讀**。台北：心理。

李玉貴（2001）。以「圖畫」「故事」「書」培養閱讀與寫作能力。**研習資訊，18**(5)，5-23。教育部台灣省國民學校教師研習會。

李玉貴（2003）。群文觀點的語文教學。**教師天地，122**，50-57。台北市教師研習中心。

李玉貴（2004年5月）。**玉貴的128節語文教學實踐與探索——以檔案為媒介**。台北市第三屆教師教學檔案比賽特優作品（未出版）。

李玉貴（2004年7月）。「合作」需要「學習」——合作學習融入語文教學的實踐與回顧。台北市第五屆教師行動研究比賽論文組特優作品。

李玉貴（2004年10月）。真實閱讀與寫作的結合。拉大語文課程的框架——文學圈之理論與實務研討會論文集。

李玉貴（2004年12月）。**探索式課程設計——以三年級語文領域「創意與發明」單元為例**。台北市第二屆創新教案徵選優選作品。

國文作文教學的理論與實務

李玉貴（2005 年 4 月）。合作與討論式的歷程寫作——以一篇
記敘文與一首詩的創作為例。發表於國立台灣師範大學實
習輔導處「中小學國文作文教學理論與實務研討會——中
小學作文教學錦囊」競賽，國小組特優案例。

李玉貴（2004 年 12 月）。探索式課程設計——以三年級語文
領域「創意與發明」單元為例。台北市第二屆創新教案徵
選優選作品。

甄曉蘭（2004）。教師課程意識與教學實踐智能的提升。載於
課程理論與實務——解構與重建（頁 201-228）。台北：
高等教育。

西文部分

Bruning, R. H., Scbraw, G. J., & Ronning, R. R. (1995). *Cognitive psychology and instruction* (2nd ed.). Englewood Cliffs: Prentice-Hall.

Hartman, D. K., & Hartman, J. A. (1993). Reading across texts: Expanding the role of the reader. *The Reading Teacher, 47*(3), 202-212.

Heffernan, L. (2004). *Critical literacy and writer's workshop-bring purpose and passion to student writing.* Newark, DE: International Reading Association.

Moen, C. B. (2002). *25 Fun and fabulous literature response activities and rubrics.* Ontario, Canada: Scholastic.

Pressley, M., & Afflerbach, P. (1995). *Verbal protocols of reading:*

The Nature of Constructively responsive reading. Hillsdale, NJ: Lawrence Erlbaum Associates.

Merchant, G., & Thomas, H. (1999). *Picture Books for the Literacy Hours.* London: David Fulton Publishers.

Short, K. G., & Pierce, K. M. (Eds.) (1990) *Talking about books: Creating Literate communities.* Portsmouth, NH: Heinemann.

Rasinski, T. V., Radak, N. D., Chruch, B. W., & Fawcett, G. (Eds). *Developing reading-writing connections.* Newark, DE: International Reading Association.

Wilhelm, J. D. (2001). *Improving comprehension with Think-Aloud strategies.* Ontario, Canada: Scholastic。

兒童文學參考書目

路易的故事（1999）。台灣省國民學校教師研習會編印。**國語科實驗教材第十冊**（五下第二分冊：棒球小子——文集）。

泳者（1999）。台灣省國民學校教師研習會編印。**國語科實驗教材第十冊**（五下第二分冊：棒球小子——文集）。

李伯大夢（1995）。台北：格林。

愛的教育（1999）。台北：精品天堂。

Chapter 2

看圖作文與多元智能

國立台北教育大學語文教育學系教授
張春榮

壹、前言

　　看圖作文，並非單純的文字書寫，亦非被動的反應紀錄；而是「七分形象，三分想像」的複合書寫，充滿主動積極的「讀」（看圖）、「寫」（作文）創造力。就「多元智能理論」（multiple intelligences theory）觀之，看圖作文，實為「空間智能」（spatial intelligence）、「語文智能」（linguistic intelligence）的統整運作，考驗莘莘學子的「形象」（視覺）、「抽象」（心覺）的綜合智力。而一向被簡化的看圖作文，經由「空間智能」、「語文智能」理論的挹注，理路將更為清晰，方法將更為適切，足以開拓看圖作文在設計、教學上的新向度。

貳、理論基礎

一、空間智能

　　看圖作文是「心智之眼」（mind's eye）的顯影，觀察力與想像力的統合發揮。似此「看」「圖」的知覺能力，正與Howard Gardner「多元智能理論」中的「空間智能」接軌。

　　空間智能是攸關視覺的能力，包括正確覺察、變化與修正、重新創造個人視覺經驗三個層次（H. Gardner, Frames of Mind, 1983）。進而可細分為七項流程（D. G. Lazear, The Intelligent Curriculum: Using Multiple Intelligences to Develop Your Students? Full Potential, 2000）：

（一）活潑的想像力。

（二）塑造心理意象。

（三）找到所在位置的能力。

（四）繪畫般的呈現。

（五）辨識物體的空間關係。

（六）心理的意象操作。

（七）從不同角度準確的覺察。

　　整個流程，正是看圖作文中「觀察力」（第三項、第五項、第七項）、「想像力」（第一項、第二項、第四項、第六項）的交互運作。在「觀察力」上，正確掌握圖形重點（第三項）、整體構圖關係（第五項）、看圖角度的變化（第七項），由圖形的what，走向看圖的how；在「想像力」上，藉由自由聯想（第一項）、聯想的連結（第二項）、創造性的圖解（第四項）、不同向度的延伸，展現想像之敏覺、變通、精進的創思能量。

　　就看圖作文與空間智能的結合而言，最大的突破點有二：第一、「看圖」觀念的鬆動。基於空間智能「繪畫般的呈現」（為了傳達訊息、想法、概念、情感、過程或直覺，而去創造視覺性的圖解能力），「看圖」作文，不應只是單純、被動地「看圖」而已；而應提升成主動的「添圖」、「繪圖」。質實而言，要求莘莘學子「添圖作文」、「繪圖作文」，在在召喚其空間智能，激發其更具創思能量的積極書寫。第二、圖形設計不宜孤立、隨意，而應由淺入深，形成序列。尤其看圖作文中圖形之設計、研發，應配合明確教學指標，循序漸進，培養

莘莘學子的思維力。多元智能學者 C. S. Richard 即提出六種圖表構圖（Teaching Learners to Think, Read, and Write More Effectively in Content Subjects, 2000）：

（一）1. 連續性構圖。

　　　　2. 全部步驟為一連續過程構圖。

（二）主題式發展構圖。

（三）分類構圖。

（四）1. 比較、對照構圖。

　　　　2. 同、異構圖。

（五）1. 鎖鏈式事件之因果關係構圖。

　　　　2. 多因一果之因果關係構圖。

　　　　3. 主要事件導致多結果之因果關係構圖。

（六）1. 安排理由之說服式構圖。

　　　　2. 合理爭論之說服式構圖。

　　　　3. 正反觀點之說服式構圖。

　　很明顯的，第一種構圖，注重歷時性（時間先後關係）思考；第二種，注重衍生性思考；第三種，注重分析性思考；第四種，注重比較性思考；第五種，注重演繹性（因果關係）思考；第六種，注重歸納性、批判性思考。各有不同的教學指標。凡此種種（單元設計、學習單設計），均值得再加開拓。

二、語文智能

　　語文智能，是「有效運用」口頭語言或書寫文字的能力。奠基於正確性（「解決問題的能力」），發皇於創造性（「創

作該文化所重視的作品的能力」，H. Gardner, 1983）。多元智能理論的創建者 Gardner 進一步將語文智能分為四方面：

（一）修辭方面的能力：使用語言說服他人採取行動的能力。政治領袖與法律專家把這種能力發展到最高水平，但即使三歲小孩也有這方面的最低的能力。

（二）記憶方面的能力：使用語言來記憶信息，如記憶物件名單和遊戲規則等。

（三）解釋方面的能力：使用語言解釋事物的能力。課堂裡的教與學，就是大量通過口語與書面語的解釋來進行的。語言提供的隱喻（metaphor）對解釋事物起了重要的作用。

（四）反思方面的能力：使用語言反思或解釋語言活動的能力。連年幼的兒童也能問：「你說的 X 是 Y 的意思嗎？」這顯示他能用語言反思更早使用過的語言。

指出語文智能，計包括「表達力」（「修辭方面的能力」）、「記憶力」（「記憶方面的能力」）、「思考力」（運用對象語言之「解釋方面的能力」、運用後設語言之「反思方面的能力」）。其中「記憶力」係語文智能的知識，「思考力」（包括理解、鑑賞）係語文智能運用的內涵，「表達力」則是運用的藝術加工。

至於語文智能之思考力，宜自抽象思維（左腦）、形象思維（右腦）的統整上，加以考察。據洪榮昭〈創意教學成效評估指標〉（www.ccda.org.tw, 2002.5）：

（一）抽象思維（理則性思考）

1. 分析性思考：分析（找出）事件、內容、文章等意涵或特質。

2. 比較性思考：比較事件、內容、文章等意涵或特質的異同。

3. 歸納性思考：根據事件、內容、文章等意涵異同歸納其概念結構（如依重要性）。

4. 演繹性思考：推論事件、內容、文章等意涵之相關（如因果關係）。

5. 批判性思考：批判事件、內容、文章等分析、比較、歸納、綜合之適當性。

6. 衍生性思考：根據事件、內容、文章之意涵衍生新的意涵或應用。

（二）形象思維（聯想性思考）

1. 相關性思考：依物性的意涵做相關連結或依類似事理舉例（證）。

2. 取代性思考：依事物的特性、意涵做交換。

3. 擴展性思考：強調或擴大（延展）事物的特性、意涵。

4. 縮小性思考：聚焦（或縮小、細分）事物的特性、意涵。

5. 逆向性思考：反面連結事物的特性、意涵。

6. 重組性思考：依事物的特性、意涵之順序高低層級做調整。

可見經由不同範疇、不同指標的釐清，語文智能中「觀察力」、「思考力」（理則性思考）、「想像力」（聯想性思考）的養成，將更為明確，更為具體。其次，在語文智能「表達力」（「修辭方面的能力」）上，宜確切掌握重要辭格序列（第一階段「比喻、擬人、誇張、雙關、類疊」、第二階段「對偶／形式上對比、映襯／內容上對比、排比、層遞、頂真」），並結合「創作表達力」教學指標（洪榮昭，2002）：

（一）正確性：呈現知識的意涵或技法（如英文發音）的最佳化。

（二）熟練性：內容表達或技法運用的純熟。

（三）效率性：知識呈現或練習在時間上及其他資源有效的運用。

（四）豐富化：內容呈現多元（不重覆太多或單一方向／向度）多類。

（五）活潑化：內容呈現有節奏、有律動或流暢。

（六）新穎性：創作內容具新穎（差異）或獨創。

（七）細緻性：創作內容表達注重細節。

如此一來，相信對語文智能在「文法」（正確性、熟練性、效率性）、「修辭」（豐富化、活潑化、新穎性、細緻性）的培育、引導上，得以有更清晰的進路。

參、看圖作文的觀察力

看圖作文，是一門注重「看」的「語言藝術」。「看」的層次有二：第一、看到什麼（What），第二、怎麼去看

（How）。「看到什麼」，貴於正確掌握「被看」的對象，對象的主從關係；「怎麼去看」，貴於清晰掌握「看」的角度，「看」的先後次序。二者相輔相成，才能形成有層次、有組織的觀照，展現「被動中有主動」、「嚴謹中有舒卷」的書寫世界。

在「看到什麼」上，觀察力的指數大抵有二：第一、重點觀察，亦即創思「認知」的敏覺力。第二、整體觀察，亦即創思「認知」的精進力。以底下兩幅圖 2-1 和 2-2 為例：

圖 2-1　　　　　　　圖 2-2

第一幅圖的重點是「太陽」、「花兒」，整體則包括「小草」、「雲兒」（背景）；第二幅圖的重點是「太陽」、「小鳥」、「樹」，整體包括「大地」、「路徑」、「遠方的樹」（背景）。因此，第一幅圖若寫成：

1.雨後初晴，太陽在天邊露臉了。你看，野地上的小花，也在對著他笑呢！（馬浩翔）

　　2.春天溫暖的氣息，感染了草地上的小花，滿面春風的正和天空中的太陽伯伯笑咪咪打著招呼呢！（馬浩翔）

　　3.太陽替花朵們打敗了寒冷，花朵們感激的對著太陽微笑，太陽也因為感到自己做了一件善事而高興起來。（區宏光）

　　在描寫上均出現瑕疵。因三例均只注意「重點觀察」，而忽略「整體觀察」，漏掉「小草」、「雲兒」，未能進一步仔細觀察。同樣第二幅圖，若寫成：

　　1.小鳥「啾啾」只好用美妙的歌聲，徹底的把太陽公公叫醒。太陽公公很快的睜開眼，高興的向「啾啾」說早安。（吳岱容）

　　2.太陽公公伸出他那光芒萬丈的手，熱情的和鳥兒打著招呼，而鳥兒則是用最美妙的聲音，與太陽公公寒暄著。他們愉快的一同迎接著一天的開始。（謝玉祺）

　　3.太陽公公看到早起的鳥兒便對牠說：「好伙伴，早起的鳥兒有蟲吃，我們一起來喚醒大地吧！」鳥兒高興的回答說：「我用歌聲，你用熱情，我們一起向大地說聲早安吧！」（謝玉祺）

　　其中一、二例僅注意「太陽」、「小鳥」，第三例則較為仔細，兼及「大地」。然在觀察力的精進力上，漏掉「樹」（前方和遠方），仍有待改善。

　　至於在「怎麼去看」上，可以打破一般觀點，從不同視角

切入，形成新秩序、新連線、新視野。此等觀察力，即創思「認知」的變通力，隱隱約約，遙指「言人之所罕言，道人之所未道」的獨創力。以第一幅圖為例，可以自「太陽」擬人觀點切入，也可自「花兒」、「小草」、「雲兒」的角度切入。如：

1.我是全世界公認的笑臉王子，我多麼喜歡看著白亮亮的雲、美麗的小花朵、綠油油的鮮草，因為在它們青春亮麗的臉龐上，我看到了自己之所以被公認為笑臉王子的理由！（楊于儂）

2.我是清晨花園中打扮得花枝招展的美嬌娘，美給太陽看，美給白雲看，美給綠草看。太陽還直誇說：「多令人賞心悅目啊！」（筆者）

3.太陽公公和兩位花朵小姐，正進行「微笑持久大賽」，看誰笑得最燦爛，最魅力四射，旁邊觀看的白雲叔叔和小草弟弟，紛紛鼓掌叫好。（鄧筱君）

於是經由擬人角度切入，「太陽」變成「笑臉王子」（第一例）、「太陽公公」（第三例），花兒變成「美嬌娘」（第二例）、「花朵小姐」（第三例），形成充滿活力的新觀察。以第二幅圖為例，同樣也可以打破「客觀寫實」（外聚焦，不介入）的觀點，自「太陽」、「小鳥」、「樹」、「大地」、「路徑」的擬人角度切入。如：

國文作文教學的理論與實務

1.太陽公公總是朝氣十足的和大地的生物互道早安。鳥兒用美妙的歌聲，回應太陽公公的熱情，大樹用鮮綠的色彩，回報太陽公公的溫暖，好一幅生機蓬勃的清晨畫面。（謝玉祺）

2.小鳥弟弟飛到樹枝上，看到太陽公公，馬上熱情打招呼：「早安！」太陽也笑容燦爛的說：「早！看到你，知道春天又即將到來，真的讓我好高興。」樹伯伯一直望著遠方，小鳥弟弟大聲喊：「早安！」結果樹伯伯不知在忙什麼，好像沒聽到。（曾玉霖）

3.大樹哥哥是這裡最盡責的衛兵，永遠雄赳赳氣昂昂。即使太陽再怎麼炎熱，他一定抬頭挺胸，撐出一方綠色天地，讓小鳥前來唱唱歌，休息一下。（筆者）

於是經由「太陽公公」（第一例）、「小鳥弟弟」（第二例）、「大樹哥哥」（第三例）的擬人角度，分別交織出充滿情意的律動世界，正如廣告詞所說的：「換個角度，世界不一樣。」

綜上所述，可見看圖作文的觀察力，在「看到什麼」（寫實）的觀察上，注重敏覺力（正確）、精進力（詳盡）；在「怎麼去看」（寫意）的觀察上，注重變通力（新視角）、獨創力（新感性）；正可以與創思「認知」的指標相結合，開拓「看」圖作文的進徑，釐清觀察力的不同向度，值得斟酌。

肆、看圖作文的思考力

看圖作文，是「動動腦」、「動動手」的統整活動。在

「動動腦」上，既重左腦的抽象思維（邏輯思維、理則思考），又重右腦的形象思維（類比思維、想像思考），二者相輔相成，磨合轉化，創造出脈絡清晰、合情入理的語言藝術之花。

在左腦的思考上，可以藉由「分析性」（分析特徵）、「比較性」（比較異同）的認知，「演繹性」（推論關係）、「歸納性」（統攝概念）、「衍生性」（衍生新意涵）的不同進路，開展出「感性中見知性」、「主觀中見客觀」的理則世界。以下圖 2-3 為例：

圖 2-3

第一、運用「分析性」思考，辨知圖中「彩虹」是「雨後日光，穿過空中水氣，因日光經過兩次折射，在空中形成彩色的大圓弧」的現象。於是基於物理知識，可以寫道：

1.下過雨的天空，烏雲散去，遠遠的天邊出現一道彎彎的彩虹，在白雲的陪伴下，更顯得十分亮麗。（楊巧敏）

2.雨過天晴，天空一片明淨。遠遠地平線上，出現一道美麗的彩虹，鑲著紫色、紅色的光環，配著藍天白雲，真是美麗！（筆者）

力求客觀分析，正確解讀。

第二、運用「比較性」思考，針對「彩虹」和「雲朵」造型，可以明顯看出其間差異，加以發揮。如：

1.天空中的雲朵，有兩張臉。一張是下雨前的大黑臉，心事重重；一張是下雨後乾乾淨淨的臉，神情愉快。至於彩虹妹妹，永遠是張亮麗的笑臉，永遠在雨後的陽光中才出現。（筆者）

2.雨後的天空，彩虹是一支特大號的七彩吸管，伸向平原與大海。白雲是吸管旁的紙巾，擦拭溢出的水珠。（筆者）

分別透過擬人（第一例）、比喻（第二例），辨析兩者在顏色、形狀上的差異。

第三、運用「演繹性」思考，化物理世界，為情意世界；化並列關係，為因果關係。如：

1.頑皮的白雲不小心將灰色的顏料打翻了，把天空搞得一片髒亂，嚇得他趕緊用七彩的油漆重新粉刷過一次。結果整個天空像新裝潢似的，比原來的漂亮。他不禁自鳴得意道：「我太佩服我自己了！」（區宏光）

2.下雨了，濕答答的天氣，透明小天使哪兒也不想去，因為濕氣重，飛也飛不高，所以她靜靜地聽著雨聲，但是雨聲中摻雜了風鳴雷響，所以向天國之王借了一個七彩耳機，想要隔絕外在的雜音，好好享受純淨的淅瀝淅瀝聲。正當她將七彩耳機戴在頭上時，卻聽不見雨聲了。她氣惱想著：「爸爸真是的，借了一個壞掉的耳機給我！」（楊于儂）

通過擬人（第一例「白雲」）、擬物（第一例「七彩的油漆」、第二例「七彩耳機」），環環相扣，推衍出童話式的想像天地。

第四、運用「歸納性」思考，從分散中尋求整合，從個別中尋找共通點。如：

1.大自然的脾氣變化莫測。一會兒烏雲密佈，下起滂沱大雨；一會兒太陽露臉，天邊出現美麗的彩虹。像他這樣陰陽怪氣，真的很難相處。（筆者）

2.天空的喜怒哀樂，都寫在臉上。出現彩虹，是喜。閃電打雷，是怒。烏雲下雨，是哀。晴空萬里，是樂。希望天空常常保持喜樂的笑臉，而不要愁眉苦臉，讓人看了難過。（陳靜雯）

經過整合、共通，歸納出「烏雲」、「彩虹」均為大自然環境的變化。於是經由擬人（第一例）、比喻（第二例），圖中景象分別統攝在「大自然的脾氣」（第一例）、「天空的

臉」（第二例）裡，形成「總、分、總」的清晰脈絡。

　　第五、運用「衍生性」思考，根據具象圖形（實），向抽象的意涵（虛）延伸。於是，由景可以生情，由事可以生理，展開更深入的思維。如：

　　1.有天昏地暗，才會有天朗氣清；有傾盆大雨，才會有美麗的彩虹。就像有分離的悲傷，才會有重逢的喜悅；有含淚的播種，才會有歡笑的收割。（筆者）

　　2.吵架的雲朵情侶各執一詞，誰也不讓誰，最後當場嚎啕大哭了起來。這一哭，驚醒了午睡中的太陽神，在太陽神苦口婆心的調停之下，他們終於言歸於好，並答應太陽神，他們以後會在之間搭一座理性的色彩橋，透過心平氣和的溝通來化解所遭遇到的難題。（楊于儂）

　　第一例為情境的衍生，通過類比聯想，由景而情（「分離的悲傷」、「重逢的喜悅」），由景而理（「含淚的播種」、「歡笑的收割」），提出深層的寓義。第二例為情節的衍生，通過擬人（雲朵情侶、太陽神），經由爭執與調停，提出「溝通」的解決之道。具象的彩虹，一躍而為「理性的色彩橋」，讓彩虹圖象衍生出「理性」、「溝通」的喻義。

　　綜上所述，可見看圖作文的思考力，可藉由左腦「分析性」、「比較性」、「演繹性」、「歸納性」、「衍生性」的抽象思維，循序漸進，由淺入深；再加上右腦的形象思維（比喻、擬人、擬物），讓描寫更生動，敘述更活潑。如此一來，

左右開弓，相得益彰；心手合一，密切配合；便能寫出既嚴謹又靈動、既清晰又高妙的佳作。

伍、看圖作文的想像力

看圖作文的想像力，始於接近聯想、相似聯想，為相對聯想，繼而相反聯想，終而變形聯想；步步進階，層層開展，充分發揮「存中生有」的創意能量，綻放出瑰奇豐贍的想像魅力。

所謂接近、相似聯想，即右腦「相關性」思考，以近距、等同為主；相對聯想，即「擴展性」、「縮小性」思考，以圖形的擴大、縮小為主；相反聯想，即「逆向性」思考，以反思、異向為主；至於變形聯想，即「重組性」思考，以調整、改易為主；依次上推，在在呈現不同的想像級數。

以下圖2-4為例：

圖2-4

第一，運用「相關性」思考，可以想成「刮鬍刀」（電動式）、「化妝海綿」、「大眼睛」等。如：

1.圓，是爸爸的刮鬍刀，打開開關就開始轉轉轉。嘴邊刮一刮，下巴刮一刮，不論刮到哪裡都是繞圓圈，把爸爸的臉頰刮得清潔溜溜，一根鬍子也不剩。

2.圓，是媽媽的化妝海棉，右邊抹三圈，左邊抹三圈，不論抹到哪兒，都是圓。把媽媽的臉抹得光滑亮麗，上起妝來更美麗。

3.圓，是弟弟的甜甜圈，他把它當成方向盤，這裡轉一下，那裡轉一下，不論怎麼玩，都是圓。玩夠了，再大口咬下去，這個圓就變得奇形怪狀了，真好玩。

4.圓，是我那對圓圓的、像洋娃娃的大眼睛，好像閃亮耀眼的寶石。亮晶晶的黑眼珠，轉來轉去，好像天上的星星，更像黑又亮的小圓球，轉到哪裡，都是圓。（台北市西松國小二年十四班王婷慧）

　　四段均運用接近、相似聯想，展開由點至線的銜接敘述。第一段由電動「刮鬍刀」至刮鬍刀的動作「轉轉轉」、「繞圈子」，第二段由「化妝海綿」至抹的方式「右邊抹三圈，左邊抹三圈」，第三段由「甜甜圈」至當玩具的「方向盤」（此亦「取代性」思考），第四段由洋娃娃「大眼睛」至「寶石」、「黑眼珠」至「寶石」、「小圓球」的比喻連用，無不讓整段敘述，既活潑又嚴謹。

　　第二，運用「擴展性」思考，可以想成「地球」、「湖」，運用「縮小性」思考，可以想成「鈕釦」、「露珠」。如：

1.圓，是我們共用的「地球」，每天都在轉，怎麼轉也都是圓，我們卻從來不被轉得頭昏眼花、迷失方向，因為我們都住在這個大圓裡。（王婷慧）

2.圓，是波光萬頃的湖，是大地的眼睛，每天注視著周邊柳枝的青綠、花朵的紅艷、飛鳥掠過的身影，更注視著太陽的熱力四射，白雲的千變萬化，晚霞的絢爛瑰麗，月亮的安詳明靜，從早到晚，讀著天空各種不同的表情。（筆者）

3.圓，是一顆顆鈕釦，釦在衣服上，釦在袖口上，釦在心頭上。每顆鈕釦都是媽媽的愛心，細細的用針線縫上；縫上媽媽對遠方遊子的牽掛，縫上媽媽對遠方遊子的思念。（筆者）

4.圓，是晨曦的露珠，在荷葉上打滾，滾來滾去，快樂活潑。每一顆晶瑩透明，每一顆閃著陽光耀眼的七彩。對著朗朗天空，對著盈盈池塘，每顆露珠都展開笑靨，充滿自信的說：「我們是『小而真』、『小而美』呀！」（筆者）

　　四段均運用相對的聯想，在形體上加以擴展或縮小。尤其第二例，由圓至「湖」，再至「眼睛」，是先擴大，再縮小，形成不同的視角，不同比喻的開展。至於第三段，由圓至「鈕釦」，再至「愛心」，是先縮小，再衍生（左腦「衍生性」思考），形成由具體至抽象的深層引申。

　　第三，運用「逆向性」思考，可以提出相反的想法，提出負面的見解（即黑色思考帽）。如：

1.圓，是一種緣。當個男生含情脈脈，對一個心儀的女生說：「我對妳的愛，像圓一樣，沒有終點。」結果，對方冷冷答道：「很抱歉！我對你的愛，像圓一樣，沒有起點！」則表示這樣的緣，只是一種絕緣，只能唱唱獨角戲，而不是互相投

國文作文教學的理論與實務

緣，琴瑟合鳴。（筆者）

　　2.圓，是搞怪的小精靈。被嚇到的眼睛，都睜得圓圓的；被氣到不行的嘴巴，都嘟得圓滾滾的；被食物塞爆的兩頰，都撐得圓鼓鼓的，給人留下不好的印象。（筆者）

　　兩段均運用相反的聯想，第一例中，對圓的正向思維（無窮盡的循環、開放的思念、飽滿的熱情、融洽的象徵），提出相反解釋（自足的寧靜、不假外求的平和、不受干擾的防衛）。於是「沒有終點」的圓，變成「沒有起點」。同樣，第二例中，原本給人舒服、快樂、滿足的「圓形」印象，在特殊情境中變成不舒服、不快樂、想吐的感受。而這樣思考，無疑是對圓形的一大反諷。

　　第四，運用「重組性」思考，可以改變圖形、改變特性，重新組合，展開新的想像。如：

　　如果房子是圓的，我們隨時都可以搬家，房子就像一部圓汽車，可以到處滾動，帶我們去見識一下別的地方。但是颱風下雨時，房子就會滾來滾去的，人和家具都會顛倒，那樣就很麻煩了。如果我們的腳是圓形的，上學就不需父母用車子接送，可以像溜冰一樣溜到學校去，既可以運動，又可以很快的到學校。用圓形可以變出各種不同的花樣，十個圓形可畫出一朵花，五個圓形可畫出一個人臉，八個圓形可變成一隻豬。圓的變化可真多啊！（陳立立〈圓的聯想〉，見陳黎、張芬齡《立立狂想曲》，1994）

　　經由變形的聯想，房子如果是圓的，房子就可以當汽車。腳如果是圓的，上學像溜冰。當然，由此開展下去，手也可以是圓的，教室也可以是圓的，黑板也可以是圓的，粉筆也可以是圓的，板擦也可以是圓的……，再加上「五個圓形可畫出一個人的臉」，那將是圓形的「美麗新世界」。似此光怪陸離的創意想像，其實正與修辭中的「示現」懸想接軌。

　　大體而言，看圖作文的「合理想像」，自有其不同的思維脈絡。「相關性」思考（包括「取代性思考」），訴諸近距原則；「擴展性」、「縮小性」思考，訴諸遠距原則；「逆向性」、「重組性」思考，訴諸變異原則。若能充分掌握以上各種想像力，綜合運用，靈妙銜接，必能開拓魅力四射、教人嘖嘖稱奇的想像新「視」界。

陸、看圖作文的表達力

　　看圖作文是「有看法」（眼到）、「有想法」（心到）、「有方法」（手到）的綜合訓練。在表達力的方法上，可依正確性、細緻性、活潑性、豐富性的指標，循序漸進，日臻佳境；充分展現「限制中有自由」、「統一中有變化」、「知性中有感性」的書寫品質。

　　在正確性上，始於解讀的正確，終於書寫的正確。以下圖2-5為例：

圖 2-5

如：

1.青蛙唱著舒緩的催眠曲，月亮不知不覺地也打起哈欠，跟著萬物一起進入了夢鄉。

2.月亮小姐正閉上眼，陶醉在美妙的歌聲中，享受著青蛙先生所舉辦的音樂饗宴。

3.月亮在空中散發明亮的光輝，害小青蛙無法入眠，只好孤單的唱著歌。

4.小青蛙快樂的哼著催眠曲，哄叫月亮進入甜美的夢鄉。

第一、二例均出現解讀上的缺失。忘了「月亮」旁邊還有「星星」，沒有完全把握天空的景觀。第三、四例則出現書寫上的缺失。第三例由於主詞是「月亮」，整個句子讀下來，變成月亮「只好孤單的唱著歌」。因此，為求語意的清晰，在「只好孤單的唱著歌」前宜加上「小青蛙」三個字，避免造成

誤解。至於第四例中，「哄叫」兩個字不妥。因為小青蛙是「哼著」催眠曲，底下接「哄著」的動作即可，不必再蛇足，加上「叫」的動詞。

在細緻性上，始於觀察入微，捕捉細節；終於刻劃入微，塑造氣氛。以此圖為例，應該注意圖下方的「蓮葉」、「荷葉」、「草叢」、「漣漪」、「遠山」。如：

1.夜空繁星點點，在皎潔的月光照耀下，後山坡旁的湖中，有隻青蛙站在荷葉上，正歌頌今夜景色真美麗。（曾玉霖）

2.充滿星光的夜空中，一彎新月正靜靜傾聽湖中青蛙輕唱的晚安曲，晚風徐來，連水邊的花草都陶醉在其中。（鄧筱君）

3.夏天的晚上，天邊掛著一眉新月，還有幾點寒星陪伴在月娘的身邊，讓夏夜的天空，絲毫不寂寞。此刻池塘裡的牛蛙，正演奏著屬於夏夜的禮讚曲，讓荷葉田田的水池也絲毫不寂寞。（馬浩翔）

4.星光燦爛，月亮闔上眼，準備休息。然而山邊的池塘裡正熱鬧著呢！水面波光蕩漾，蓮葉上的青蛙引吭高歌，連水邊花草都不睡覺，靜靜聆聽。（筆者）

四段短文中，第一例較為概括、簡述，後三例較為細膩、詳盡。由於第一例的敘述，由上而下，點到為止；反觀後三例的描寫，由上而下，由左而右，詳加刻劃。第二例兼及「晚風」（與「漣漪」相關）、「花草」，第三例兼及「荷葉」，以及整體氣氛（「夏夜的天空，絲毫不寂寞」、「水池也絲毫

不寂寞」），第四例兼及「波光」、「蓮葉」、「花草」，於是在筆法的描繪上，更見細緻性。

　　在活潑性上，力求觀察白描之餘，能進而化平面為立體，化靜態為動態，化形似為神似，積極介入修辭技巧。如：

　　1.大自然真是藝術的殿堂！夜空中的眾星拱月，是幅安詳和諧的風景畫；荷葉上的鳴唱青蛙，是功力深厚的聲樂家，站立在水邊的青草和花兒是最佳觀眾。（楊于儂）

　　2.月兒高掛天空，如綢緞般的黑夜，繁星點點，星星一眨一眨，好像閃爍的眼睛。水池的青蛙見到這般美景，不禁高聲歡唱，唱出最嘹亮的「歡樂頌」。（筆者）

　　3.太陽先生下班去，輪到月亮姑娘守夜班，眾星星們來陪伴。噓！在這萬籟俱寂的夜空下，青蛙朋友忍不住出來高歌一曲，加入陪伴的行列。（陳靜雯）

　　4.夏天的夜晚，小青蛙吃得飽飽的，高興的唱起歌。月亮阿姨也舒服的闔著眼，欣賞青蛙低沉可愛的嗓音。星星是這場夏日音樂會的燈光師，一閃一閃，增添浪漫的氣氛。（林海泠）

　　前兩例善用比喻，後兩例善用擬人，塑造生動情境。第一例中，以「風景畫」喻「眾星拱月」，以「聲樂家」喻「青蛙」，以「觀眾」喻「青草」、「花兒」，刻劃出一個視覺與聽覺交加的藝術饗宴。第二例中，以「綢緞」喻「黑夜」、以「閃爍的眼睛」喻「星星」，形象點染，讓整個畫面更加熱絡、可愛。第三例分別將「太陽」、「月亮」、「星星」、

「青蛙」擬人，建構出「月亮」值夜班時的溫馨情境。第四例分別將「小青蛙」、「月亮」擬人，將「星星」暗喻（若寫成「星星燈光師」則是擬人），建構出音樂會的浪漫世界。凡此比喻、擬人技法，在在使整段行文更為活潑，更為出色。

在豐富性上，力求敘述的變化，解讀的變化。讓一覽無遺的畫面，多了轉折的趣味；讓純粹寫景的鏡頭，兜出深層的內蘊。如：

1.一野星空，簇擁著美夢正甜的小月牙兒。微彎的嘴角，漾出每個小孩的金色童年，就在夏夜沼澤中傳來的陣陣鼓聲裡。鼓聲？哪兒來的鼓聲？因為，荷葉上的青蛙自己失眠了，卻還是在搖曳的狗尾草身旁，「咯咯咯」著帶有節奏的安眠曲，引導著孩子們一步一步踏進夢的國度。（楊于儂）

2.青蛙正高高興興「呱！呱！呱」的唱著歌，因為他的女朋友終於答應他的求婚囉！可是青蛙先生可能忘記了，現在可是大地休息的時間，大家都靜靜的沉睡著，連月亮的臉上都掛著滿足的笑容。（陳翠嬌）

3.安靜的夜晚，就連幫旅人照著回家的路的月亮也疲倦的睡去了。整個世界是寂靜無聲的，好安詳，可是有點可怕！好心的青蛙在荷葉上唱著歌，希望他的歌聲能讓旅人有安心的感覺，不會感到孤單和寂寞。（陳翠嬌）

4.恬淡的幸福是不是就像這樣，就算只是靜靜的看著天空，欣賞著不圓滿的月亮，祈求著圓滿的生命；就算只是坐在池塘邊，聽著青蛙沒人懂的語言，感受有被懂得的快樂。（李皇樺）

　　第一例注重敘述的變化。經由「鼓聲」的錯覺揭示，帶出「失眠青蛙」的善盡職守，讓小朋友的金色童年，充滿美好的記憶。第二例注重解讀的變化，從「環保噪音」的角度加以考量，希望青蛙春風得意（「女朋友終於答應他的求婚」），可不能得意忘形，打擾深夜作息的安寧。第三例提出「世事難料」的隱憂（「好安詳，可是有點可怕」），而後語意翻轉，發揮「同情心，同理心」，指出蛙鳴的積極作用，讓孤單的旅人不孤單，寂寞的旅人不寂寞。第四例提出「情景交融」的體會，經由眼前和平安詳的情境，領略生命的奧義（「天何言哉？四時行焉，百物生焉」）、感通的深味（「自歌自舞自開懷」），正是由景生情，再由感性中兜出悟性。似此解讀，正訴諸圖形（文本）的豐富性，召喚出豐富的解讀。

　　綜上觀之，看圖作文的表達力，立基於「正確性」，進階於「細緻性」、「活潑性」、「豐富性」。針對於中年級，宜重「細緻性」、「活潑性」；高年級，宜兼及「豐富性」，提升表達力的水準，凡此不同指標的釐清，有助於看圖作文的教學評量，值得注意。

柒、結語

　　綜上所述，可見看圖作文教學，應告別「傳統路向」（要求學生接受正統的知識）的灌輸，邁向「創意路向」（期待學生對知識的詮釋有所參與）的互動，一再調整、實驗，開拓看圖作文新契機。

　　以看圖作文為例，其中「空間智能」（「視覺表現、藝術

活動、想像力的遊戲、思維繪圖、比喻、視覺化想像」，T. Armstrong, 2000)、「語文智能」（「演講、討論、文字、講故事、集體朗讀、寫日記等」，T. Armstrong, 2000)之題型設計、教學策略、教學活動（包括合作學習），均值得每一位多元智能的創意教師再加研發；發展出「為多元智能而教」（Teaching for multiple intelligences)，「藉多元智能而教」（Teaching with multiple intelligneces)的教材、媒體教具、教學方法及評量，讓看圖作文的教學，更活潑、更豐美，建構出語文教學的新世界。

參考文獻

王焱明（2001）。**教學創新與創造思維的培養**。武漢：湖北教育。

王萬清（1999）。**多元智能創造思考教學：國語篇**。高雄：復文。

王尚文、鄭飛藝（2003）。**作文新感覺**。板橋：螢火蟲。

王宛磐、郭奇（2003）。**語文教學通論**。開封：河南大學。

仇小屏、黃淑貞（2004）。**國中國文章法教學**。台北：萬卷樓。

仇小屏等（2002）。**小學「限制式寫作」之設計與實作**。台北：萬卷樓。

白靈（2004）。**一首詩的玩法**。台北：九歌。

史建中（1999）。**小學片段作文指導**。北京：語文。

任彥鈞（2000）。**小學生看圖作文**。太原：北岳文藝。

朱和銀（2000）。**材料作文**。南京：江蘇少年兒童。

李小平（2001）。**創造技法的理論與應用**。武漢：湖北教育。

李安學（2001）。**新編小學作文教與學**。青島：青島海洋大學。

李建榮、陳吉林（2002）。**小學作文教學大全**。成都：四川大學。

李向成、任強（2002）。**點擊學生的創新思維**。北京：中國社會科學。

李秀麗（2003）。**小學生漫畫作文**。武漢：長江文藝。

林建平（1989）。**創意的寫作教室**。台北：心理。

林淑英（1993）。**作文新苗看圖學作文**。台北：華一。

林明進（2003a）。**創意與整合的寫作**。台北：國語日報。

林明進（2003b）。**理解與分析的寫作**。台北：國語日報。

林美琴（2004）。**上作文課了：作文教學妙招大公開**。台北：小魯。

林蔚人、徐長智（2002）。**小學生看圖示範作文**。北京：西苑。

周慶華（2004）。**創造性寫作教學**。台北：萬卷樓。

紀斌雄等（1984）。**華一國小圖說作文**。台北：華一。

洪榮昭（1998）。**創意媽媽教室**。台北：師大書苑。

柯振盛（1980）。**國小看圖作文**。台北：大展。

翁華芝（1985）。**看圖作文引導**。高雄：愛智。

高潮（2003）。**新世紀初中作文全程指導**。上海：上海教育。

倪文錦、歐陽汝穎（2002）。**語文教育展望**。上海：華東師範大學。

張水金（1981）。**攝影作文**。台北：樹人。

張玉成（1993）。**思考技巧與教學**。台北：心理。

張世慧（2003）。**創造力：理論、技術／技法與培育**。台北：五南。

張伯華（2001）。**新世紀中學語文全書：作文卷**。北京：語文。

張春榮（2002）。**作文新饗宴**。台北：萬卷樓。

張春榮（2003）。**文學創作的途徑**。台北：爾雅。

陳滿銘（1994）。**作文教學指導**。台北：萬卷樓。

陳滿銘（2003）。**章法學綜論**。台北：萬卷樓。

陳龍安（1988）。**創造思考教學的理論與實際**。台北：心理。

陳黎、張芬齡（1994）。**立立狂想曲**。台北：皇冠文學。

國文作文教學的理論與實務

陳育慧、陳淑慎（1993）。**趣味看圖作文**。台北：長圓。

陳英豪等（1980）。**創造思考與情意的教學**。高雄：復文。

陳鍾梁、張振華（1992）。**作文思維訓練**。杭州：杭州大學。

盛子明（1999）。**中國小學生看圖作文大全**。上海：上海遠東。

馮家俊（1994）。**小學生想像作文**。南京：江蘇教育。

常雅珍（2003）。**初學作文新妙方**。高雄：復文。

楊方（1994）。**小學生看圖作文辭典**。上海：漢語大詞典。

黃基博（2001a）。**小學作文教學活動設計**。板橋：螢火蟲。

黃基博（2001b）。**看圖作文新方法**。板橋：螢火蟲。

黃慶惠（2004）。**看繪本，學作文：繪本閱讀與寫作教學**。台北：小魯。

黃定富（2001）。**新概念作文起步：美術作文**。杭州：杭州。

黃秋芳（1990）。**穿上文學的翅膀**。中壢：黃秋芳創作坊。

遠航（2002）。**中國小學生材料·看圖作文精品廊**。南京：江蘇文藝。

萬永富等（1989）。**小學生語文手冊**。上海：漢語大詞典。

劉晉軍（2003）。**小學卷·看圖作文**。奎北：伊犁人民。

劉鋒、王中文（2001）。**中國小學生典範看圖作文寫法大全**。西安：未來。

趙勇（2000）。**小學生課堂觀察訓練**。太原：希望。

管家琪（2003）。**管家琪教作文：如何表達**。台北：幼獅。

鄭昆（1991）。**華一國小看圖作文記敘文**。台北：華一。

鄭發明（1979）。**看圖作文引導**。台北：青少年。

鄭發明等（1987）。**圖畫作文與提早寫作**。台北：青少年。

鄭同元、鄭博真（1992）。**國小看圖作文指導**。台南：華淋。

鄭博真（2003）。**作文教學革新**。台南：漢風。

衛燦金（1997）。**語文思維培育學**。北京：語文。

蕭麗華（1990）。**心靈的翅膀：創造思考性寫作鍛鍊法**。台北：正中。

賴慶雄、楊慧文（1997）。**作文新題型**。板橋：螢火蟲。

賴慶雄（1999）。**新型作文贏家**。板橋：螢火蟲。

譚達士（1975）。**作文教學方法革新**。台中：省教育廳。

蘇洵明、葉宏德（2001）。**看圖作文指南**。台南：西北。

蘇洵明、林鴻傑（1993）。**剪剪貼貼學作文**。台南：西北。

Chapter 3

戲劇創作在作文教學的應用

國立台灣師範大學教育學系教授
甄曉蘭

壹、前言

　　寫作不僅是必備的基本能力，更是促進思考與學習的一種方式，因此無論國內外，寫作能力的培養一直是語文教學中極為重要的一環。一般而言，國小被視為最重要的語文學習階段，是培養寫作能力的奠基關鍵。然而，長久以來，國內小學生寫作能力的普遍低落，卻是不爭的事實，究其原因，不少學者認為是作文教學不當所致——將重心放在作文成品的批改，卻疏忽寫作過程的指導，導致「作文課只是展現學童原有的寫作成效，『評量』他們原有的寫作能力，而不再是提供學童『學習』如何寫作，以提升其寫作能力的機會」（張新仁，1992）。的確，在國小國語科的各種教學活動中，作文是最令國小師生都感到頭痛、煩惱不已的，不僅許多學生對作文心生畏懼或感到枯燥無趣，不少教師也對作文的教學不知所措，在教學指導方面有許多的困惑與挫敗。不少教師常常在出了作文題目之後，簡單地解說一下題意和段落重點，便任由學生處在一個「無助的情境」中自行寫作，而後教師則是在一種「無奈的心境」下批閱學生的作文。

　　基本上，作文本身相當需要以創造的方式來表現，亟需透過創造性寫作（creative writing）來促進兒童的創造力（Williams, 1970）。畢竟，寫作是一個「複雜的文化活動」（Vygotsky, 1978），唯有透過對兒童「有意義」的活動來引導兒童寫作，方能讓兒童發現作文的趣味、建立寫作的興趣（McLane, 1990）。就「全語」教學理念來看（參見沈添鉦、黃秀文，

1997；Goodman, 1986; Newman, 1985），兒童其實是有主動建構語言知識的本能，學校語文教學應營造富支持性的語言對話環境，提供各種有意義的、有目的性的讀寫活動，讓學生有充分機會，主動地與書籍、老師、同學產生語言文字的互動，自然地發展語言能力。特別在寫作教學方面，尤其不能悖離學生的情感及生活世界，寫作的過程和成品是同等的重要，教師絕對需要在過程當中提供充分的材料建立寫作的情境脈絡，來幫助學生運思、掌握意義，進而進行創作。誠如McLane（1990）所建議，教師應建立一個期待「兒童能寫」的支持性環境，隨時提供協助，扮演一位對學生作品有高度興趣的讀者，並且幫助學生的作品能有效地與人分享溝通。

其實，國內外有關兒童寫作教學的專書與期刊論文相當豐富，不勝枚舉。晚近，除了「認知歷程模式」（the cognitive process model）（參見張新仁，1992；Flower & Hayes, 1981）與「社會互動模式」（the social-interaction model）（參見Nystrand & Himley, 1984）被廣泛地討論外，國外更有許多學者提出「戲劇」融入寫作教學的主張（例如，Crumpler & Schneider, 2002; Latrobe, 1996; Rocklin, 1991）。因為戲劇是最好的創造性活動，經由戲劇活動，兒童可以親身體驗不同的生活經驗，並藉以激發想像力與創造力，是兒童學習語言與應用語言的有效方式；再加上戲劇活動是建立在兒童的興趣和經驗上，結合作文教學與戲劇活動，不但有助於提升兒童的讀寫興趣（Latrobe, 1996），亦可以提供機會，讓學生運用戲劇活動所需的組織概念與修辭技巧，進行劇本創作與即興表演活動，增進其創造思

考能力和語言文字的運用能力（Cox, 1996; Wagner, 1988; Wolf, 1995），更可以藉之來洞悉兒童在寫作中複雜的文學理解與創作過程（Crumpler & Schneider, 2002）。

　　為使國小語文教學回歸「語文藝術」（language arts），真正落實說、讀、寫、作混合教學的理想，我想，結合戲劇與寫作應是極具潛力的嘗試，我總認為國小階段語文的學習經驗，應該是有趣味的語言探索、令人愉悅的「文學」欣賞及激發想像潛能的文字創作。考量在國小課程中，作文課並無固定的教材，教師可以依創造性教學原則，提供機會讓學生透過自由創作活動，來增進寫作的能力。多年前，我任教於國立嘉義師範學院（現為國立嘉義大學）初等教育學系的時候，便親赴國小進行國語科的作文課臨床教學，針對一班國小五年級學生，實施了為期一學期的「戲劇創作」教學，希冀藉由實際作文教學經驗，來了解國小實施戲劇創作教學的可行性、國小兒童對戲劇創作課程的接受度與反應，以及了解戲劇創作教學對國小兒童作文及口語表達能力之影響。回顧整個戲劇創作臨床教學過程，對我而言，紮實是個豐碩的實務學習經驗。我曾將該次戲劇創作課程的實施心得發表於「啟發多元智慧研討會」（甄曉蘭，1999）；爾後，也將整個戲劇創作課程的行動探究歷程整理出書（甄曉蘭，2003），與實務工作者分享我的戲劇創作教學探索經驗。這一次，藉著大家齊聚一堂，共同研討「中小學國文作文教學理論與實務」的機會，我再次重返過往的戲劇創作教學經驗，特別從作文教學策略層面，來重新整理、檢視戲劇活動融入作文教學的價值、實施策略與成效，或許能提供一

些教學思考與範例，作為國小教師嘗試變通性作文教學的參考。

貳、結合戲劇創作活動與作文教學的價值

　　戲劇深具動感與張力，兼融知性與感性的素養，與文學有著極密切的關係（林守為，1993；張清榮，1991），特別是兒童的戲劇表現依賴口白、對話多於動作，兒童戲劇活動對兒童語文的學習與發展有極大的影響。許多戲劇融入語文教學的相關研究指出，兒童戲劇創作可結合兒童文學，提升兒童文學欣賞與創作表達能力，提供兒童運用語言的良好機會，促進語言發展，並增進對語彙的應用能力，對兒童的口語表達、閱讀及寫作有顯著的影響（范長華，1991；Crumpler & Schneider, 2002; Latrobe 1996; Wagner, 1988; Wolf, 1995）。因為戲劇具有象徵的功能，兒童在參與戲劇寫作或表演的時候，必須具備相當的表徵能力（representational competence），才可能用確切合適的語言文字來表達其所要象徵的指涉，因此透過戲劇的表徵活動演練，可以提升兒童的閱讀、口語及寫作能力。誠如Abbs（1994）所指出，戲劇活動和語文學習都涉及利用文字表徵，來引發兒童的感情、感官認知、想像力，以及其間的知性活動，透過戲劇創作活動亦有助於了解兒童戲劇象徵遊戲與識讀能力（literacy）發展的關係。換句話說，藉由兒童在戲劇創作活動中所呈現表達的觀點、回應與想法，以及其間口語、文字、感觸、動作的象徵系統，我們可以深入理解兒童識讀過程的複雜性，及其寫作過程中意義創塑的想像潛力（Crumpler & Schneider, 2002）。

　　通常，兒童語言的使用在遊戲的情境中最為大膽，且進步最快，在戲劇活動中更是如此。戲劇創作是一種語言遊戲，能幫助兒童發展「心理語言的覺知」（mental linguistic awareness），特別在劇本寫作方面，更能透過書面語言遊戲的方式，發展更寬廣的語言覺知、理解與創造（McLane, 1990）。在歐美國家，兒童戲劇活動深受教育界人士重視，許多學校將之納入學校的正式課程（Hannum, 1994; Libman, 1991; North Dakota State Dept., 1990; Walker, 1993; Wright & Saldana, 1991）。而近年來，更逐漸發展形成「創造性戲劇活動」（creative dramatics）的風潮（Cox, 1996; Hannum, 1994; Kelner, 1993），強調戲劇活動的「遊戲」本質，不在乎演出，而著重兒童情感的表現和想像的發揮，給兒童自編、自導、自演的機會和自由，也鼓勵兒童作「即興」（improvisation）、純真、自然的表現。藉由戲劇教學方式，把學習活動變為遊戲，把課堂變成劇場，讓兒童自動自發地自由創作，透過戲劇的親身體驗和參與學習，達到領悟和了解的教育效果。

　　當代重要的語文教學法，包括以文學本位的教學（literature-based instruction）、全語（whole language）、過程寫作（process writing）等（沈添鉦、黃秀文，1997）。無論採哪一種教學法，戲劇創作都可以巧妙地配合應用於語文教學中，透過適當的活動設計，讓學生與語文環境互動，當學生被給予機會在戲劇活動中使用文字語言進行創作表達，學生便主動參與了語文知識的建構，其語文能力也就隨之不斷地擴展。然而，就戲劇創作融入作文教學而言，劇本寫作是相當富有挑戰性的複雜文

化活動，學生往往需要學習置身於情勢的脈絡（the situational context）、詮釋的脈絡（the interpretational context）和文意的脈絡（the textual context）中（Gregory, 1995），透過所謂的「社會媒介」（social medium）建構或傳達個人創作的意義與企圖。其間，教師與學生的支持性關係，便是學生最好的社會媒介，McLane（1990）就學生在寫作時需要的支持，提出了五點建議，而這些也是在協助學生進行劇本創作所不可或缺的。

（一）提供學生寫作的時間和地點，寫作的工具和材料。

（二）與學生溝通我們對他們從事寫作的期望，並隨時鼓勵他們創作。

（三）當學生完成作品時，我們應以一位對其作品有興趣的讀者作回應。

（四）接受學生自選的主題和文章形式，不斤斤計較其寫作格式或拼字、標點符號的錯誤，並隨時提供技巧上的協助。

（五）以後設認知的觀點來討論學生的作品、提供定義和修改意見。（p. 315）

因為劇本創作是特殊的文學體裁，不同於其他寫作，有獨特的組織和結構，也有優美的詞句和內容，並且強調主題、情節和人物。劇本的寫作，不但要處理言語的描述，更要情感和行動的描述，極其需要組織能力和修辭技巧，為了讓劇情更生動活潑、扣人心弦，學生勢必要針對結構、佈局、修辭、描寫等方面做進一步的增強，才能讓劇情有曲折起伏、高潮迭起（黃文進、許憲雄，1991）。因此，在引導學生進行劇本寫作

時，必須協助學生了解戲劇的特性（如臨場感、時空限制等），並且在取材、構思、情節安排、人物描繪和結構的經營方面，予以適當的教導和練習（參見林守為，1993；張清榮，1991；黃文進、許憲雄，1991）。而整個引導、討論的過程，則可以考慮應用國語科混合教學方式，提供有意義、連貫的聽說讀寫活動，讓學生在豐富的語言環境，進行戲劇創作，自然發展語文能力。當然，在鼓勵學生創作時，不宜用成人的標準來給予規範和要求，如此學生才能暢快地追逐文字的興趣，並且享受自我創造的喜悅。

參、戲劇創作融入作文教學的實施策略

將戲劇創作融入作文教學，寫作主題最好用學生所「熟悉的」、「感興趣的」、「生活中經歷過的」題材來加以發揮，因為這樣的題材，對學生而言，比較容易激發聯想、產生靈感，而且寫起來會比較充實。當初我在實施戲劇創作課程時，整個學期的上課進程與活動大綱（參見附件），雖是根據劇本編寫要點與學生編寫劇本所需的先備經驗認知而事先預設的，但實際教學指導所運用的方式與題材部分，則是在過程中逐步發展出來的，主要從學生日常生活經驗中蒐集寫作材料，再配以合宜、適度、有趣的運思材料（兒童文學）、構思鷹架（工作單）和語文互動（討論分享），提供機會讓學生參與戲劇演出與作品的欣賞、討論、分析等。我認為，唯有提供足夠的創作思考素材，邀請學生進入、參與教室戲劇課程的對話，才比較能夠幫助學生建構有意義的語文知識，也比較能夠有效地激

發學生的想像力與創造力，讓師生都能享受「戲劇創作」的樂趣！因此，在戲劇創作教學中，我常運用的教學步驟如圖 3-1：

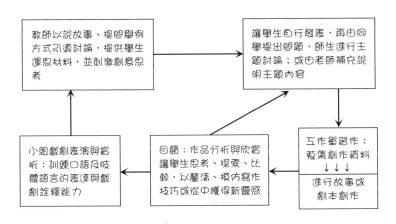

圖 3-1 戲劇創作教學流程

　　這樣的教學活動流程主要是依序進行，但有時候，我也會視學生的反應與行為做適度的調整。茲根據我的臨床教學經驗，將戲劇創作融入作文教學各階段活動的運作構想與要領說明如下：

一、提供創造思考機會的學習材料與討論活動

　　要鼓勵學生創造思考，老師就得先提供學生創造思考的機會；要學生寫出好的故事，老師就讓學生有機會聽到、看到好的故事；要學生會寫劇本，老師就必須先預備機會讓學生熟悉劇本的形式、著手練習寫劇本。因為在教學過程中，提供高品

質的對話以及適量有關聯的補充材料，有助於讓學生參與知識的建構。因此，在引導學生認識和掌握劇本的特色（如情節的發展、高潮的設計、人物的描繪、時空的轉換等等），我喜歡利用不同體裁故事的講述與討論，來幫助學生體會所讀故事的趣味、思考故事情節的發展，聯想故事內容與上課學習主題相關的靈感，進而激發學生創作表達的想像力與創造力。另外，針對每個學習單元，我都會配合創作主題設計一學習工作單，讓學生在正式獨立寫作時，能先擬定內容大綱、打草稿，或配合預定的上課內容，加強作文結構的練習。藉由學習工作單練習，幫助學生掌握內容重點與思考寫作方向，並蒐集一些相關的寫作資料，使創作過程較為順暢。

在整個學期十五週的作文教學規劃，我共設計了六個創作主題，每一個主題都有特定的寫作技能的學習，而每一次教學活動的重點與材料的應用，也都是經過審慎研議商討而決定的。僅就六個創作主題簡要介紹如下：

（一）月亮的故事（討論故事開始的不同說法與練習故事情節規劃）

主要是配合中秋時節與課本第一單元「月下」、「嫦娥奔月」以及「登陸月球」三課的課文欣賞與討論，讓學生了解「月亮」可以引發不同的創作靈感、寫出不同的故事，也特別讓學生練習美讀「月下」的課文，因為當中有李白與蘇東坡的詩句，也有自我對話的感情語句，讓學生放聲美讀，將有助於學生感受字句之間的情感變化，然後，再讓學生開始創作一篇

有關月亮的故事。因為故事的起始影響著故事後續的發展，於是，設計第一份工作單先讓學生思考他們可以用哪些方式來開始說月亮的故事，接著第二份工作單讓學生練習架構有關月亮的故事情節，之後，才正式展開有關月亮故事的寫作。

（二）X 檔案（人物的描寫）

因為人物特徵的掌握與描繪，是劇本相當重要的一環，所以先讓學生練習描寫人物的特徵、個性、愛好、習性等。首先讓學生分組討論，各組就所熟悉的《西遊記》故事中，挑選一個人物代表，分析歸納其特徵並作口頭描述介紹。然後還選了《子兒吐吐》故事，來討論故事主角「胖臉兒」由其個性特徵所發展出來的趣味故事情節。討論了人物特徵之後，便請學生利用 X 檔案工作單，蒐集所要描寫人物的相關資料。為了讓學生的創意空間更大，也鼓勵學生可以用擬人化的方式來描寫動物。然而，學生對特徵描寫刻劃的能力較弱，大多對特徵部分形容了一兩句，便轉入與特徵無關的敘事性故事陳述。而這個現象也出現在後續的的戲劇創作。

（三）解決困難的童話故事（設計故事的情節）

因為故事情節是劇本能否吸引人的關鍵要素，必須有高潮起伏和發展變化，於是接著讓學生練習寫作解決困難的童話故事，藉著困難的產生來發展故事，並且以解決困難的方式來營造故事的高潮。在工作單中順便重新提示角色的決定、人物特色的描寫，以及交代故事發生的時間和地點。在討論中，舉例

介紹一些稍具狂想的解決問題小故事之外，也介紹了《箭靶小牛》的故事，來深入討論箭靶小牛所遭遇的困難，與解決問題、克服困境的經過發展。

（四）黃狗生蛋（認識劇本、劇本改編的基本練習、開放結局劇本編寫）

黃狗生蛋是第一個劇本改編與舉創作的練習活動，配合此故事，國語科實驗教材有現成的劇本改工作單，而故事又簡潔有趣，提供了開放思考的創意空間，於是利用此故事先讓學生練習劇本的改寫，然後請學生為黃狗窩裡為什麼會有個蛋，想出原因與解決的方法，繼續編寫第四幕和第五幕。為了刺激學生思考蛋的來源的可能性以及處理蛋的方式，我先講了一個有同樣旨趣的故事──《紅公雞》。會選用紅公雞的故事，主要是想透過當中紅公雞決定自己孵蛋之後，心懷恐懼所做的惡夢，所產生的緊張高潮情節，來誘發蛋的可能來源的討論，以及體會高潮扣人心弦的效果。

（五）成語故事劇本改編（劇本改編加強練習）

因為五年級國語課本第九冊第十五、十六課有「完璧歸趙」的劇本形式課文，於是在這個教學單元的開始，首先讓學生說一些他們所熟知的成語故事，之後，便讓學生閱讀我所準備的「完璧歸趙」故事，接著才進入課文，藉由戲劇表演方式演出課本中的「完璧歸趙」劇本內容。然後，發下「孔明借箭」的故事和工作單，讓學生再練習一次劇本的改寫。經過工

作單的討論回饋之後，請學生自己選擇一個成語故事進行劇本的改編。

（六）有關友誼的故事（自訂題材開放性劇本創作練習）

　　從友誼可以發展的故事題材相當寬廣，為了幫助學生從不同角度來探討友誼的真諦和表現方式，所以這個單元舉例分享的故事也較多，有的只是帶去教室供學生下課翻閱參考，有的則用來進行有關友誼概念的討論。實際進行討論的故事包括：《我們是好朋友》、《好朋友》、《鱷魚放假了》、《奇巧最喜歡的樹》等。在學生實際進行友誼故事的劇本創作前，除了讓學生藉工作單思考故事的開始、人物間的關係、考驗友誼的事件、友誼的發展以及結局之外，也先讓各小組進行標題命名的討論與報告活動，希望藉此再次呈現友誼實質與表現方式的多元性，也提供學生更多比較和思考的機會。然後讓學生練習掌握故事主旨，來為故事命名，並且根據討論來修改友誼的故事，發展成為劇本的形式。

二、鼓勵學生積極發表與參與演出

　　討論和發表，在我的戲劇創作教室是很重要的教學手段與目的。因為唯有聽見學生的「聲音」，我才能從他們的聲音中，進行進一步的課程籌劃。何況，討論和發表愈來愈是一種學習和生活方式，我們絕對需要幫助學生學會討論和發表。另外，教師扮演一位忠實、對學生作品有濃厚興趣的讀者，並且提供機會讓學生發表作品，在一個創意寫作教室是相當重要

的。所以，在學生完成了工作單或作品後，我通常會將有進步、有創意的作品與學生分享、討論，藉由欣賞他人的作品中，使學生釐清觀念、相互模仿或比較，藉以吸取他人優點、觸動創作靈感；而我也發現，作品有被分享過的學生，在後繼的參與表現會更積極。

在所有活動中，學生最期待的莫過於戲劇演出了！在劇本改編或創作之後，都會挑出一些長度適中、寫得不錯的劇本，讓每組選擇一個劇本進行討論和演出，學生會從劇情中自己去揣摩人物角色的特質，運用表情、聲調或道具來詮釋不同角色的情形。當一組表演完後，全體觀眾還會提出讚美與建議，讓下一組表演的人能有所改進。如此一來，不僅台上同學演得賣力，台下觀眾更看得仔細：經過幾次的表演後，學生都欲罷不能，對於每個角色都躍躍欲試哩！一旦學生演出自己所寫的劇本之後，其學習興致自然被挑旺起來，整個教室可以說是換了個風貌。根據我的教學經驗，提供學生發表、演出及欣賞的機會，確實能增進學生的學習興趣與表達能力的提升，也有助於學生在表達內容及態度的改進。

在觀察學生的戲劇表演的活動中，讓我更加相信學生並不是被動地吸收知識，而是會主動反省、思考的。在多次的戲劇表演活動中，有一堂課讓我印象最深刻就是第二次的演戲。學生在有了前一次演戲經驗後及觀摩同學演戲過程中，會修正自我的觀念、想法，思考要如何讓戲變得精采、好看、能吸引觀眾，所以，有好幾組的小朋友就會紛紛加上道具，變化動作，增加舞台的效果。這些都是他們在學習的過程中，自己思考、

創發而來的，我認為這是最珍貴的，因為學生並不是被動地被老師所操弄著，他們乃是主動的學習者，只是我們做老師的常常低估了他們的能力，不太給他們機會去發揮罷了！

三、強調正向回饋與溝通期許

我相信教師批閱學生的作品時所給的評語，若能以活潑、鼓勵的對話方式在作品後給予回饋，較能增進學生寫作信心及興趣。傳統的作文評量方式，都是在分數下寫上「文情並茂」、「詞句優美」、「字跡端正」或「詞不達意」等公式化的評語，較不能引起學生的共鳴。所以，我和研究助理在批閱學生作品時，一定會針對學生的創作，給予個別化的嘉許和改進建議，通常，會先以肯定的對話方式指出作品的優點，再針對需改進之處，以期許溝通的方式給予中肯的建議。一個學期下來，我發現每當我發回作文簿時，學生的第一個動作即是翻到評語的部分看「老師們寫的話」，常置我於不顧，我也只好等他們把評語看完之後，才進行下一步的教學活動。看到學生在拿到自己作文簿時，很用心地看著我們給他們的回饋時，讓我更加肯定教師在評閱學生作品時，應以讀者的身分和作者（學生）溝通，給予他們建議，因為用心地與他們溝通，作者們是很有反應的！有些原本對寫作文並不怎麼熱衷的學生，卻會因為我所給予的肯定和期許，漸漸地在稍後的劇本創作上有更多的投入與發揮，甚至有相當卓越的表現呢。

這樣的作文批閱與回饋方式雖然要花上較多的時間，但對參與批閱作文的老師而言，也是件愉快而深具意義的事。曾經

協助我批閱作文的一位研究生就這麼表示：

> 「改作文」對許多老師而言是夢魘，但在這幾次的批閱過程中，雖然必須批閱的份數不少，但我卻一點也不覺得是「惡夢」，反而覺得是件愉快的事。在批改的過程中，我將自己當成是讀者，看不同的作者在相同的教學下對於相同的題目，會創作出什麼樣的作品，這是十分有趣的經驗，每每在看的過程中，驚嘆連連，學生的創造能力及寫作能力，都時常出乎想像之外。（RA2 札 870122）

肆、戲劇創作應用於作文教學的省思與啟示

經歷了一個學期的戲劇創作融入作文教學的學習經驗，絕大部分的學生對戲劇創作皆有很濃厚的興趣；由老師的反應、學生上課的情況、訪談的結果，及作品的呈現中可以發現，學生對作文課相當的認真、重視，感到戲劇創作深具挑戰性、活潑性、變化性、思考性與趣味性。許多學生認為戲劇創作課程之所以吸引他們，是因為除了寫作練習外，他們還可將自己的作品變成「劇本」，並「表演」出來，增加了學習的趣味性與成就感。許多學生反應學會如何寫劇本，對他們而言是最大的收穫。另外，透過作品分析與學生的訪談中發現，大部分學生在作品的長度、流暢度、內容結構、用語遣詞、題材的多樣化，以及情節的描述與安排等，皆有進步。少部分認為自己沒有進步（但實際上有）的學生，因為覺得自己的作品不夠吸引

人，或跟別人比較後不夠好，所以會不滿意。但也因為如此，讓他覺得需更用心、多看課外參考資料，讓自己的文章能更豐富且有高潮。

透過劇本發表和演出的活動，學生較以往更能勇於發表自己的意見、看法，而其表達的意思亦較完整且能抓住重點。雖然學生都熱衷於參與戲劇創作活動，但不可否認的，學生本身的語文基礎和課外閱讀習慣，會影響學生在創作表達方面的表現。從分析學生的寫作表現，不難發現未見明顯進步的學生，他們的語文基本能力較差而且課外閱讀較少，以致於寫作的創作能力較弱，但此並不意味其戲劇表演創意會相對較差，因電視媒體和漫畫等「社會媒介」對其戲劇詮釋表現亦有所影響。從學生在戲劇創作和表演活動的興奮度來看，學生很喜歡有機會發揮想像力、有機會自己選擇創作題材，以及有機會「和同學一起」上台發表的。因此，如何利用戲劇創作教學想像空間、創造機會和團體合作表演的特點，幫助學生從自己的「起點」開始，在多元、有趣的戲劇性語文環境中，進一步發展語文表達和創作能力（甚或建立語文的美感經驗），或許是老師們可以嘗試著探索的教學實踐。

整個戲劇創作臨床教學的經驗，讓我受到相當大的激勵。在與學生的互動過程中，心靈和智性的收穫都相當豐碩，享有許多與學生共創的愉悅時刻，其中有我絞盡腦汁鼓勵對話、誘發創意的努力，也有學生全神貫注投入創作、歡喜表演的場境。在過程中，我發現學生的感知能力是非常敏銳的，情感是非常豐富的，學生的學習回應和創作表現，常常遠遠超過我的

預期，讓我產生極大的感動與振奮，也不得不肯定學生是喜歡創造和表達的，是有能力創作和發表的，他們有極大的心靈空間與智性潛能，需要我們去了解、等待我們去開發的。經過一個學期實際的身體力行，我相信國語科作文課實施戲劇創作教學活動是可行的；若有可能，還可以進一步配合人文與藝術、綜合活動或彈性學習時間的規劃，進行其他有關戲劇教學的相關內容學習，如音效、道具、服裝、舞台、表演藝術等。當然，我也更加肯定了我在戲劇創作融入作文教學過程中的一些教學理念，即：

國文作文教學的理論與實務

（一）安排支持性的學習環境，引導學生養成良好的學習習慣，鼓勵團體互動、合作學習，讓學生樂於參與知識的建構、分享。

（二）在創作前提供學生運思材料，引導其思考、探索與聯想，能使學生整理出較多的寫作材料，豐富其說話及寫作內容，刺激其創造力，更能引發學生較濃厚的寫作興趣。

（三）鼓勵學生勇於發表，因學生的語文表達能力與其自身的主動學習態度有關，藉由學生的發表及參與討論，提供學生進一步思考、探究、欲相互學習的機會。並且鼓勵學生發覺潛能、充實自我，願意嘗試不同的方式來發揮創造力。

（四）藉由學習工作單，能幫助學生掌握內容重點與思考寫作方向，並蒐集一些相關的寫作資料，使寫作過程較順暢。通常，能力較差的學生在正式創作時，

會照著工作單的內容抄寫，而能力較好的學生則會加以補充或有所修正。

（五）寫作主題若能以學生既有的知識與經驗相連結，可使學生產生更多的想法與寫作內容。

（六）表現積極熱忱的教學興致，教師的教學態度是影響教學的重要因素之一，教師教學時若持有「傾聽」、「鼓勵」、「尊重」、「接納」、「引導」、「啟發」的態度，能讓學生由衷萌發學習興趣，更樂於創作，是教室學習氣氛的營造與教學成敗的重要關鍵。

（七）教師批閱學生的作品時所給的評語，若能以活潑、鼓勵的對話方式，在作品後給予正向的回饋與改進的期許，較能增進學生寫作信心及興趣。而戲劇表演的評判，可由全班同學票選或互評，增加其趣味性，並且協助養成學生的判斷能力。

（八）與學生分享討論有進步、有創意的作品，讓每一位學生的作品都可以因為有進步，而有機會被老師用來與大家分享；而透過分享討論，可以促使學生藉由欣賞他人的作品，釐清觀念，吸取他人優點、觸動靈感，也能幫助寫作能力較弱的學生整理思緒，從模仿中修正、調整自己的創作。並且讓學生看到自己的進步，建立學生的學習成就感與自信心。

伍、結語

在戲劇創作臨床教學研究結束之後，我的一位研究助理這麼寫著他的感想：

> 雖然還有一些不盡理想的地方，雖然學生也有令人失望的時候，但，看到學生認真寫作的神情、看到那股賣力演出的傻勁，牽動台下觀眾的每一顆心；看到一篇一篇日益進步的作品，在在證明了戲劇教學對學童有著不可抗拒的吸引力！學生的想像世界能夠藉由戲劇教學的引導加以發揮，但願這個研究是個開啟學生內心世界的開始，而非結束，希望往後有更多的教師能夠加入我們的行列，一同和兒童創造一齣屬於自己的舞台劇！（RA1 札 870131）

的確，當年的戲劇創作教學確實讓人有「意猶未盡」的感覺，還有許多許多學生作品可以再做進一步的文本分析，還有好多的好奇還在心中盤旋著，譬如說，到底是哪些因素影響著學生的劇本創作題材選擇？學生的作品中到底反映出怎樣的社會媒介的影響？就主題取向和劇情發展是否有男女生的性別差異？若個別追蹤深入研究特定學生的創作表現又會透露什麼樣的訊息？有過戲劇創作活動經驗的學生與未有戲劇創作活動經驗的學生，在語文表達與創作表現方面會不會不一樣？這樣的戲劇創作課程應用在其他年級或其他學校會是怎樣的情形？另類的戲劇課程設計與教學方案會是些什麼？一般國小教師實施

戲劇創作教學的意願是怎樣？實在有太多的問題可以繼續做進一步的探究。在國內雖然也有部分人士在推動兒童戲劇，但在戲劇（創作）融入正式課程與教學部分，實在還是塊處女之地，有待積極的開發與墾植，需要更多教育學者專家、國小教師和社會有心之士，一起投入戲劇創作的教學與研究。

　　基本上，學生是喜歡創作與表現的！透過我個人戲劇創作融入作文教學經驗的分享，希望能邀請大家對作文教學指導策略進行一些批判反省，或許能激起一些共鳴，或許能喚起一些行動回應，總期盼著國小的作文教學能有一些改變，讓學生能樂於想像、敢於表達、勇於創作。

* 本文配合研討會之主題，摘要改寫自甄曉蘭（2003）。課程行動研究實例與方法解析──國小戲劇創作課程之教學轉化。台北：師大書苑。

參考文獻

中文部分

沈添鉦、黃秀文（1997）。**全語教學在國小實施的個案報告**。
　　八十六學年度教育學術研討會。花蓮：國立花蓮師範學院。

林守為（1993）。**兒童文學**。台北：五南。

范長華（1991）。國小國語科教學戲劇化的探討。**國教輔導，
　　5**，7600-7604。

張清榮（1991）。**兒童文學創作論**。台北：富春。

張新仁（1992）。**寫作教學研究──認知心理學取向**。高雄：復文。

黃文進、許憲雄（1991）。**兒童戲劇編導略讀**。高雄：復文。

甄曉蘭（1999）。啟發多元智能的課程設計──以戲劇創作課
　　程為例。載於簡茂發主編：**啟發多元智能論文集**。台北：
　　國立台灣師範大學。

甄曉蘭（2003）。**課程行動研究實例與方法解析──國小戲劇
　　創作課程之教學轉化**。台北：師大書苑。

西文部分

Abbs, P. (1994). *The educational imperative: A defence of Socratic and aesthetic learning*. London: The Falmer Press.

Cox, C. (1996). *Teaching language arts: A student- and response-centered classroom* (2nd ed.). Needham Heights, Mass: Allyn and Bacon.

Crumpler, T., & Schneider, J. J. (2002). Writing With Their Whole Being: A cross study analysis of children's writing from five classrooms using process drama. *Research in Drama Education, 7*(1),61-79.

Flower, L., & Hayes, J. R. (1981). A Cognitive Process Theory of Writing. *College Composition and Communication, 32*, 365-387.

Goodman, K. (1986). *What's whole in whole language*. Portsmouth, NH: Heinemann.

Gregory, E. (1995). What counts as reading in this class? Children's views. In P. Murphy, M. Slinger, J. Bourne, & M. Briggs (Eds.), *Subject learning in the primary curriculum: Issues in English, Science and Mathematics* (pp. 87-101). London: Routledge.

Hannum, C. (1994). Creative drama s core curriculum (classroom connections). *Drama/Theatre Teacher, 6*(4), 26-29.

Kelner, L. B. (1993). The creative classroom: A guide for using creative drama in the classroom, PreK-6 (ERIC Document ED 403166).

Latrobe, K. (1996). Encouraging reading & writing through readers theatre. *Emergency Librarian, 23*, 16-20.

Libman, K. (1991). Integrating drama into the curriculum: Five interdisciplinary lesson plans. *Drama/Theatre Teacher, 3*(3), 15-18.

McLane, J. (1990). Writing as a social process. In L. C. Moll (Ed.), *Vygotsky and education: Instructional implications and applications of sociohistorical psychology* (pp. 304-318). Cambridge:

Cambridge University Press.

Newman, J. (Ed.). (1985). *Whole language: Theory in use*. Portsmouth, NH: Heinemann.

North Dakota State Dept. (1990). Drama curriculum guide K-6. North Dakota Arts Curriculum Project (ERIC Document ED 348700).

Nystrand, M., & Himley, M. (1984). Written Text as Social Interaction. *Theory into Practice, 23*(3), 198-207.

Rocklin, E. (1991). Converging transformations in teaching, composition, literature, and drama. *ProQuest Education Journals, 53*(2), 177-194.

Vygotsky, L. S. (1978). *Mind in society: The development of higher psychological processes*. Cambridge: Harvard University Press.

Wagner, B. J. (1988). Research currents: Does classroom drama affect the arts of language? *Language Arts*, *65*(1), 46-55.

Walker, P. P. (1993). Bring in the arts: Lessons in dramatics, art, and story writing for elementary and middle school classrooms (ERIC Document ED 404 225).

Williams, F. E. (1970). *Classroom ideas for encouraging thinking and feeling* (2nd ed.). New York: D. O. K.

Wolf, S. (1995). Language in and around the dramatic curriculum. *Journal of Curriculum Studies*, *27*(2), 117-137.

Wright, L. & Saldana, J. (1991). The Arizona State University K-6 drama theatre curriculum guide (ERIC Document ED 349 208).

附件：戲劇創作課程各週教學大綱

週次	日期	教學重點	教學內容紀要
一	9/1	*了解學生的態度與寫作能力 *建立班級常規	(1)問卷施測——前測 (2)學生自我介紹，並發表「我最想變成的動物是……原因是……」 (3)上課規約的建立 (4)即興創作：將自己、大老鷹、小白兔、鑰匙等建立關係，並且串成故事
二	9/12	*複習文章的結構與故事的要件 *練習寫故事的開始 *介紹故事情節的重要與擬定故事架構的方法	(1)以即興創作為例，介紹作文基本結構 (2)學生作品欣賞、討論、修正 (3)朗讀課文：月下 (4)工作單：月亮的故事 (5)擬定故事情節的方法：列表格、故事網、連環圖畫等 (6)作業：擬定一個有關「月亮的故事」之故事情節、大綱
三	9/19	*實際練習故事情節的擬定	(1)討論、分析故事開始的方法 (2)小組成員彼此分享自己寫的故事大綱 (3)講述作文的寫作步驟 (4)擬定故事情節大綱的範例介紹：以蟾蜍釣魚的連環圖畫 (5)創作：月亮的故事草稿寫作
四	9/26	*故事人物特點的描繪	(1)記分表使用方式介紹 (2)利用西遊記人物做「人物描寫」 (3)分組討論：選一西遊記之人物介紹其特點 (4)分組報告：人物描寫、介紹 (5)故事欣賞：子兒吐吐、鵝媽媽買鞋 (6)阿貴只有九歲：補充人物描寫的技巧 (7)工作單：X檔案

附件：戲劇創作課程各週教學大綱（續）

週次	日期	教學重點	教學內容紀要
五	10/3	*實際練習故事人物特色的描寫	(1)介紹擬人化：課文「井底之蛙」 (2)複習人物描寫的重點 (3)創作：XXX 檔案
六	10/17	*練習掌握故事重點 *介紹故事的情節發展與高潮營造的重要	(1)閱讀「等信」的故事 (2)分組討論並發表：故事的情節、高潮、結局與啟示 (3)學生發表故事人物之特性 (4)工作單：閱讀心得表 (5)工作單：解決困難的童話故事大綱 (6)故事賞析：箭靶小牛（困難情境及情節變化的討論） (7)作業：寫一則有關解決困難的童話故事
七	11/7	*劇本基本形式的介紹與改寫練習	(1)故事欣賞：紅公雞（討論故事的高潮） (2)利用「黃狗生蛋」的故事介紹劇本的基本形式與寫法 (3)工作單：將「黃狗生蛋」的故事改寫成劇本 (4)作業：為「黃狗生蛋」編想一結局 (5)韻文欣賞：為什麼？（刺激創造思考）
八	11/14	*劇本創作初步練習 *加註背景說明與動作說明	(1)工作單的檢討、訂正 (2)劇本創作：為「黃狗生蛋」編寫一結局，自由創作後續場幕的情節

附件：戲劇創作課程各週教學大綱（續）

週次	日期	教學重點	教學內容紀要
九	11/21	*劇本欣賞討論 *初次即興演出	(1)學生作品欣賞：劇本討論、修正 (2)分組討論：共同修改一劇本、分配角色、排演 (3)分組表演：「黃狗生蛋」的結局部分
十	12/5	*劇本取材 *介紹劇本的改寫 *戲劇表演的語調和情緒表情	(1)複習寫故事的關鍵要素 (2)學生自由發表：知道的各種成語 (3)故事欣賞：北風的故事 (4)閱讀並討論「完璧歸趙」的故事結構情節 (5)分組演出課本中的「完璧歸趙」劇本，師生共同給予回饋 (6)成語故事劇本改寫工作單：孔明借箭
十一	12/10	*改編劇本的練習 *加註情緒表情和動作的說明	(1)工作單分享、討論 (2)劇本改寫練習：自選成語故事
十二	12/19	*複習劇本的特色與編寫要點 *成語故事劇本的表演	(1)寫劇本的注意事項：表情、動作、分幕、對話 (2)分組討論：分配角色、排演 (3)分組表演與回饋：成語故事 (4)工作單：寫一則有關友誼的故事
十三	12/26	*練習掌握故事主題並以不同故事來呈現相同的主題	(1)故事欣賞：我的好朋友、好朋友、鱷魚放假了、飛吧！小鳥、奇巧最喜歡的樹（討論友誼的特質） (2)創作：修改第一次寫的友誼的故事

附件：戲劇創作課程各週教學大綱（續）

週次	日期	教學重點	教學內容紀要
十四	12/31	*訂定主題的開放式劇本創作練習	(1)作品欣賞、討論 (2)複習寫劇本的結構、要素 (3)分組討論：根據主題（友誼）為作文題目命名 (4)劇本創作：有關友誼的故事
十五	1/9	*了解學生態度的與寫作能力的轉變	(1)實施問卷──後測 (2)即興創作：第二次將自己、大老鷹、小白兔、鑰匙等串成有情節的故事
十六	1/22		(1)分組訪談

國文作文教學的理論與實務

Chapter 4

文言文教學與作文訓練

國立台灣師範大學國文學系教授

王基倫

壹、前言

自《國民中小學九年一貫課程暫行綱要》出爐以來，中小學國語文課程普遍縮減，連帶影響到課文篇數減少，文言文比例降低，教學品質低落，乃至學生國語文能力素質的明顯下降。有識之士引以為憂，成立「搶救國文教育聯盟」，期盼增加國文上課時數，提高文言文比例。[1] 然而，我們也聽到了另一種聲音，他們認為國文課本有太多的文言文教材，與現實生活脫節，對於現在的學生習寫作文毫無助益。言下之意，刪減國語文上課時數成為「必要之惡」了。

此外，近年來在九年一貫課程綱要的要求下，民間版編定的教科書另有一些現象值得省思。首先，為了讓國小和國中教材得以銜接，新課程綱要規定國小六年級國語課本得編入文言文教材，於是《戰國策》「鷸蚌相爭」、「狐假虎威」的故事，《韓非子》「自相矛盾」的故事，以及《說苑》「螳螂捕蟬」的故事，皆已編入國小五、六年級課本內，[2] 且編排方式

1 參見江昭青（2005，0114）。搶救國文教育，余光中站到第一線。**中國時報**；邱瓊平（2005，0114）。學生竟寫「劣祖劣宗」，搶救國文教育趕緊來。**東森新聞報**。

2 參見南一編輯部（2004）。鷸蚌相爭。載於國語課本（6 上，第 2 課，頁 12-17）。台北：南一。康軒編輯部（2004）。狐假虎威。載於**國語課本**（6 上，第 6 課，頁 36-39）。台北：康軒。翰林編輯部（2005）。狐假虎威。載於**國語課本**（6 下，第 3 課，頁 18-23）。台北：翰林。仁林編輯部（2005）。螳螂捕蟬。載於**國語課本**（6 下，第 5 課，頁 32-35）。

仿照國中課本列原文、題解、作者、注釋、語譯、賞析。而在國中和高中、高職國文課本方面，卻又因為課文篇數受到縮減限制等因素，所選的篇目幾乎大同小異，如《左傳・燭之武退秦師》、諸葛亮〈出師表〉、韓愈〈師說〉、范仲淹〈岳陽樓記〉、歐陽脩〈縱囚論〉、蘇軾〈赤壁賦〉……等名篇，幾乎各家版本皆選入。這固然可說是「英雄所見略同」，無可非議；但也提供給我們一個討論的基礎：這些篇目是否真的與現實脫節？例如在作文教學上有無效用可言？而在編排文言文教材時，行之有年的課文編排方式，以及老師不厭其煩的字義解說、翻譯，這樣的教學方式對於學生習寫作文有無幫助？

　　上述問題，站在推廣國語文教學的立場，可能毫無疑義，亦即上課時數需增加，文言文教材需增多，教材內容需豐富，教師講解需詳盡，這些都有助於學生國語文（包括作文）能力之提升；然而，終究沒有化解「質疑國文教學效果」的疑慮。過去也有些文言文與寫作關聯的研究論著，如張中行〈行文借鑒〉一文，討論到從文言文選用語詞須「避免誤用，吸取優點（如簡練、造境、委婉等），引為教訓（不能言之無物、須平實自然）」，[3]這篇文章論述精闢，然而重點限制在語詞方面。王昱昕《文言文教學研究》也在討論字詞的解釋使用，未涉及作文教學。[4]實則，寫作是字詞的運用、造句能力的訓練，進

3　張中行（2002）。行文借鑒。載於**文言津逮**（頁 133-144）。北京：北京。

4　王昱昕（1994）。**文言文教學研究**（頁 1-279）。貴陽：貴州民族。

展到短文寫作，而後能寫好長篇的循序漸進的過程，[5] 當學生讀到文言文之時，已有基本的字句使用能力。因此，本文試圖討論如何教導學生書寫的問題，重點放在創作過程方面。

　　討論創作過程的理論性書籍很多，說法有詳略的不同，但是近年來已經有趨向共通一致的看法，建立起一些論點。譬如德國籍學者瑪克斯·德索《美學與藝術理論》一書，「將創作過程分為兩個階段，第一階段被稱為『創作情緒』，它是創作的準備階段；第二階段他稱為『概念的形成時刻』，藝術家的『創作情緒』獲得了外在的形式，也就是藝術的構成。」[6] 胡有清《文藝學論綱》指出文學創作的過程有三：藝術積累、藝術構思、藝術傳達。[7] 凌晨光、王汶成、狄其驄《文藝學新論》也指出創作過程的三個階段分別是：積累階段、構思階段、寫作階段。[8] 日籍學者板坂元《思考與寫作技巧》則提出先有「腦的熱身運動」，接續有「觀點」、「讀書」、「整理」、「表達思想」、「說服」、「修飾」的過程。[9] 蔡毅《創造之秘：

5　曹綺雯、周碧紅（1993）。字詞的運用、造句能力的訓練、短文寫作指引。載於**寫作基本法**（頁1-82）。台北：書林。

6　轉引自童慶炳（1995）。文學的創作。載於**文學理論要略**（頁128-129）。北京：人民文學。

7　胡有清（1992）。文學創作論。載於**文藝學論綱**（頁149-160）。南京：南京大學。

8　凌晨光、王汶成、狄其驄（1996）。文學創作的過程。載於**文藝學新論**（頁525-540）。濟南：山東教育。

9　林慧玲（譯）（1993）。板坂元著。腦的熱身運動、觀點、讀書、整理、表達思想、說服、修飾。載於**思考與寫作技巧**（頁1-197）。台北：書泉。

文學創作發生論》則描述創作活動過程為五個部分：(1)生活積累與文學素材的聚集；(2)作家創意的觸發、受孕與萌生；(3)創意的構思孕育；(4)文學結構的生成與原則；(5)寫作：創造的生成與凝定。[10] 晚近又以顧祖釗《文學原理新釋》的說法最為清楚，他指出文學創作流程有三：文學創作的發生階段、文學創作的構思階段、文學創作的藝術傳達階段。發生階段包括：(1)生活積累與情感積累；(2)藝術發現；(3)創作意圖。構思階段包括：(1)藝術構思的目的；(2)藝術真實；(3)藝術概括；(4)藝術靈感。藝術傳達階段包括：(1)藝術傳達過程的複雜性；(2)體裁對內容的征服；(3)語言對內容的征服；(4)即興與推敲。[11]

　　一部作品從萌芽到最終完成的過程，可能不只是上述積聚素材、構思、傳達三個階段，也有可能積聚醞釀在前，動機萌發階段在後；也有可能略過這幾個過程，只剩下隨興而來的得自靈感的寫作，分為初稿、定稿兩階段而已。不管怎麼說，寫作者都有自己的創作準備階段，這是「積累」工夫；其次，創作一定先有其創意需由構思孕育而來，落實為某一種外在的體裁形式，選定自己想要表達的語言風格，加上修飾，才能達到藝術的完成。整個創作的過程有其複雜性，也會造成創作效果的不同。

10　蔡毅（2002）。創作活動過程描述。載於**創造之秘：文學創作發生論**（頁 217-356）。北京：人民文學。

11　顧祖釗（2002）。文學創作流程。載於**文學原理新釋**（頁 260-288）。北京：人民文學。

　　以下我們大致採納顧祖釗的意見，從創作過程的角度重新檢討這個本來不是問題的問題，討論文言文與作文教學緊密結合起來的可能性教學策略。一來可以盡釋文言文與作文訓練無關的疑惑；二來可以從學生寫作的立場，了解困難癥結所在，嘗試建立起突破困難的作文訓練方式；三來提供研究心得報告供國文教師、國文教科書編纂者，以及所有關心國語文教育者參考。

貳、創作的發生階段之問題討論

　　人在從事寫作之前，需要有一些「生活積累」與「情感積累」作基礎，而先具備「藝術發現」的能力，以及具有強烈的「創作意圖」，都是寫作之前發生階段不可或缺的要素。[12] 但是我們的中小學作文教學目標，只是一項語文訓練過程，引導學生達到書面表達通順的能力即可，並未要求達到作家創作的程度；有時也為了配合課程進度，安排一些「命題作文」。在這種情況下，前述創作學理的說明是一種借鏡，並非所有觀念皆須強制執行在作文教學上，例如真正站在第一線從事教學時，「生活積累」與「情感積累」較「藝術發現」、「創作意圖」來得重要得多。

　　「生活積累」需靠家庭與學校共同安排，往往在開學後出現的「寒暑假生活記趣」之類的題目，以及與民俗節日、旅行

---

12 顧祖釗（2002）。文學創作流程。載於**文學原理新釋**（頁260-268）。北京：人民文學。

經驗、學校運動會、園遊會之類相關的作文題目，都可以說生活經驗是影響文章寫好與否的重要因素。

更重要的是，大量閱讀有其必要。畢竟，我們的知識來源不全是由自己親手操作得來。許多時候，別人的生活經驗已經提供我們大量知識的來源。讀過諸葛亮〈出師表〉、李密〈陳情表〉、文天祥〈正氣歌〉的人，不必問讀者是否曾經哭泣，只要他能體會原作精神，就能對忠孝節義有更深刻的人生領悟；讀過《孟子》「天將降大任於斯人也」章的人，能知道堅毅不拔立定志向的重要；讀過《荀子·勸學》的人，能知道立志向學的重要；讀過司馬遷〈張釋之列傳〉的人，能建立守法的觀念；讀過韓愈〈師說〉的人，能重視師生關係；讀過鄭燮〈寄弟墨書〉的人，能善待農夫；讀過顧炎武〈廉恥〉的人，能重視道德修養；讀過白居易〈琵琶行〉、劉鶚〈明湖居聽書〉的人，能了解音韻聲情之美……。每篇文章都能益人神智，幫忙讀者建立正確觀念，從而討論相關問題、循此下筆為文時，當能以厚實學養作為立論的基礎。

此外，學生作文常常「用典」，讀過韓愈〈師說〉的人，常將「師者，所以傳道、授業、解惑也」轉化成自己的書面語言；讀過范仲淹〈岳陽樓記〉的人，更不知寫過幾次「先天下之憂而憂，後天下之樂而樂」在作文簿上；這都告訴我們：讀書愈多愈能左右逢源，寫起作文較不費力。學生又常舉愛迪生歷經多次失敗而後發明電燈的故事，舉　國父十次革命最後才成功的故事，雖屬極不可取的老套，但不也間接說明了他們知識的貧乏，以致於作文寫得淺陋可笑？站在「題常則意新，意

常則語新」[13]的立場，我們絕對支持寫文章要能在思想內容和語詞等各方面創新，不過這有其困難度，須先大量閱讀而後才能寫作，恐怕已經是古今不變的法則。

劉勰《文心雕龍》曾說：「夫鉛黛所以飾容，而盼倩生於淑姿；文采所以飾言，而辯麗本於情性。故情者，文之經，辭者，理之緯；經正而後緯成，理定而後辭暢，此立文之本源也。」[14]這段話說明了在創作發生階段「情感積累」的重要，古書中不乏可驗證之例。例如《世說新語·王藍田食雞子》表達了一種忿急的心緒，韓愈〈祭十二郎文〉、袁枚〈祭妹文〉表達了愛護手足之情，歐陽脩〈瀧岡阡表〉、歸有光〈項脊軒志〉表達了家族的期望，范仲淹〈岳陽樓記〉、歐陽脩〈醉翁亭記〉都寫出「民胞物與」、「與民同樂」的器度與關懷，蘇軾〈記承天寺夜游〉表達了一種閒適反思的心情，蘇軾〈赤壁賦〉則寫出了人生進退自得的思考，沈復〈兒時記趣〉則是一篇兼具觀察力與想像力很值得借鏡的文章。這類作品的性情陶冶在於平日積累，情感定位由深思而來。當前社會的人際關係疏離，學生缺乏傾訴心曲的管道，生活閱歷也還不夠豐富，要讓他們寫出深刻的情感，似乎不太容易。因此，平日培養學生的觀察力、想像力，引導他們關心周遭的人事物，學習付出與關愛他人，深入生活的情感層境，這是有必要的教學工作

---

13 歸有光（1972）。論作文法。載於**文章指南**（頁3）。台北：廣文。
14 劉勰（1977）。情采第三十一。載於范文瀾（注），**文心雕龍注**（卷7，頁538）。台北：學海。

之一。

　　比較難以傳達的是：學生生活閱歷還不夠豐富，生命層境尚未提升到某種程度時，很難體會某些心情。例如辛棄疾「少年不識愁滋味」的說法，[15] 本來就是他歷盡滄桑「識盡愁滋味」之後的作品，正處於狂飆歲月的少年郎，很難體會人生中年以後出現的「愁滋味」是什麼景況？而他們已認為生活在大考小考的煎熬中，怎會「不識愁滋味」呢？又如陶淵明〈五柳先生傳〉、劉禹錫〈陋室銘〉都出現在國中課本，那些隱逸、安貧、自適的想法，也離學生當下的現實生活太遠。柳宗元〈始得西山宴游記〉寫出一位待罪之身的官員，如何從「恆惴慄」到「游於是乎始」，跨出放鬆心情的第一步。即使這篇文章編入高中課本，也不是人人都能體會他的心境轉換的深刻感受。不過，這並不是說這些文章都不必教，因為情感積累是一輩子的心路歷程，眼前不太了解的景況，有可能先在腦海中留下印象，往後遇到相類似的生活情境，體會反而更深。李白〈靜夜思〉由月亮思念起故鄉、蘇軾〈水調歌頭〉由月亮思念起遠方的手足，都是很具有普遍性永恆性的例子。至於司馬光〈訓儉示康〉、朱用純〈朱子治家格言〉、鄭燮〈寄弟墨書〉、曾國藩〈家書〉，也都表述了對家人的諄諄教誨，更不消說韓愈〈祭十二郎文〉、袁枚〈祭妹文〉的情意深摯，感人肺腑。

　　古書教材受到時移境遷的影響，未必所有的字句都合用於

---

15 辛棄疾（1974）。醜奴兒。載於鄧廣銘（箋注），**稼軒詞編年箋注**（卷 2 帶湖之什，頁 137）。台北：華正。

今日，但是還原至古人的時空環境，進行同情的理解，是很有必要的工作。例如前一陣子有人質疑〈朱子治家格言〉「充斥父權思想」，這其實可由教師以現代觀點加以解釋。[16]《國語日報》社論說得好：

　　某國小指導學生閱讀經典，所選讀的〈朱子治家格言〉被家長指責「充斥父權思想」，並具體指出其中「三姑六婆，實淫盜之媒」、「聽婦言，乖骨肉，豈是丈夫」是不合時宜的封建思想。

　　〈朱子治家格言〉的作者是明末清初的朱用純，他的目的是用來勉勵自己的子孫好好學習如何「治家」，本來也不能算是什麼「經典」，但他的話確實也可以作為世人心性修養的參考，所以在當時就已經膾炙人口，更被後人普遍引用。譬如「一粥一飯，當思來處不易；半絲半縷，恆念物力維艱」，就是教人要心存感恩、愛惜資源。

　　即使被認為是「不正確思想」的那兩句，如果弄清楚他所謂的「三姑六婆」，是指極少數為非作歹的人，如果知道因為妯娌不合而兄弟反目的事例，即使到現代還繼續存在，家長或許就不會有如此強烈的反應了。

　　不過，對小二學生而言，用〈朱子治家格言〉作補充教材，顯然並不適合。教育局或學校都該負起責任，依據學童的

---

16 國語日報記者聯合採訪（2005，0316）。國小推讀經，教材充斥父權思想。**國語日報**，第 1 版。

心智成長，慎選典籍篇章，教師更應細心講解，才能避免造成誤導、誤讀，真正達到閱讀的目的。[17]

這裡指出不是文本不能閱讀的問題，而是有無正確的解說，以及是否慎選篇章放在適合閱讀的年級。換個角度來說，讀書有如播下文學種子，讓文學作品表達的情感停駐心間，將來或有心智相感通的一天。讀經、背唐詩運動在國小學童身上扎根時，並不預期他們都能理解文本的涵義，但是將來的反芻思考，仍有很大的效果可能出現。

綜上所述，學生（即創作主體）如何充實學養？如何培養情感的敏銳度與感受力？如何萌發寫作前的情感？這都是教好學生學習寫作前需要備妥的積累工夫。我們看到許多教師布置讀書環境，建立班級書庫，提倡圖書館教學，倡導戶外教學，在良好規劃設計的前置作業下，這種種努力都是值得鼓勵與肯定。而引導學生理解親情的深摯長遠，深化人內心的情感深度，這可能是國語文教育很值得重視的課題。

參、創作的構思階段之問題討論

「生活積累」與「情感積累」都是積聚寫作素材的基本功，落實到構思階段，也就是坐在紙張前，如何立定文章主旨，如何篩選材料，如何分段布局，這常是令人感到很無奈，百思不得其解的惱人問題。誠如劉勰《文心雕龍》所說：「凡

---

17 日日談（2005，0319）。兒童讀經，避免誤讀。**國語日報**，第 2 版。

思緒初發，辭采苦雜，心非權衡，勢必輕重。是以草創鴻筆，先標三準：履端於始，則設情以位體；舉正於中，則酌事以取類；歸餘於終，則撮辭以舉要。」[18] 寫作過程仍有步驟可循，當從立定大意，妥切安排情感於適當的位置，也就是構思的問題談起。

對此，首先要建立起認真構思的生活態度，隨意交差了事，當然寫不出好文章。其次，需集中精力，深思主題要點所在，構思作品的主題、篩選寫作的題材，刪去所想到的許多無涉主題的枝節蔓蕪。好文章須先有好內容，有學養深度和情感深度，純粹精一地表達出來，其間取用材料十分重要。當想要表達的情意與思想都很清楚的時候，就可以多作想像與聯想，尋覓相關事例充實文章內容，寫作靈感往往由此而來。以下我們可舉二例說明文言文的安排材料的工夫。

《史記·廉頗藺相如列傳》先是著力寫「完璧歸趙」、「澠池之會」中的藺相如，略過廉頗，直到「負荊請罪」才並寫兩人事蹟。這是因為藺相如出身門下賓客，外交上的勝利似乎得來太容易，並未受到肯定；在一般人心目中，與廉頗出生入死的彪炳戰功，難以類比。等到藺相如展現謙讓胸懷，一心相忍為國，才令人驚覺他除了智勇雙全外，那份公忠體國之心，又何嘗讓武將專美於前？全文詳寫藺相如而略寫廉頗，實為司馬遷費心考量的結果。

---

18 劉勰（1977）。鎔裁第三十二。載於范文瀾（注），**文心雕龍注**（卷 7，頁 543）。台北：學海。

又如陶淵明〈桃花源記〉，旨在敘述「桃花源」內的安定富足，寄託作者心目中的理想社會。因此文章對「桃花源」的環境、生活情況、與外界隔絕這幾方面寫得比較詳細，從「緣溪行」至「便得一山」，敘述「桃花源」的神祕；由「土地平曠」至「並怡然自樂」，敘述「桃花源」的美麗、安逸、富足，著墨甚多。而漁人的個人資料、與「桃花源」居民接觸時的細節，便寫得很簡單。試看「見漁人，乃大驚，問所從來。具答之。」怎樣答？答了什麼？沒有說。又「此人一一為具言所聞」，漁人說了什麼？也沒有詳說。其中處理文章的詳與略，有非常高明的技巧。

接著是決定作品的大段落結構，學會設計安排段落。有些教師會教導學生書寫綱要，安排成段落形式。坊間已有作文題本，告訴學生三段論法的寫作方式，先破題，再舉例，最後總結；或是舉出正、反二例，最後作結論。有時遇到論說文，為了擴充文章篇幅，先破題，再舉出正、反二例，充實成兩段文字，最後作結論，構成四段論法的寫作方式。儻若遇到「○○與○○」的題目，一定要把二者之間的關聯說清楚。其他「鳳頭、豬肚、豹尾」的說法，[19] 歸納法、演繹法、比較法的運用，多是老生常談，指導學生作文的參考書也一再介紹，坊間所在多有。

這裡我們想指出的是，文章寫法不是到了白話文才開始講

---

19 陶宗儀（1982）。作今樂府法。載於**南村輟耕錄**（卷8，頁103）。台北：木鐸。

求，古已有之。而且所有解析文章寫法的書，都是文本產生之後的後設分析，我們若能細心品味文言文，也能尋繹出其中真諦。最好的原創作品常是出乎自然而然，而不是照著文章寫法亦步亦趨地臨摹作文，摹擬出來的作品常常難入佳作之林。因此學習文章技巧固然可行，卻並不見得是每個人需要做的工作。如果教師能引導學生體會出好文章的趣味，建立起品賞文章的能力，絕對勝過死記作文指導參考書所講授的寫作技巧模式。

以「照應」這種技法來說。早在孟子見梁惠王時就出現了這種「寫法」：

孟子見梁惠王。王曰：「叟不遠千里而來，亦將有以利吾國乎？」孟子對曰：「王何必曰利？亦有仁義而已矣。王曰『何以利吾國』？大夫曰『何以利吾家』？士庶人曰『何以利吾身』？上下交征利而國危矣。萬乘之國，弒其君者，必千乘之家；千乘之國，弒其君者，必百乘之家。萬取千焉，千取百焉，不為不多矣。苟為後義而先利，不奪不饜。未有仁而遺其親者也，未有義而後其君者也，王亦曰仁義而已矣，何必曰利？」[20]

這段話出自初次見面的口語對答，不矯飾，不造作，何其

20 孟軻（1984）。梁惠王章句上。載於朱熹（主編），**四書章句集註**（孟子集注卷 1，頁 201-202）。台北：鵝湖。

自然！孟子見梁惠王時，劈口就屏棄「利」字，代之以「仁義」。經過一番說明後，孟子再次以「仁義」取代「利」字作結。我們發覺孟子首尾出現的話語，意思相同，而文字有小小差異，可以想見孟子當時在結束前的再次強調，是為了加強語氣，耳提面命一番的心意，是脫口而出的自然對話，源出自真性情的自然而然。沒料到這麼真實的口語紀錄，正符合後人所謂的「照應」技巧，劉勰《文心雕龍》提出「啟行之辭，逆萌中篇之意；絕筆之言，追媵前句之旨」，[21] 宋代以後許多為了科舉考試而出現的文集選本，眉批「照應」二字者不勝枚舉。劉熙載《藝概》也說：「揭全文之指，或在篇首，或在篇中，或在篇末。在篇首，則後必顧之；在篇末，則前必注之；在篇中，則前注之，後顧之。顧、注，抑所謂『文眼』者也。」[22] 可見文章技巧的道理是一貫相通的。

　　此外，敘述觀點也值得注意。通常以第一人稱觀點為多，有時作者有意跳脫世俗的框架，不願讀者透過文字直接認定作者其人其事，於是採用第三人稱敘述觀點，尋求自由廣闊的空間，表達個人的感受及見解。例如陶淵明〈五柳先生傳〉，不採用自傳的筆調，而是採用他人立傳的語氣來寫。這種寫法好像在寫別人，站在旁邊評論某人，寫法有其客觀性或隱密性，胡適〈差不多先生傳〉也是此種寫法。再如《水滸傳》寫武松

---

21 劉勰（1977）。章句第三十四。載於范文瀾（注），**文心雕龍注**（卷 7，頁 570-571）。台北：學海。

22 劉熙載（1964）。文概。載於**藝概**（卷 1，頁 22）。台北：廣文。

酒後過岡一節，張九如分析說：「文中所用『抬頭看時』、『見』、『回頭看這日色時』、『只見』、『只聽得』……等文字，都是從武松一邊說的。」作者先把觀察點確立了，於是敘述所觀察到的事物，歷歷清楚，首尾一貫，絕無凌雜之弊。但是在長篇小說或是複雜的歷史事件，拘守一個觀察點可能滯礙難行，因此「《水滸傳》寫武松打虎的後半段，觀察點便有兩方面：一是武松，一是大蟲。這因為事實上兩者動作是交錯糾結的，故觀察點不能不變更。」[23]

又如時間空間的轉換設計，在古典詩文中也屢見不鮮。[24]在時間設計方面，順敘法、倒敘法、插敘法、補敘法……，都已經是基本常識，文例甚多。如陶淵明的〈桃花源記〉，依捕漁人的行蹤和遭遇為故事的線索，採時間順序敘述，先寫漁夫怎樣發現了世外桃源，後又有山中人熱誠的款待，後再度前往，卻再也找不回桃花源了。全文先有懸疑，最後又留下一些悵惘。全文的敘事次序是依事件的發展先後寫成的。又如吳敬梓《儒林外史》第一回「王冕畫荷」，也是依時間順序寫。[25]

而插敘多出現在文章的中幅，指暫時中斷文章原來的敘述，插入一些與主題有關的內容，而後再接回原來敘述的線

---

23 張九如（1987）。記事文的研究法·剪裁與記事文觀察點的關係。載於記事文教學釋例（頁 61-62、64-65），台北：文史哲。
24 仇小屏（2002）。古典詩詞時空設計美學（頁 1-360）。台北：文津。
25 本段有關順敘法的說明及〈桃花源記〉、《儒林外史》「王冕畫荷」的文例分析，又見於王基倫（2003）。記敘文。載於國民中學國文教師手冊（第 3 冊，寫作教學）。台北：育成。

索。主要作用有二：一是對有關的人和事做必要的回憶、補充、解釋、交代，由近及遠地回溯，說明它的前因後果；二是針對某些內容抒發感懷、發表議論，在情節或人物描寫上有更多刻劃，使文章不流於平鋪直述。以《戰國策・齊策・鄒忌脩八尺有餘》為例：

　　鄒忌脩八尺有餘，身體昳麗。朝服衣冠窺鏡，謂其妻曰：「我孰與城北徐公美？」其妻曰：「君美甚，徐公何能及公也！」城北徐公，齊國之美麗者也。忌不自信，而復問其妾曰：「吾孰與徐公美？」……[26]

　　此處「城北徐公，齊國之美麗者也」二句，敘明徐公的美麗，可解釋上文為何鄒忌想與城北徐公比，也交代下文鄒忌沒有自信，又把同樣問題再問妾、問客的原因。這句插敘有解釋上文、預示下文的作用。《水滸傳》第二十八回「武松醉打蔣門神」中，敘述故事中途有許多作者加上去的解釋，這也是擔心讀者不明其義，或是為了加強語氣，而常用的敘述方式。

　　若能更進一步注意到結構設計之內在的核心價值——情感的表達，才是更會讀書，如白居易〈與元微之書〉、歸有光〈項脊軒志〉都採用了倒敘法，而情感由追敘時光中緩緩敘出，著實令人感動。與順敘相反，倒敘是將事件的結尾或高潮

---

26 劉向（編）（1978）。鄒忌脩八尺有餘。載於**戰國策**（卷 8 齊 1，頁 324）。台北：九思。

放在文章起首部分，然後再回過頭來敘述發生在先的情節；有些情況則是從眼前所見的事物，再回憶起往事。正由於倒敘較為懸疑，常能觸發讀者作思考探索，因此在小說中常見。例如羅貫中《三國演義》寫「楊修之死」，先記楊修解釋「雞肋」口號，猜破曹操心事，被處以惑亂軍心之罪。然後再追述楊修平日恃才放曠，數次引人猜忌，積怨日久，早已伏下殺機。[27]

補敘多出現在文章的末尾，是針對前文闕漏或語焉不詳處加以說明補充，所以常是補敘人名：如歐陽脩〈醉翁亭記〉、王安石〈遊褒禪山記〉，補敘時間：如柳宗元〈始得西山宴游記〉，補敘事件發生的緣由：如范仲淹〈嚴先生祠堂記〉，追懷親友舊遊：如歸有光〈項脊軒志〉；也可能再出一意，以開拓文境：如柳宗元〈桐葉封弟辨〉。仇小屏《篇章結構類型論》指出：「為什麼要將一些事情延至最後才交代，通常是為了使前面的主體部分更簡明暢達，不會有太多枝節，但因為有補敘的存在，所以也不至於喪失敘述的完整性。這樣就同時兼顧了簡潔與完備的優點。而且前面漏失的，後面就補充，這也是一種呼應，所以有聯絡美。」[28]

再說到空間設計方面，柳宗元〈江雪〉詩從「千山」到「萬徑」到「孤舟」到「蓑笠翁」到「獨釣寒江雪」的描寫，

---

27 本段有關倒敘法的說明及《三國演義》「楊修之死」的文例分析，又見於王基倫（2003）。記敘文。載於**國民中學國文教師手冊**（第3冊，寫作教學）。台北：育成。

28 仇小屏（2000）。「補敘」結構。載於**篇章結構類型論**（下冊，頁598-599）。台北：萬卷樓。

是很典型的空間由大而小的運作。[29] 而歐陽脩〈醉翁亭記〉的首段從「環滁皆山」寫到「西南諸峰」，再寫到「瑯琊山」，寫到「兩峰之間的釀泉」，泉上的「醉翁亭」才呼之欲出。這種空間鏡頭不斷由大而小的運轉方式，正是逐步呈現主題的寫法之一。其實白話文也有，陳之藩〈寂寞的畫廊〉的首段也是從「美國的南方」寫到「密西西比河的曼城」，再寫到「大學校園」，寫到「校園的四圍是油綠的大樹，校園的中央是澄明的小池，池旁有一聖母的白色石雕，池裡有個聖母的倒影。」這麼優美的空間形式設計，[30] 古典文學和現代文學作品幾乎毫無二致。

　　近年來，在台灣師範大學國文學系陳滿銘教授的領導下，研究文章章法的著作蔚然興起，[31] 這也是很值得參考的資料。

---

29 黃永武（1976）。作品的詩境·時空變化。載於**中國詩學──鑑賞篇**（頁 66-67）。台北：巨流。類似的作法，可再參考黃永武（1976）。詩的時空設計。載於**中國詩學──設計篇**（頁 43-76）。台北：巨流。

30 王基倫（2000）。寂寞的畫廊·賞析。載於曾永義、黃啟方、王基倫、洪淑苓（主編），**古今文選·精裝本第十三集**。台北：國語日報社。

31 可參考下列著作：陳滿銘（1999）。**文章結構分析──以中學國文課文為例**。台北：萬卷樓。陳滿銘（2001）。**章法學新裁**。台北：萬卷樓。陳滿銘（2002）。**章法學論粹**。台北：萬卷樓。仇小屏（1998）。**文章章法論**。台北：萬卷樓。仇小屏（2000）。**篇章結構類型論**。台北：萬卷樓。仇小屏（2001）。**深入課文的一把鑰匙**。台北：萬卷樓。仇小屏（2001）。**章法新視野**。台北：萬卷樓。陳佳君（2002）。**虛實章法析論**。台北：文津。夏薇薇（2002）。**賓主章法析論**。台北：文津。

以「正反對比」的寫法為例，如范仲淹〈岳陽樓記〉有一段寫天氣不好的景況：「若夫霪雨霏霏，連月不開，陰風怒號，濁浪排空，……」，另有一段寫天候甚佳的景況：「至若春和景明，波瀾不驚，上下天光，一碧萬頃……」，兩相對照，景色描寫十分出色。再如歐陽脩〈五代史伶官傳序〉有一段寫後唐莊宗功業彪炳之「盛」，另有一段寫他倉惶落難之「衰」，兩相對比，說明一切皆由「人事」而非「天命」的定理。可見文章結構安排可以有同有異，要能言之成理，發人深省，都是好文章。他如「先總後分」、「先分後總」、「抑揚」、「開闔」、「虛實」、「賓主」……等文章段落安排的作法分析，[32]都可供學生取資學習，有助於開拓文境，豐富其寫作內容。

肆、創作的傳達階段之問題討論

構思完成後，已經「胸有成竹」，[33]知道如何取材、構思，想要執筆為文表達自己的想法時，就面臨傳達階段所選用的文體、語言的問題。文體大致具有規範性，但不宜畫地自限。作家從事創作時，內容決定形式，文體屬於形式義，應該放在第二順位作考量。古代已有很多在敘述之外加入議論，使文章內容更為深刻的佳作，王安石〈遊褒禪山記〉、蘇軾〈日

---

32 王凱符、張會恩（1992）。技法。載於**中國古代寫作學**（頁 265-290）。北京：中國人民大學。

33 蘇軾（1979）。篔簹谷偃竹記。載於**經進東坡文集事略**（四部叢刊正編，卷 49，頁 1）。台北：台灣商務印書館。

喻〉都是。[34] 王若虛討論到文體觀念時也說：

　　或問：「文章有體乎？」曰：「無。」又問：「無體乎？」曰：「有。」「然則果何如？」曰：「定體則無，大體則有。」[35]

　　這是很中肯的意見。而今我們為了給初學創作的學生有規範可循，教師可以先說明合乎文體規範的要求，要求學生配合。假設學生已有良好的寫作能力，是可以容許他們有突破的空間。

　　至於落實到字句的應用方面，修辭是可以考慮的方向。黃慶萱《修辭學》一書明示修辭學有二大領域：「表意方法的調整」與「優美形式的設計」，[36] 二者都不僅停留在文學作品的欣賞層次，靈活運用起來，還可以是作文寫法的指導。該書已經羅列許多文言文的例證，於此不再贅述。

　　我們想另外補充一說：執筆前選定文句長短的表達方式，會造成節奏有快有慢的現象，這是可以先作思考斟酌的。例如歐陽脩〈醉翁亭記〉第二段寫到當地的景色，以及第三段寫到游人盡興遊玩的快樂：

34　周振甫（1987）。夾敘夾議和夾喻夾議。載於周振甫（主編），**古代名家寫作技巧漫談**（頁171-179）。台北：木鐸。

35　王若虛（1979）。文辨。載於**滹南遺老集**（四部叢刊正編，卷37，頁11）。台北：台灣商務印書館。

36　黃慶萱（2002）。本論上──表意方法的調整、本論下──優美形式的設計。載於**修辭學**（增訂三版，頁35-836）。台北：三民。

若夫日出而林霏開，雲歸而巖穴暝，晦明變化者，山間之朝暮也。野芳發而幽香，佳木秀而繁陰，風霜高潔，水清而石出者，山間之四時也。朝而往，暮而歸，四時之景不同，而樂亦無窮也。

至於負者歌於途，行者休於樹，前者呼，後者應，傴僂提攜，往來而不絕者，滁人遊也。臨谿而漁，谿深而魚肥；釀泉為酒，泉香而酒冽。山肴野蔌，雜然而前陳者，太守宴也。宴酣之樂，非絲非竹，射者中，奕者勝，觥籌交錯，起坐而諠譁者，眾賓懽也。蒼顏白髮，頹然乎其間者，太守醉也。[37]

這裡前段寫靜態的風景，時間從一日的早晚延伸到四季分明的變化。文句有六個字對仗的長句，並以「山間之朝暮」和「山間之四時」並提成為雙排句，句式讀起來確實有比較長的感覺。後段寫動態的風景，時間點在一日遊之內，人影繽紛而熱鬧。文句出現三個字、四個字對仗的短句，句式較短。這兩段一是靜態的疏緩，一是動態的緊湊，時間長度也不同，造成文句長短不同，讀來節奏感當然也有一慢一快的差異。這樣的情形，與現今寫作教學所說的「擴寫」、「縮寫」的運用，有異曲同工之妙。白話文也有之，如朱自清寫〈荷塘月色〉時：「曲曲折折的荷塘上面，彌望的是田田的葉子。葉子出水很高，像亭亭舞女的裙。」「月光如流水一般，靜靜地瀉在這葉

---

37 歐陽脩（1979）。醉翁亭記。載於**歐陽文忠公文集**（四部叢刊正編，居士集，卷39，頁28-29）。台北：台灣商務印書館。

子和花上。薄薄的青霧浮起在荷塘裏，葉子和花彷彿在牛乳中洗過一樣，又像籠著輕紗的夢。」夜晚的寧靜，景色的昏暗，襯托出平和的心境。整篇文章在祥和寧靜的氛圍下，帶出著力描寫景致的長句，節奏也疏緩得多。而他的〈春〉就不同了：「盼望著，盼望著，東風來了，春天的腳步近了。一切都像剛睡醒的樣子，欣欣然張開了眼。山朗潤起來了，水長起來了，太陽的臉紅起來了。」「春天像剛落地的娃娃，從頭到腳都是新的，它生長著。春天像小姑娘，花枝招展的，笑著，走著。」這些句子富有動態感，句式短，節奏輕快，表達出年輕開朗的快樂心情。歐陽脩與朱自清的作品，雖然一古一今，卻都能掌握句式的變化，也都能利用語氣詞加強文章的整體和諧美，節奏感由此更為增強。

再者，在記敘文中為了讓所描寫的人物鮮明生動，「語言描寫」的技巧應該講求。基本原則是，透過語言，把握人物的身分、地位、年齡、性格，依著人物的性情來說話，如實地反映說話者的神態、語氣、說話時的心情等，也就是「語言描寫個性化」，才能表達得體。描寫說話者的身分要十分明顯，即使省略了主詞，也要能讓讀者明瞭是誰在說話。例如《三國演義》中的〈武侯彈琴退仲達〉片段：

懿看畢，大疑，便到中軍，教後軍作前軍，前軍作後軍，望北山路而退。次子司馬昭曰：「莫非諸葛亮無軍，故作此態？父親何故便退兵？」懿曰：「亮平生謹慎，不曾弄險。今大開城門，必有埋伏。我兵若進，中其計也，汝輩豈知？宜速

退。」[38]

　　這裡寫諸葛亮擺下空城，司馬懿不敢貿然進兵。司馬懿先有「大疑」之心，已作了退兵的決定；而後司馬昭雖然提出合理的懷疑，只換來一頓教訓而已。司馬昭的姿態很低，僅用推測語氣，希望父親多想一想；而那位高權重的司馬懿，自恃經驗豐富，胸有成竹，又怎可能聽進晚輩之言？「汝輩焉知」是反詰語氣，其實也不需要對方回答，這裡面隱含鄙夷、不屑、不必多言的口吻，也帶出下句「宜速退」的決斷語氣。[39]

　　此外，尚可運用「行動描寫」，盡量作舉止行為的重點描寫，讓人物透過行動來表現自己，增進對人物的性情及心理狀態的深刻了解。可能的話，可以並用逐步推進的方式，一級高過一級，寫至更深層的境界，例如《論語・公冶長》「顏淵季路侍」章，先寫子路搶先發言，慷慨解囊；次寫顏淵謙沖自牧，進退有序的情狀；二人各有所長，但一重物質、一重精神，似已有所區別。對話到此，子路忽然回問老師，不算唐突，而是孔門師生之間原本即有和樂相處氣象；孔子乃不疾不徐作出回應，志向所及不在個人，而在全天下，於是師生胸懷高下立判。全文敘述自然，師生三人的個性、語氣、心志，完

―――――――――

38 羅貫中（1994）。馬謖拒諫失街亭　武侯彈琴退仲達。載於吳小林（校注），**三國演義校注**（第 95 回，頁 1077-1078）。台北：里仁。
39 本段有關語言描寫的說明及《三國演義》「空城計」的文例分析，又見於王基倫（2003）。記敘文。載於**國民中學國文教師手冊**（第 3 冊，寫作教學）。台北：育成。

全彰顯，「以賓（顏淵、季路）襯主（孔子）」的寫法也隱然成形。另有吳敬梓《儒林外史》載王冕畫荷的故事，也可以從行為意趣看出人物的個性。這都是很值得學習的寫法。

王夢鷗《中國文學理論與實踐》開宗明義指出：「文學是語言的藝術」；接著「把語言的藝術活動區分作兩度事實，一度是內在的構想，一度是外在的構辭。」[40] 前者屬於寫作前的努力，教師很難發現學生的努力過程，只能透過平日的積累，加上教學的隨機誘導，讓他們知道立意謀篇、布局結構的方法，有時運用之妙是存乎一心的。後者屬於寫作時的表現，在文章寫出來之後，教師可以發現學生的遣詞造句能力，借助語詞訂正，潤飾文辭的技巧，漸漸提升學生的文章品質，磨練寫作技能。因之，作文批改也成為不可忽視的一環。

唐代韓愈夜遇賈島的「推敲」故事；范仲淹〈嚴先生祠堂記〉結尾用「先生之風，山高水長」取代「先生之德，山高水長」的故事；[41] 歐陽脩〈相州畫錦堂記〉「仕宦而至將相，富貴而歸故鄉」，添加兩個「而」字使得語氣疏緩的故事；[42]《朱子語類》說：「得他（歐陽脩）〈醉翁亭記〉藁，初說滁州四面有山，凡數十字，末後改定，只曰『環滁皆山也』五字而

---

40 王夢鷗（1995）。寫在前面。載於**中國文學理論與實踐**（頁 3）。
　　台北：時報。

41 洪邁（1981）。嚴先生祠堂記。**容齋隨筆**（容齋五筆，卷 5，頁
　　859-860）。台北：大立。

42 轉引自朱光潛（1982）。散文的聲音節奏。載於**談文學**（頁 75-82）。
　　台北：漢京。

已。」[43]⋯⋯這些都是文章重視修改的實證。這些修改包括了「構想」出來的文意，以及隨文意出來的「構辭」兩部分。教師莫忘了叮嚀學生寫完作文後，一定要自己進行檢查與修訂，小則有無錯別字？詞語是否恰當？標點符號是否準確？大則文意是否離題？組織材料是否條理清楚？有無結論？⋯⋯等等。這些工作都完成後，才能算是可以交件的定稿。許多學生草率交卷，錯別字改不勝改，只會帶給教師頭疼的壓力，甚至於無法進行深入的構思與傳達。

伍、結論與建議

瞿蛻園《文言淺說》說：「學習文言，應當注意的事大約有三項，一是虛字的使用，二是整篇的結構，三是字眼、詞藻、典故等。」[44]這是針對學習閱讀理解文言文而說的。我們可以由此推想，文言文在許多方面有值得學習的地方，對白話文也有具體的影響。今天我們討論文言文教學與白話文作文訓練之間的關聯時，並不敢輕忽文言文文本的藝術成就，諸如情感的表達、取材、結構、時空設計、長短句節奏、語言描寫、行動描寫⋯⋯等。這些自古流傳下來的文學遺產，在同為漢語語境的條件下，可以提供大量寫作資源至今。

上述討論過程中，也從中發現一些問題，可提出具體建議

---

43 朱熹（1987）。論文上。載於黎靖德（主編），**朱子語類**（卷139，頁 3308-3309）。台北：華世。

44 瞿蛻園（1973）。學習文言的要點。載於**文言淺說**（頁 103）。台北：五洲。

供關心國語文教者參考：

　　一、平日的生活積累與情感積累，是創作發生前的重要條件。教育界人士應思考，如何真正落實「教育鬆綁」政策，讓學生身心得到健全的發展，讓他們能充實生活經驗，體會人與人之間的感情世界。也應該給學生們心靈成長的空間，讓他們有機會大量閱讀文言文、白話文，以及其他有益身心的課外讀物。

　　二、大量閱讀有其前提，那就是：慎選典籍篇章，並加以細心正確的講解。目前各版本的教科書，字義的解釋或許足夠，但是對於課文與作文教學的連結仍有許多不足。如何引領學生進入文學欣賞之美，進而活用至實際寫作的過程，這是編纂國語文教材者應當努力的方向。

　　三、教師也應該提升自己的文學素養，以及鑑賞文學作品的能力，上課時才不至於照本宣科，人云亦云。寫作技巧其實蘊藏在前人的作品中。課本所附的賞析、結構表，都是提供教師一種釣魚的方法。其實「好書不厭百回讀」，每篇文章可以透過不同情境下的解讀，而有不同的體會。因此每位教師應該深化情意教學，加強內容深究、形式深究的講解，讓學生無形中加強閱讀理解的能力，更可以提升其寫作素養。這可能是國語文教育很值得重視的課題。

　　四、寫作文章實以內容為最重要，出乎自然而然的作法尤其受到欣賞。將內容落實成文字，而又不刻意造作，是一段相當困難的歷程。唯有平日多體會文言文之美，從中學習到構思方式，以及選用語詞，多作修飾工夫，涵泳益深，自然能寫出

簡練、平實的文章。目前高中或國中課本大多有「標點符號使用法」、「應用文書信作法」、「語法」、「修辭」的基礎介紹，學生仍須用心理解。

參考文獻

中文部分

仁林編輯部（2004）。**國語課本**。台北：仁林。

仇小屏（1998）。**文章章法論**。台北：萬卷樓。

仇小屏（2000）。**篇章結構類型論**。台北：萬卷樓。

仇小屏（2001）。**深入課文的一把鑰匙**。台北：萬卷樓。

仇小屏（2001）。**章法新視野**。台北：萬卷樓。

仇小屏（2002）。**古典詩詞時空設計美學**。台北：文津。

日日談（2005，0319）。兒童讀經，避免誤讀。**國語日報**，第
　　2版。

王若虛（1979）。**滹南遺老集**。台北：台灣商務印書館。

王昱昕（1994）。**文言文教學研究**。貴陽：貴州民族。

王凱符、張會恩（1992）。**中國古代寫作學**。北京：中國人民
　　大學。

王基倫（2003）。**國民中學國文教師手冊**。第3冊。台北：育
　　成。

王夢鷗（1995）。**中國文學理論與實踐**。台北：時報。

江昭青（2005，0114）。搶救國文教育，余光中站到第一線。
　　中國時報。

朱光潛（1982）。**談文學**。台北：漢京。

朱熹著。黎靖德（主編）（1987）。**朱子語類**。台北：華世。

李白著。瞿蛻園（校注）（1981）。**李白集校注**。台北：洪氏。

辛棄疾著。鄧廣銘（箋注）（1974）。**稼軒詞編年箋注**。台北：華正。

周振甫（主編）（1987）。**古代名家寫作技巧漫談**。台北：木鐸。

板坂元著。林慧玲（譯）（1993）。**思考與寫作技巧**。台北：書泉。

孟軻著。朱熹（編）（1984）。**四書章句集註**。台北：鵝湖。

邱瓊平（2005，0114）。學生竟寫「劣祖劣宗」，搶救國文教育趕緊來。**東森新聞報**。

洪邁（1981）。**容齋隨筆**。台北：大立。

胡有清（1992）。**文藝學論綱**。南京：南京大學。

南一編輯部（2004）。**國語課本**。台北：南一。

凌晨光、王汶成、狄其驄（1996）。**文藝學新論**。濟南：山東教育。

國語日報記者聯合採訪（2005，0316）。國小推讀經，教材充斥父權思想。**國語日報**，第1版。

夏薇薇（2002）。**賓主章法析論**。台北：文津。

康軒編輯部（2004）。**國語課本**。台北：康軒。

張九如（1987）。**記事文教學釋例**。台北：文史哲。

張中行（2002）。**文言津逮**。北京：北京。

曹綺雯、周碧紅（1993）。**寫作基本法**。台北：書林。

陶宗儀（1982）。**南村輟耕錄**。台北：木鐸。

陳佳君（2002）。**虛實章法析論**。台北：文津。

陳滿銘（1999）。**文章結構分析——以中學國文課文為例**。台

北：萬卷樓。

陳滿銘（2001）。**章法學新裁**。台北：萬卷樓。

陳滿銘（2002）。**章法學論粹**。台北：萬卷樓。

曾永義、黃啟方、王基倫、洪淑苓（主編）（2000）。**古今文選・精裝本第十三集**。台北：國語日報社。

童慶炳（1995）。**文學理論要略**。北京：人民文學。

黃永武（1976）。**中國詩學──鑑賞篇**。台北：巨流。

黃永武（1976）。**中國詩學──設計篇**。台北：巨流。

歐陽脩（1979）。**歐陽文忠公文集**。台北：台灣商務印書館。

黃慶萱（2002）。**修辭學**（增訂三版）。台北：三民。

劉向（編）（1978）。**戰國策**。台北：九思。

劉勰著。范文瀾（注）（1977）。**文心雕龍注**。台北：學海。

劉熙載（1964）。**藝概**。台北：廣文。

蔡毅（2002）。**創造之秘：文學創作發生論**。北京：人民文學。

翰林編輯部（2005）。**國語課本**。台北：翰林。

歸有光（1972）。**文章指南**。台北：廣文。

瞿蛻園（1973）。**文言淺說**。台北：五洲。

羅貫中。吳小林（校注）（1994）**三國演義校注**。台北：里仁。

蘇軾（1979）。**經進東坡文集事略**。台北：台灣商務印書館。

顧祖釗（2002）。**文學原理新釋**。北京：人民文學。

Chapter 5

中學作文教學的「經」與「權」

國立台灣師範大學國文學系教授
郭鶴鳴

壹、引言：從今年大學學測國文科非選擇題談起

這幾年來，印象中幾乎所有從事中學、大學國文教學的老師都有這樣一個感受：學生的國文程度明顯地在降低之中。老師們是從什麼地方看出來的呢？一般認為，從學生的作文能力就可以看得出來。其實作文能力的降低，其前因必然是閱讀能力與欣賞能力之不足。由於閱讀訓練不夠、欣賞能力不足，就必然導致寫作能力、語文表現能力之缺乏，二者之間是具有如影隨形的因果關係的。想要寫好文章，就先要能好好閱讀，大量的閱讀。

今年元月底舉行的大學入學考試學科能力測驗，國文科試題的非選擇題部分共有三個大題：一為依據試題所提供的文章資料作出判讀，二為依據這一篇文章的陳述再進一步作出闡發，第三題則是試題上略作提示的命題寫作。

個人認為，這次學測國文科非選擇題的命題，其形式是經過用心設計的，其內容之指向是意義深長的，著重在閱讀能力與寫作能力，而在考試的功能上也應該是可以預期具有良好的鑑別度的。底下先轉錄試題，其次就個人參與閱卷的親身經驗略抒觀感，作為導入本文論題之準備。

試題轉錄

一、判讀（佔9分）

穴鳥（jackdaw）如果找到了一個將來可以造窩的小洞，牠就會兇狠狠地把其他穴鳥一齊趕走，不管來搶地盤的鳥地位多

高，牠是再也不肯讓步的。同時牠會用又高又尖的調子，不停地喊出「即刻，即刻，即刻」通知牠看中的雌鳥，新房子已經準備好了。穴烏的這種鳥類呼喚伏窩（孵卵）的儀式在秋天裡特別頻繁，每逢秋高氣爽的天氣，這些鳥兒就會出來找窩。同時會對求偶的活動特別感興趣，「即刻，即刻」之聲幾乎不絕於耳。到了二月、三月，大白天裡「即刻」的聲音幾乎不曾間斷；三月最後幾天裡，牠們的情緒到了最高潮，「即刻」合唱在某個牆壁的凹窪處更是格外響亮。就在這時，從凹窪處響出來的音色變了，換成一種比較深沉而豐富的調子，聽起來像是「也卜、也卜、也卜」。愈唱到後來，節拍愈快，再往後，就成了一串急不可辨的連音了。於是興奮的穴烏從各個方向一齊都擠到這個小洞的旁邊，牠們把身上的羽毛抖了開來，分別擺出威嚇的架勢，一齊加入「也卜」大合唱。

　　這到底是什麼意思呢？我花了好久的時間才找出原因：原來牠們這套儀式完全是在對付社會的罪人時才有的表現。穴烏因為適宜造窩的小洞實在太少，競爭非常劇烈。有時一隻非常強壯的鳥為了爭地盤，會無情地攻擊一隻比牠弱小得多的同伴，這時「也卜」反應就產生了。受侮的穴烏又急又憤，牠的「即刻」之聲逐漸提高加快，最後終於變成「也卜」了。如果牠的妻子當時不在場，得了牠告急的訊號，就會蓬鬆了身上的羽毛趕來助戰。如果這個挑釁者這時還不逃走，就會引起難以置信的後果，所有聽見牠們「也卜」的穴烏都會憤怒地趕到現場，於是原先「一觸即發」的戰事在一陣愈叫愈響，愈喊愈急的「也卜」聲中立刻化為烏有。趕來管閒事的鳥經過這樣的一

頓發洩之後，就又散開了，留下原來的地主在牠重得和平的家裡，靜靜地「即刻、即刻」。

通常出來主持公道的鳥數目都不少，足夠使一場爭端平息。最古怪的是原來的挑釁者也會參與「也卜」大合唱，旁觀的我們如果把人的想法投射在鳥的身上，會以為這隻生事的鳥兒，是為了轉移大家的注意力才跟著喊「捉賊」的。事實上無論是哪隻穴烏，一聽到「也卜」的叫聲就會不由自主的加入行列。生事的鳥兒根本就不知道自己是引起哄鬧的原因，所以當牠「也卜」的時候，牠也和別的鳥兒一樣，一邊轉，一邊東張西望地找嫌疑犯。雖然旁觀的我們會覺得荒唐，但牠的每一個動作可都是誠心誠意的。（改寫自勞倫茲《所羅門王的指環》）

根據上引文字，判斷穴烏所發出的「即刻」與「也卜」聲可能分別代表哪些意義？

〔注意〕：須將「即刻」與「也卜」聲可能代表的種種意義，分項條列敘述，並扼要說明何以如此判讀，否則扣分。

二、闡述（佔 18 分）

對上文中生事的穴烏也跟著叫「也卜」，你有什麼感想或看法？而看到穴烏集體的「也卜」行為，再對照人類在類似情況下的反應，你又有什麼感想或看法？請分別加以闡述，文長不限。

三、命題寫作（佔 27 分）

人生難免「失去」：我們有時沈浸在失去的感傷中；有時因失去才學會珍惜；有時明明已經失去，卻毫不自覺；而有時失去其實並非失去……

請根據自己的體驗，以「失去」為題，寫作一篇首尾俱足、結構完整的文章，文長不限。

我之所以說這些試題是「經過用心設計」的，是因為這三個大題首先就依次呈現一種有秩序的層次感：第一大題的「判讀」，是依照文章的陳述來作出意義上的判斷，考生閱讀文章，文章呈現意義，這些意義是藉著文章的陳述而客觀呈現的，在解讀上幾乎沒有主觀認定、自由裁量的空間，條理清楚，線索昭揭，絕不可能有「作者未必然，而讀者何必不然」的彈性與自由，所以這個大題的測驗定位是落在「客觀知識」的讀取上，其層次是「客觀的認知」。其次，第二大題的「闡述」分兩小題：第一小題是「對上文中生事的穴烏也跟著叫『也卜』，你有什麼感想或看法？」第二小題則是「看到穴烏集體的『也卜』行為，再對照人類在類似情況下的反應，你又有什麼感想或看法？」這個大題的測驗定位當是以「客觀認知」為基礎，在這個基礎下再去做出自己主觀上的闡發，其層次是「建立在客觀認知基礎上的主觀論述」。換言之，考生必須先對文章中所陳述的客觀事實先有一個清明的認識與理解，才能做出相應的、適當的闡述。如果偏離了客觀事實，其闡發

與論述即使再怎麼理致動人、辭藻優美，恐怕仍只是無的放矢的花言巧語而已，對答題的要求而言，也還是牛頭不對馬嘴而不相應、不適當的。至於第三個大題的「命題寫作」，則完全是可以讓主觀感受與想法得到自由發揮的題目，題目前面的引導性文字只是作為參考與提示而已，對寫作而言並沒有任何限制或規範的作用，故其層次完全屬於「主觀見解與個人感受的呈現」。

因之整個看來，三個大題由「判讀」之重在客觀認知，至「闡述」之以客觀認知為基礎作出主觀的推闡與論述，再到「命題寫作」之可以完全主觀的任意發揮、自由闡述，其次第正是由客觀而漸入主觀，層次感顯而易見，若非經過用心設計，是很難如此之層次井然的。

我之所以說這些試題「內容指向是意義深長」的，倒不是說文中的穴鳥可以給我們怎樣怎樣的啟示，而是這樣的題目，其答題的要求對我們個人之學習甚至整個國家社會之和諧都有深長的意義，值得我們特別注意。這樣說是不是過甚其詞呢？不然。蓋「判讀」是要求基於客觀事實（在此指文章的陳述）來建立自己的認知基礎，這正是胡適與諸多考據學者所要求的「有一分證據說一分話，有幾分證據就說幾分話」，你可以講話，你也可以作出判斷，但是你所說的話，你所作出的判斷，都必須是基於對事實的正確認知，否則就無效，你的話就不算數。這就告訴我們說什麼話都必須是以事實、以知識為基礎的，否則就是不負責任。其次，「闡述」的部分亦然，考生的任何「感想」或「看法」也都不可以憑空點染、隨意發揮，仍

然必須基於知識，基於對事實的正確認知，基於對文章陳述的正確理解。一旦認知錯誤，不符事實、違背知識，或偏離文章的陳述，理解差謬，那麼無論你的「感想」文采如何煥發，你的「看法」說詞如何動人，其實都不符合答題的要求。這種尊重知識，把對事實的客觀認知當作一切價值判斷的起點的精神，正是現代化的進步社會最重要的指標，一個社會能夠建立這樣的共識，才能作理性的討論、正向的溝通、雙贏的妥協。「以客觀的態度認知事實」，這正是目前我們的社會所普遍欠缺的，而這些試題卻極為重視這一點，所以我認為其內容之指向意義相當深長。

我評閱的試卷有一千多份，大體言之，能夠適切呼應題目的要求，作出正確的「判讀」，提出恰當的「闡述」，答題圓滿完足的考生並不多見。有為數甚多的考生，或者「即刻」、「也卜」的意義只各舉一種；或者雖列舉多種，卻未說明判讀之依據，都顯見其閱讀文章、解讀資料以認知事實的能力相當不足。至於命題寫作，無非寫「失去」親人、朋友、愛情、寵物等等，可能因這個題目十分貼近生活經驗，並不難落筆，所以大半考生還算文字清通，不致言之無物。然而在繁重緊張的閱卷工作中，能令人眼睛為之一亮，足以去勞解鬱，心為之喜，神為之振，而深覺可愛可重的佳作，千百中竟不見一二。

由這次閱卷的經驗看來，中學生的語文能力、寫作能力在降低之中應是一個事實，尤其踏踏實實地閱讀、客觀而誠懇地理解，這一種能力缺乏的現象更是明顯，此一趨勢的確值得擔憂。但是一定要說：中學生的語文能力、寫作能力已經墮落到

一個如何驚人的地步，這恐怕也是過甚其詞。[1] 不過，如果今後不在教學上對症下藥，力挽頹勢，觀諸目前電子資訊之無地不在、無孔不入，影像圖片出版品之強勢吸引力，文字寫作成品其影響力之節節敗退，則目前令人擔憂的情形之必然每下而愈況，似乎亦不卜可知。

然則怎麼樣才能對症下藥、力挽頹勢呢？

貳、本論

怎樣才能對症下藥、力挽頹勢呢？上文說過，我並不認為我們的中學教育裡，學生的語文能力、寫作能力已經得了什麼疑難重症、不治之疾，只不過是在電子資訊壓境、影像圖片圍攻之下，文字閱讀機會減少，對文學作品深入欣賞的能力降低，而由於閱讀機會減少、欣賞能力降低，結果也就導致文字表達能力在相對比較之下顯得退步罷了。這樣的推測雖然只是個人在教學、閱卷時依經驗而來的觀察所得，並不是嚴謹的、精密的調查與研究結果，但是長年觀察、深入思考，加上與同事者不時作意見上的交換，相信應不致於太過偏離事實。

電子資訊、影像圖片影響力愈來愈大，而且其重要性將與日俱增，這一點無可否認，恐怕亦無能改變。但是文字亦自有其無可取代的重要價值，值得國文老師在教學上好好努力。怎

---

1 有一些大學教授或中學老師常舉出一些學生錯得比較奇怪的錯別字，例如「祖父去世了」，「去世」寫成「去勢」等，以此論斷學生國文程度之低落，我覺得這恐怕不能算是客觀而可信的評估。

麼做才算是真正的對症下藥，而能夠有效地力挽中學生在作文上的頹勢呢？我覺得教作文其實並不能孤立地把作文分離出來，只是純粹地作文章寫作的技術指導，無論如何，還是要回到完整的、全面的國文教學上來，這才是作文教學「強身健體」的經常之道，這才是真正的正本清源，端正了根本，清理了源頭，本源既理，才有可能花繁葉茂、可長可遠。否則揠苗而助其長，枯萎凋零是可以想見的。

中學裡，無論國中或者高中、高職，課程名目上並沒有所謂的「作文」課，而只有「國文」課。按照一般國文老師的作法，大致上是每二週到三週用兩堂課的時間，出個題目命學生做一篇文章，老師批改之後發還給學生，然後下一次再作再改，如此罷了。久而久之，不僅學生會以為「作文」與「國文」是兩回事，甚至有的老師也會認為作文是作文、國文教學是國文教學，兩者是各不相干的！

事實上，國文課本中每一篇選文在國文教學上都稱為「範文」，乃是作為學生學習作文的模範文章。這些文章不論作者為古人今人，不管文體為記述抒情，都一定是課本的編撰群根據部訂的中學國文課程標準或綱要，千挑萬選，斟酌再三，選出後再以極審慎的態度加上文章的題解、作者的介紹、生難字詞典故等的注解、文章的欣賞指引、應用練習作業等等項目編成課本，而且還要針對教師教學上備課的需要與參考的方便，編撰資料豐富的教師手冊、教學指引等。所以在國文課堂上，老師在教學上所特別用心用力之處，當然是藉著這篇範文的講授與指引，讓學生能細細體貼作者在這篇文章中所發抒的感情

與思想，了解作者在寫作上所運用的種種技巧，包括命題立意、謀篇布局、組織剪裁、鍛句鍊字、修飾刪汰等等，務期學生能夠心領神會，深入到作者的感情與心靈世界，使學生產生潛移默化的教育作用。而學生聽講、學習、訓練的目標，當然也是藉著老師對範文的講解，從中學習到寫作的技巧，同時在沉浸於美好文章所展現出來的美好感情與可愛心靈中，不知不覺受到薰陶冶鑄，也成為一個美好而可愛的人。老師、學生一旦了解這一點，能夠依課程設計達到教學目標，那麼每一堂國文課就完完全全成了最好的作文課了。所以我的老師王更生教授明確指出：中學國文教師想要提高學生的作文能力，必須「知本」、「明法」，而「知本」尤比「明法」還更重要。他說：

　　何為「知本」？學生作文之本是什麼？教師教學之本又何在？我覺得一切都在國文的範文讀講。因為學生寫作必先起於模仿，模仿高雅的作品，就像魚之相呴相濡，相忘於江湖，到最後必能達到提高學生作文能力的效果。而目前國高中國文，六年十二冊，二百一十課文章，從選文的時代、體類、作者三方面而言，內容相當豐富，足可作為中學生寫作的範本。所以學生作文之本在此，教師教學之本亦在此。[2]

　　真要提高學生的作文能力，方法當然各式各樣，可以有種

2　王師更生《國文教學新論》〈「知本」「明法」論作文〉（代序）。
　　明文書局。

種不同的竅門，適應各階段程度不同的學生，但是歸根結柢，欲其穩紮穩打，使之基礎雄厚，還是要回到踏踏實實的國文教學上來。王教授教過小學，擔任過初中、高中、職校的國文教師，又任教於培養師資的台灣師大國文系，是海內外有名的專講寫作的《文心雕龍》學術權威，在國文教學這一領域有《國文教學新論》、《國文教學面面觀》等專門著作，至今從事國文教育不下五十年，就作文教學而言，可謂理論專精、經驗宏富，因之「知本」之論，乃是學術理論與教學經驗的浹洽結合，具有經常恆久、不刊不落的深遠意義，這正是中學作文教學之「經」！

一、中學作文教學經常之道

在此要先說明一個觀念，所謂「經常之道」乃是與「權宜措施」相輔相成的，而非對立異趣，「權宜措施」絕不能背離「經常之道」而另外玩花巧、搞花樣，否則就會離本變質，終究不能維持長久，甚至會帶來一些反面的惡劣影響。舉個例子來說：國中基本能力測驗自從實施以來，由於國文科不考作文，所以幾年來在國中國文的教學裡，和作文有關的這個部分就乏人注意。甚至我還經常聽到這一類的描述：有認真負責的國文老師按照課程上教學的規定，要求學生寫作文，結果學生意興闌珊、無精打采，甚至還招來學生家長的關切與質疑。家長說：基測都不考作文了，課堂上還寫什麼沒有用的作文？不但浪費學生的時間，也分散學生的心力，不如多做一些測驗題吧！因之有教高一的國文老師因為發覺學生的作文程度突然之

間有異乎尋常的下降情況，詢問甫上高中的學生，國中三年寫過幾篇作文，部分學生的回答竟然是令人瞠目結舌的「一篇都沒有」！等到教育部長發現情況不對，宣布基測恢復考作文，結果真如春雷一響，萬象昭甦，國中學生的作文能力獲得空前的、無可比擬的重視，各式各樣的媒體廣告誇張地發出「作文具有決定基測成績好壞的重要性」的強大聲音，而大大小小的作文補習班順勢真如雨後之春筍，紛紛茁壯起來。

　　這真令人一則以喜，一則以懼。高興的是作文能力終於又重新獲得應有的重視了，憂懼的則是如此這般的重視作文，作文又將如此這般的去教，這恐怕只會得到反效果，對應付考試也許一時有幫助，但長久下來，必然會麻痺了孩子們對文章欣賞的興趣，會斲喪了年輕一代對文學創作的發展潛力。因為就學習心理來說，只為了考試的緣故被逼著硬要在國文課堂上或補習班教室裡「加強作文能力」，久而久之，豈有不對與作文有關的這一切倒盡胃口而厭惡甚至痛恨的呢？王更生教授對這一現象早有先見之明，所以他提醒：

　　範文讀講是作文教學的手段，作文教學是範文讀講的目的。所以範文讀講與作文教學是一體兩面，我們要想提高學生的作文能力，就應當體認這個事實，從國文的範文讀講方面認真做起。現在有許多人講文章作法，尤其聯考作文成績提高以後，這一類作品更如雨後春筍，弄得人眼花撩亂，很容易讓國文教師們產生錯覺，覺得除了國文課本之外，還有捷徑可循。當然「法」如規矩準繩，工匠無法，就是有輪扁之能，公輸之

巧，也無所用其技。不過作文之道，其精妙處不可以言傳。杜甫說：「讀書破萬卷，下筆如有神」，前人又說：「書讀百遍，其義自見」。他們雖口不言法，而金鍼暗渡，已經告訴我們，法就在書中了。[3]

　　「法在書中」，作文之法就在國文課本之中，作文教學之法就在範文的讀講之中。如何在範文教學之中讓學生真切體會作文之法，使每一堂國文課都成為作文課，這才是作文教學的「經常之道」。

　　怎樣才能使每一堂國文課都成為精彩的作文課？一般說來，範文教學的節目可以分為「課前預習」、「題文解析」、「作者生平介紹」、「深究與鑑賞」等幾個部分。我個人認為，就範文教學而言，真正教學的核心當然是在「範文」，也就是作品本身，其他的部分都是周邊性的，作為背景襯托、附帶說明以增進對作品了解的意義比較多。所以在教學上，教師最當用心著力的重點應該是在「讀講過程」與「深究鑑賞」的部分，其他「課前預習」、「題文解析」、「作者生平介紹」都是「範文讀講」與「深究鑑賞」的預備而已。但是由於許多年來，無論國中考高中、高中考大學，國文科試題除了作文以外都是以選擇題的方式來命題，而要用選擇題答案勾選的方式來處理美感欣賞、藝術評價、思想層次、價值取向、人生導引等基本上答案並不確定的題目，在命題時的困難度相對提高，

3　同註 2。

可能引起的爭議性也相當大，因之在考試時負責命題者都不願意輕易去碰觸 4，命題時出得比較多的反而是那些屬於資料性可以死記硬背的，答案比較確定的常態知識性問題。在「考試領導教學」目前這種受到扭曲的現實情況下，部分中學國文教師也就樂得避難趨易，上課時碰上文言文就講解講解字句，翻譯翻譯文章，勾劃所謂「重點」（命題頻率高的部分）；白話文則乾脆不上，叫學生「自己看」，報紙上所說的確乎是實際的情況：

受制於升學考試，大部分教師在講解當代作家作品時，通常仍如同教授文言文般逐段解釋，註解字詞、分析詞性、語法等，有些高中國文老師甚至只講授文言文，當代作品則讓學生回家自修。另外，國文教科書的選文標準，多以品德教育為主，藉此灌輸學子品德教化的道理，在文學或美學上的啟發陶冶，十分欠缺。5

廖玉蕙教授也深深感慨：

我們的國文課一向不大注意學生的語言表達，只將教學集

4 筆者曾擔任台北市高中聯招國文科命題指導教授幾近十屆，深知主辦考試的單位最害怕的就是試題本身或答案出現爭議這一類的狀況，因之題目清楚、答案明確乃是命題最重要的守則之一。
5 丁文玲（2005）。台灣學生讀那一家？。**中國時報**，二〇〇五年三月六日，閱讀情報版專題報導。

中在文章的順暢與否；我們的國文教師甚少和學生分享對文學作品的深刻領會，而多著力於介紹作家的生平背景；我們的國文課一向不注意文學的感動興發功能，只強調知性常識的強記；我們的國文課多半仍停留在飷飣字句的解說，幾乎完全漠視情意開發及創意的涵養。6

其實，如果能夠在國文課好好講文章，藉著文學神妙的感動興發功能，真可以開發情意、刺激思考想像、涵養創造能量，上了國文課之後，我們真的可以這樣問學生：

你的口語表達更周延了嗎？你的基本寫作能力進步了嗎？你的閱讀欣賞能力增進了嗎？遇到問題後，你比較會思考了嗎？你有多一些的創意嗎？你的資料蒐集與研究能力明顯改善了嗎？你更能夠體貼人情了嗎？7

或許很多老師會這樣質疑：教育部所訂的課程標準或綱要上面規定的教學時數愈來愈少，想要好好講課文、細細地作深究鑑賞又談何容易？我想教學本來就應當對應教學時數，詳其所當詳、略其所應略，針對範文最精彩之處好好去開發挖掘，底下國中、高中試各舉一例：

6　廖玉蕙（2003）。文學生命的流動。**中國時報**，二〇〇三年十一月九日，人間副刊。

7　同註6。

〈記承天寺夜游〉一文是國中階段的範文，這篇文章文長雖不滿百字，卻是內涵非常豐富的小品。東坡此文作於宋神宗元豐六年十月十二日，距被貶到達黃州的元豐三年二月一日已經過了三年半多。東坡之被貶，是由於所謂的「烏臺詩案」，而「烏臺詩案」是典型的對於政治異議者採取誣陷迫害的案件，真正的發動者實際上是才三十幾歲年輕氣盛而想要有一番大作為的宋神宗，而不是一般所認為的王安石。東坡名滿天下，負社會之重望，可是對於正雷厲風行推動的新法，尤其是新法執行階層的作為卻深感疑慮，多所指斥，隱隱然與朝廷、與皇帝相抗衡，急性子的神宗終於無法忍受，於是把他下獄，在獄中折磨個半死，一百三十天後才釋放，貶到黃州。朝廷給他的派令是「檢校尚書水部員外郎，充黃州團練副使，本州安置」，其實空有官銜而無職權，當然亦無公事可辦，甚至連住的地方也沒有，飲食起居都大成問題。後來得朋友之助，在黃州東郊請得一塊廢棄營地，辛苦開墾整理，築室於此，號為「東坡」，這才得以安頓下來。具備宰相才學、望重士林，而又如傳統知識分子一般一心想要「致君堯舜上，再使風俗淳」的蘇東坡，卻由於得罪了年輕的皇帝，因而幾乎一無所有地被貶到黃州，這無異宣告此後政治生命之暗淡，對東坡而言，境遇之困頓、心情之苦澀可想而知。

但是在這一篇小品文章中，我們所感受到的生命色調卻是明亮清新、充滿朝氣的，而不是灰黑陰暗、暮氣沈沈；我們所領會到的心境情緒，是對人間美好事物充滿了熱切嚮往與真誠感動的，而不是冰冷死寂、封閉疏離；他自己對種種美好有所

感動而快樂，也希望有朋友可以和自己同樂。其實，並不是月色真有什麼特殊，並不是竹柏真有什麼特殊，只因為東坡的性情與心靈如此美好，所以在美好的性情與心靈觀照之下，一切尋常事物也特別顯現其美好；或者說這樣的性情與心靈足以點石成金，把尋常事物也點化成為美好。具宰相才學的東坡竟爾投閑置散，這本是無比痛苦之事，歷史上很多人受不了這種苦，如屈原，如賈誼，但東坡那偉大生命所具有的豁達通透心靈卻可以將之轉化，竟而欣賞這樣的閑散，享受這樣的閑散，甚至喜歡這樣的閑散。末句「但少閑人如吾兩人」即點出了對閑散而「無所用」的欣賞與喜悅。這樣的生命情態，真是道家「與物為一」情景交融的神行境界，自然之美與性情之美在東坡這裡交相浹洽，融為一片，於文章優雅的敘述中，既寫景，又抒情，而且足以令人領悟到一種徹底放下而又全部提起的神妙禪境。在如此難堪的境遇之下，竟能保有如此豁達通透的心靈，把一切痛苦轉化為生命中的美好，真可以說是生命教育最經典的好例子。

　　其次，我們再舉高中階段的〈廉恥〉一文為例。這篇文章選自顧炎武的《日知錄》，是典型的論說文，論說文主要在講道理，亭林在此文中雜引經史典籍，論證士大夫、知識分子不可以寡廉鮮恥。但是我們當知《日知錄》中〈廉恥〉這一條原來文章甚長，國文課本中的〈廉恥〉一文只是節選，重點在說明「士大夫不可無恥」，談「廉」處極少，文章題為〈廉恥〉只是襲用《日知錄》原先的標題罷了。因之教師講「題解」時應先略作分辨，否則明眼人一看便不免懷疑文章既討論廉、

恥，怎麼會獨獨偏重恥而顯得如此之失衡。再來，論說文既是講道理，我們便要看看顧炎武在此文中講了些什麼道理？他講的這些道理到底有沒有道理？可不可以再繼續討論？我一向認為「範文」並不見得就是絕對的模範，並不見得就是十全十美而不可批評、不可討論的，事實上，藉著這些進一步的討論批判，更可以刺激、活化學生的推理與思考，使學生敢於發問，敢於質疑，敢於衝突破壞，敢於挑戰創造。某種程度的標新立異，甚至離經叛道，往往可以讓頭腦、心智呼吸到新鮮空氣，而帶來出人意表的進步！

即以〈廉恥〉一文而言，在思辨訓練上值得再作深究的問題至少有三個：

（一）馮道真的無恥嗎？可不可以作另一角度的觀照與評價？

（一）禮義廉恥，「四者之中，恥尤為要」，顧炎武在文章中這樣強調，就義理分際而言是否恰當？

（三）為什麼亭林如此重視「恥」？

關於第一個問題，亭林在其文章中引用歐陽脩《五代史記》之語，應可推知他是贊成歐陽脩的觀點的，而歐陽脩就直接罵馮道「無廉恥」。《五代史記》置馮道於「雜傳」（卷五十四），評馮道說：「予讀馮道〈長樂老敘〉，見其自述以為榮，其可謂無廉恥者矣！」言下充滿鄙夷不屑，但是《舊五代史》則為馮道專人立傳，其傳末評贊則褒貶互見：

道之履行，鬱有古人之風；道之宇量，深得大臣之體。然而事四朝、相六帝，可得為忠乎？夫一女二夫，人之不幸，況

于再三者哉？所以飾終之典，不得謚為文貞、文忠者，蓋謂此也。[8]

　　我們甚至可以說，這段評贊其意是褒多於貶的，《舊五代史》由薛居正領銜主撰，薛之年輩早於歐陽脩約一百年，兩人看法相左如此。同為北宋當時人的吳處厚，其《青箱雜記》談到馮道時說：

　　世譏道依阿詭隨，事四朝十一帝，不能死節。而余嘗采道所言與其所行參相考質，則道未嘗依阿詭隨，其所以免於亂世，蓋天幸耳！晉之末與虜結釁，懼無敢奉使者，宰相選人，道即批奏：「臣道自去」。舉朝失色，皆以謂墮於虎口，而道竟生還。……初郭威遣道迓湘陰，道語威曰：「不知此事由衷否？道平生不會妄語，莫遣道為妄語人！」及周世宗欲收河東，自謂此行若太山壓卵。道曰：「不知陛下作得山否？」凡此皆推誠任直，委命而行，即未嘗有所顧避依阿也。又虜主嘗問道：「萬姓紛紛，何人救得？」而道發一言以對，不啻活生靈百萬。蓋俗人徒見道之跡，不知道之心，道跡濁心清，豈世俗所知耶？余嘗與富文忠公論道之為人，文忠曰：「此孟子所謂大人也！」[9]

8　《舊五代史》卷126，〈周書〉，第十七之列傳六，藝文印書館。
9　《五代史記》卷54，〈雜傳第四二〉〈馮道傳〉註引，藝文印書館。

　　孟子所謂「大人」，是「言不必信，行不必果，惟義所在」（離婁下）的，是為了真正的道義而不顧世俗之毀譽的，所以明代重要的思想家李贄在他的《藏書》中說馮道「視喪君亡國，未嘗屑意」，因為真正重要的是百姓，是人民。他評馮道說：

　　孟子曰：「社稷為重，君為輕」。信斯言也道知之矣！夫社者所以安民也，稷者所以養民也，民安養而後君臣之責始塞。君不能安養斯民，而後臣獨為之安養斯民，而後馮道之責始盡。今觀五季相禪，潛移默奪，縱有兵革，不聞爭城。五十年間，雖經歷四姓，事一十二君并耶律契丹等，而百姓卒免鋒鏑之苦者，道務安養之之力也。[10]

　　透過這些資料，我們就可以知道，馮道所作所為或許正是孟子「民貴君輕」之說的體現，恐怕是不能以「不忠」、「無恥」之俗論輕輕予以抹煞的！

　　關於第二個問題，亭林說「禮義廉恥」「四者之中，恥尤為要」，但是「恥」真的是四維之中最重要的嗎？亭林為學主張「博學於文」，做人則堅持「行己有恥」[11]，所以他之重視「恥」絕非偶然。但是就一般而論，「禮」是指國家法令制

10　《藏書》卷 68〈外臣傳〉，學生書局。
11　《顧亭林詩文集》，〈亭林文集〉卷之 3，〈與友人論學書〉，漢京文化。

國文作文教學的理論與實務

度、社會禮儀規範；「義」則是做人做事應當遵守的道理；而「廉」的意思是公私分明，不當得、不當取者分毫不取，絕不侵人以肥己；「恥」則是為人行事，對於不該做的知其可羞可恥而不為。我們只要稍作思考即可知道「廉」、「恥」的根源與判斷標準都在「禮」和「義」，因為違背了「禮」和「義」而取所不當取、得所不應得才算是「不廉」；違背了「禮」和「義」而竟不知其可羞可恥，這才算是「無恥」。所以禮義廉恥四者之中，禮義才是根本準則之所在，當然比廉恥重要，沒有了禮義，還有什麼廉恥呢？我們平常也總是說「禮義廉恥」，從沒有人說「恥廉禮義」的，這是道德常識，而博學通儒如亭林者，竟然連這點常識都沒有嗎？他為什麼偏偏要大悖常理地強調「四者之中，恥尤為要」？這就是我們讀這一篇文章所要思考的第三個問題了。

　　為什麼亭林要異乎尋常地強調「恥」？這得先對他的身世有一些了解。北京既破，清世祖於十月即位，是為順治元年，二年五月清兵渡江破南京，明亡，七月清兵至崑山、常熟，亭林母王氏絕食殉國，遺命亭林不可仕清，亭林文集〈先妣王碩人行狀〉記其事：

　　……先皇帝升遐，又一年，而兵入南京。其時炎武奉母僑居常熟之語濂涇，介兩縣之間。而七月乙卯，崑山陷，癸亥，常熟陷。吾母聞之，遂不食，絕粒者十有五日，至乙卯晦而吾母卒。八月庚辰朔大斂，又明日而兵至矣，嗚呼痛哉！遺言曰：「我雖婦人，身受國恩，與國俱亡，義也。汝無為異國臣

子，無負世世國恩，無忘先祖遺訓，則吾可以瞑於地下。」[12]

　　所以炎武終其一生，堅拒出仕，即令薦修明史，也嚴予拒絕，所為詩文「稱明必曰本朝，稱明太祖必曰我太祖，崇禎必曰先帝，明初稱國初等。此皆示作者只知身為明人，不知有清帝。一字之差，敵我之分、順逆之辨，全在於是。」[13]因此，我們若設身處地，就大體可以推知亭林隱微之衷曲：清朝以夷狄之異族入主中國，其法令制度他當然不承認，亦不接受，至少在其深心之中是如此。而「禮」與「義」若就政治意義來看，其所以具有強制性之規範力量蓋來自於政府，來自於統治者。亭林既然一輩子心存故明，不肯承認剛剛建立的新朝，尤其是一個異族入主的新朝，所以他連帶亦不承認清朝的法令制度，不接受來自清朝的規範，於是刻意反常地把「禮」、「義」作為根源、準則的尊貴地位予以貶降，而特別突出了「廉」、「恥」的重要性，尤其是「恥」的重要性。換言之，亭林並不是真的昧於「禮」、「義」之根源性、先在性而錯誤地強調「恥」，事實上，這正是他錐心之痛、難言之隱的曲折表現，是他一輩子出生入死、僕僕風塵地奔走道塗，暗圖恢復，一輩子以孤忠血淚和墨而書、為文著述的民族精神的曲折表現，雖然潛隱深藏，然而幽光不昧，極其令人感動。

　　以上討論範文教學，國中階段、高中階段各舉一例，教師

12　《顧亭林詩文集》，〈亭林餘集〉，漢京文化。
13　《原抄本日知錄》，〈敘例〉之一〇，明倫。

總要詳所當詳，略所可略，深入而淺出，深入到作者的生命心靈之中，而用學生所能理解、接受的家常語言講述出來，把自己的感動傳達給學生，讓學生也能夠得到感動。如果能夠把握這個原則，那麼不論任何文體，總有令人深深感動的美洋溢在字裡行間，抒情文自有情韻之美，記敘文自有故事之美，論說文亦自有理趣之美，每一篇範文各有不同型態的美，教師只要把握時間，重點突破，師生必可在課堂上一起陶醉在美的感動之中，使得學生學不厭而老師教不倦了。這是作文教學之經，別無靈丹妙藥。

二、中學作文教學權宜措施

前文說過，「權」之所以為「權」，乃在與「經常之道」相輔相成，而絕不可以背道異趨。「從權」仍須「守經」，一切作文教學上的權宜措施，仍然是必須以輔助範文教學、完成範文教學為基本原則。只要能守住此一原則，任何措施都是合宜的。例如電子器材的使用，可以藉著圖片、幻燈片、錄影帶、VCD、DVD 等的投射播放，帶領學生「彷彿」親臨文章中提及的現場，這種親臨現場的感覺對於文字帶來的想像當然是有幫助的。不過，如果講課文只花了十分鐘，看電影卻用掉三小時，這恐怕就是舍本逐末、喧賓奪主了。作文的型態也不必拘守故常，可以試著作一些變化，在一般常用的「命題寫作」之外，不妨時而作作「限制式寫作」[14]，例如：翻譯、修

---

14 所謂「限制式寫作」為傳統「命題作文」之外另闢之題型，作文之時必須遵守題目本身所附加的限制性規定，不得任意發揮，故謂之「限制式寫作」。

飾、組合、改寫、縮寫、擴寫、設定情境作文、引導式作文、文章賞析、文章評論、文章整理、仿寫、看圖作文、應用寫作等等 [15]，在變化中尋求新鮮的靈感與趣味。作文型態可以改變，作文批改的方式也不必千篇一律，例如：改文的主體不妨由老師轉移到學生，讓學生主動而充分的參與；個別的批改不妨時而變化為全班的批改，藉著教師當場指點，讓全班所有的學生真正了解為什麼要這樣改，不但知其然，而且更能夠知其所以然，這對寫作能力的進步幫助是很大的。

除了以上所述之外，本來和中學作文教學理論上並不直接相關，可是實際上影響卻非常之大的，那就是升學考試。升學考試的命題如果能特別重視真正的語文能力，也就是閱讀欣賞與寫作的能力，而盡量少考那些純粹資料性、記憶性的東西，那麼由於我們這裡「考試領導教學」的特殊教育生態，幾年下來，就必然可以導正教與學的偏差，使國文的範文教學回歸到正常的道路。本文在「引言」部分特別分析、評論今年大學學測國文科的非選擇試題，同時予以相當的肯定，其用意即在這裡。

參、結論

語文教育其實涵蓋的層面既深且廣，首先語文當然是一種

---

15 此據考選部編印《國家考試國文科命題參考手冊》所列共十四種。該書作文題組負責委員為蔡信發、蔡宗陽、郭鶴鳴、顏瑞芳等四位教授。

溝通的工具，藉著聽與說、讀與寫，我們用語文和別人溝通，和整個世界溝通。我們因之而學習到很多知識，認識了自己，認識了別人，也認識了世界。這是單純作為溝通工具的語文。其次，文學美感的欣賞和文化萬象的探討，這是語文工具更上一層而在藝術上、哲學上的功能的提升。所以語文教育乃是一切教育之本，使得人們能夠表達情意，能夠啟動美感，能夠導引思維，能夠開發性靈。語文是人與禽獸有別的根本所在，語文教育的成功使一個人能夠更像人，讓人有文采，有文化，讓人文質彬彬。因此沒有語文教育就沒有教育，一切教育首重語文，這是國人應有的共識。

語文教育就中學國文教學而言，最重要的就是讀和寫。要能夠寫就先要能好好讀，而要教會學生能夠好好讀、喜歡讀，國文教師就要先能夠好好講「範文」，把每一篇好文章的好處真正講出來，讓學生對文章之美著實感動，那麼他才會喜歡讀。如果一個中學生已經能大量的、廣泛而深入的閱讀，而這樣的學生卻寫文章寫不來、寫不好，這種情況應該是不太可能發生的。

以範文讀講為經，將文章之美充分展現；再借助種種權宜措施，使範文讀講生動有趣，那麼每一堂國文課就都是吸引人的作文課，長久下來，學生就會懂得看文章，喜歡看文章，大量閱讀就不再成為痛苦的負擔，而是快樂的享受。如果考試時命題又能充分把握檢測閱讀能力與寫作能力的方向，那麼教、學、考就真能合為一轍，我們中學的作文教學，甚至整個國文教學，也許就可以走上康莊大道了！

Chapter *6*

「語文表達能力」寫作教學

以孟子談辯語言為核心之應用

台北市立南湖高中國文科教師
王慧茹

壹、前言

　　高中國文課程標準自民國八十八年十月修訂發布，八十八年實施迄今，由於考試制度的變革，使傳統的教學方法，面臨不同的挑戰。以作文教學為例，自大考作文改以學測及指考的「語文表達能力測驗」方式進行後，由於題型的活潑創新，更開拓了師生「教」和「學」的深度和廣度。然而在實施作文教學的同時，教者常讓作文教學「斷裂地存在」，而未能和課本講讀聯繫，忽略了作文教學非於「作文」時才「教學」，一方面應和課本講讀密切配合，另方面亦須配合測驗題型有不同的補充，且求二者之融貫一致，因為「範文講讀」和「習作」實是密不可分的。《孟子》的課程安排在高中國文「中國文化基本教材」課程內，《論》、《孟》、《學》、《庸》，分於高中三年內講授，由於授課時數縮減的結果，講讀這類課程時，於經典的深入及引申常感困乏，更難言及活化與應用。

　　本文擬以現行高中文教課程展開，以孟子語言為核心的討論，文中《孟子》之引用均來自高中各版本[1]。先言現今大考中的「語表測驗」寫作和孟子談辯語言的關係；次就孟子談辯語言的論辯形式做深入的分析，並分為擒縱法、類比法、問答法三者分項舉例闡述；再舉歷年之大考試題為示例，分析此語

1　目前高中文教課本包含三民、龍騰、翰林、南一、大同、康熙等六種版本，各版本的選文略有出入，本文所舉之例，盡量為六版本中之共選者。

言策略如何得以在語表測驗當中展開、落實，藉以析明其實際的運用法。

最後討論語言文字的說服與溝通問題，以見孟子語言策略和大考作文，均係藉由語言文字的表達及應用，達到傳意與溝通的目的。語言原不離人的生活，寫作能力的訓練及養成，既是語言活動，也是語言系統化的過程，本文旨在提供一種寫作教學上的思考和應用，使孟子教學和語表寫作相結合，經由談辯策略的分析，使交流與溝通、教學和考試，有不同風貌的觸發，而有精采活絡可能。

貳、「語文表達能力」寫作和孟子談辯語言的關係

依目前採行的「高級中學國文課程標準」，在「教育目標」中，提到有關寫作者，涵蓋了「寫作語體文之能力」、「增進文藝欣賞及創作之能力」、「熟練語文表達能力」等不同面向，其後自民國八十九年以來推動實施的大學多元入學考試，包括學科能力測驗、指定科目考試，在國文考科的非選擇題（「語文表達能力」測驗）部分，也都呼應了此一目標。

而在「後期中等教育共同核心課程——國文科課程綱要草案」（預定於九十五年實施），國文課程除每冊中有經典選文一篇外，另開有四項選修課程，其中包括「論孟選讀」和「語文表達及應用」二門。其中「語文表達及應用」一科的教學目標有：

一、培養學生語文表達及應用之基本能力，……。二、培

養學生因應各種不同需要靈活表達及應用語文之能力。

　　修訂後的國文科課程目標，第一條則是：「加強語言聆聽與表達的訓練……」。由此可以看出，語文表達能力測驗的寫作模式，不但已在現今大考中成熟發展，且必為日後應試作文的趨勢。

　　然而何謂「語文表達能力」測驗？和傳統的作文教學有何不同呢？傳統的命題作文是：題目出什麼，學生就寫什麼；而「語文表達能力測驗」則是提供寫作者豐富的材料和情境，讓學生把最好的作品表現出來。

　　若依歷年的學科能力測驗題型歸納看來，大抵可以發現，「語文表達能力」測驗的面向，較傳統的命題作文更廣，同時因其強調能力指標，故在二至三個不同的作文題中，約莫是依句子的書寫、段落的書寫到全篇作文的書寫，層層遞進，分別作不同的安排。然不論由句而段而全篇，或題型的鮮活變化，在實施作文教學時，都應把握以行文的準確嚴密，條理清晰，精鍊融貫為表達原則。

　　針對作文教學的重點，陳滿銘先生以為：

　　學生的作文，是必須好好的加以指引的。這種指引約可以分為兩類：一是經常性的指引，一是臨時性的指引。使學生對寫作的方法，能由點而面，由面而立體地加以掌握，形成一個系統，這是指導學生作文最重要的一環。（陳滿銘，1994：115）

　　陳先生提出「指引」的觀念和一般習見的「指導」不同。「指」是一種提示、點醒，由其「提點」而「引」之，有聯絡照應、系統化的步驟及過程；「導」則「領」之、「正」之，講求寫作者本身必須具備主體的思考，方能言及「能力」的培養。透過作文教學的指引，強調撰作為文時的邏輯建構，同時亦兼重作者個人的思索，由點而線而面予以提示，亦合於目前大考作文的出題方式。

　　他更進一步指出：

　　有不少人以為課文自課文，作文自作文，是兩碼子事，因此在指導作文時，往往另起爐灶，硬是將作文與課文拆開，這是本末倒置的做法，是十分不妥當的。（陳滿銘，1994：115）

　　將課文講讀和作文教學相結合，便是陳先生前文所言之「經常性指引」；至於「臨時性指引」既名為「臨時」，係用以補充前項之不足。由此可見作文教學必須「平常」「累積」，並且和課文教學相結合，「經常性」實施，方能積累見功。

　　以《孟子》來說，在一綱多本的體制下，開放民間的版本經大量修訂後，目前所選者，均已是孟子思想中之精要者，故雖篇幅不多，亦足以表現孟子高明俊爽之風，孟子七篇的內容，雖在選本中被打散，而改依其義理旨趣加以重編，並分別加上題目，但不損孟子語言勃發明朗的趣味。孟子就夫子之言深化其論，在戰國百家爭鳴的時代中，以「十字打開，更無遁

隱」[2]（陸九淵，1968：3）的姿態來討論學術，撥正人心，故其文別採一種分析的、條理的、譬喻的方式說明。

就孟子談辯語言的特質來看，孟子語言的最大特色，就是在各體之間遊刃有餘的不同變化。語言一方面是一種表意的工具，另一方面也有很高的侷限性，如何在「名以定形」中，不為「名」的符號所限，從而建立一套「勸服」、「溝通」的結構或策略，則更需要語言的智慧。孟子透過不同的談辯策略以宣揚己說，傳播理念，就其形式來看，其單點、雙軌、整全的談辯方式，和語表測驗的命題不謀而合。特別值得說明的是，《孟子》於中國三部說話的經典[3]（朱自清，1996：315-317）之外，別出一格，雖其為道德性的論說，然其語言運用宏肆爽朗，深富機趣，細繹之，亦包括了命題寫作及引導寫作（含改寫、提綱、自擬題目、情境寫作……）等不同面向，故以孟子談辯策略來對應大考作文，應有其實際效用。

目前大學入學考試中，有「學科能力測驗」及「指定科目考試」二種，在國文考科上，分別考一百二十分鐘和八十分鐘；約略是：前者考三題作文題，包括二短文一長文；後者考二題作文題，一短文一長文。學測題型包括：八十三年第一次實施大學推甄的「文章縮寫」、八十四年「文章擴寫」、八十

---

2 原文作「夫子以人發明斯道，其言渾無罅縫。孟子十字打開，更無遁隱，蓋時不同也。」

3 朱自清於〈說話〉中指出：「中國人很早就講究說話。《左傳》、《國策》、《世說》是我們三部說話的經典。一是外交辭令，一是縱橫家言，一是清談。」

五年的「閱讀寫作」、八十六年的「閱讀寫作與文章欣賞」、八十七年的「閱讀寫作與評論作文」、八十八年的「短文寫作與情境作文」、八十九年的「文章賞析與情境作文」、九十年的「引導寫作」、九十一年的「圖表判讀、文章改寫與情境作文」、九十二年的「擬定計畫和閱讀寫作」、九十三年的「描寫與擬想、判讀與閱讀寫作」、九十四年的「判讀、闡述及命題寫作」等。其涵蓋的題型雖然多樣活潑，但與其捨本逐末去適應不同的題型，當更應回返其根源，將文本的講讀做不同層次的思索。

以《孟子》教學言，在課堂間講述文本時，即可針對其談辯的語言策略分析，並析言如此的論辯方式如何能安排運用於寫作中，藉以提升學生學習的興味。以下將分就高中課程文化教材《孟子》選文為例，分析孟子談辯的語言策略及大考命題之示例，並分就考題範例再做進一步的分析及應試思考，以見孟子談辯語言在大考作文中實際應用的方式。

參、孟子談辯的語言策略與作文教學示例

一、孟子談辯的語言策略

有關孟子的「言」，可見於「知言養氣」章〈公孫丑上〉的討論，孟子所謂的「知言」，是與政事相關的四種言論「詖、淫、邪、遁」等四種言辭。使用不同的遊說策略或技術，目的都在闡明一種主體的價值意識，使以語言遊說騁辯的對象，因邏輯的推理，認同此種價值。對孟子言，孟子的談辯在內容及

價值上，自是一種道德的言辭；但若僅就其談辯語言的形式上言，其「應時對機」的設計，而使得《孟子》雖為語錄體的文本，在道德的主題之外，有另一番複雜多貌的藝術性。以下將就其語言活動的外在形式安排，依論辯方式的不同，做個別的說明。

（一）擒縱法

所謂「縱」，是指絲不收束，自然隨順舒緩；「擒」，是指捕捉和緊收；依事件或語言的進展而有捕捉和釋放的不同選擇，叫做「欲擒故縱」法。從表面上看，本來「擒」和「縱」的意義相反，應是無法並存的，但價值觀的挺立和彰顯，卻可以利用此間看似對反的矛盾，加以突顯其立場。把說服的觀點稍加轉移，便可發現利用「擒縱」的方法，來破繹他者的誤謬，有其實際的效用。

　　孟子之平陸，謂其大夫曰：「子之持戟之士，一日而三失伍，則去之否乎？」

　　曰：「不待三。」

　　「然則子之失伍也亦多矣。凶年饑歲，子之民，老羸轉於溝壑，壯者散而之四方者，幾千人矣。」曰：「此非距心之所得為也。」

　　曰：「今有受人之牛羊而為之牧之者，則必為之求牧與芻矣。求牧與芻而不得，則反諸其人乎？抑亦立而視其死與？」

　　曰：「此則距心之罪也。」〈公孫丑下〉

　　孟子首先設定了此次談話的主題，是為了遊說孔距心當以
「道」事君，否則便當求退。故他首先發問說：「子之持戟之
士，一日而三失伍，則去之否乎？」對守邊執戟的衛士言，軍
紀整飭嚴明，本來就是基本的要求，但卻一天之內三次走錯行
伍，連自己的隊伍都弄錯，實是很離譜的事。如此的問話，孔
距心自然回答，不必等到三次就可開除了。孟子於是直指孔距
心的錯誤，「子之失伍也亦多矣」，具體的事實便是「老羸轉
於溝壑，壯者散而之四方者，幾千人矣」，但孔距心忍不住為
自己辯解，因為這些過錯實不是他做得了主的。孟子於是隨順
孔距心為自己的開脫進一步言，作為一名牧者，本來當為託管
的牛羊求牧地和芻草，要是連牧地和草料都找不到，是該把牛
羊還給人，還是立視牛羊餓死呢？孔距心方才坦承這是他的過錯。

　　在這場對談當中，孟子採「先擒後縱」的手法，先直指孔
距心有「失職」之過，孔距心的「失職」猶「士之失伍」也，
此為擒筆；但孔距心顯然並不以為然，故他翻進一層，言饑歲
使百姓生活陷於困窮，實非他的責任。孟子接下來隨順孔距心
之意，而以為人牧牛羊之事而言，是為縱筆；孔距心身為齊國
大夫，齊王施政不當卻不曾辭職，故只好承認自己的錯誤。孟
子在一擒一縱之間，目的達成，一方面使孔距心面對自己的錯
誤；另方面，也爭取了孔距心的認同。

　　齊宣王有好大喜功，好講排場的秉性，中國人很少不知道
「濫竽充數」[4]（韓非，1968：88）的成語，就是發生在他身上

4　事見《韓非子・內儲說上》：「齊宣王使人吹竽，必三百人，南郭
　　處士請為王吹竽，宣王說之，廩食以數百人。宣王死，湣王立，好
　　一一聽之，處士逃。」

的故事。南郭先生的「濫竽」不僅充了數，還瞞混了很長一段時間，直到齊湣王好獨奏，才被嚇得逃之夭夭。

在孟子〈保民而王〉一則中，有：

曰：「德何如則可以王矣？」

曰：「保民，而王莫之能禦也。」

曰：「若寡人者，可以保民乎哉？」

曰：「可。」

曰：「何由知吾可也？」

曰：「臣聞之胡齕曰：『王坐於堂上，有牽牛而過堂下者；王見之，曰：「牛何之？」對曰：「將以釁鐘。」王曰：「舍之；吾不忍其觳觫，若無罪而就死地。」對曰：「然則廢釁鐘與？」曰：「何可廢也？以羊易之。」』不識有諸？」

曰：「有之。」

曰：「是心足以王矣。百姓皆以王為愛也，臣固知王之不忍也。」

王曰：「然，誠有百姓者，齊國雖褊小，吾何愛一牛？即不忍其觳觫，若無罪而就死地，故以羊易之也。」

……

王說曰：「詩云：『他人有心，予忖度之。』夫子之謂也。夫我乃行之，反而求之，不得吾心；夫子言之，於我心有戚戚焉。此心之所以合於王者，何也？」

曰：「有復於王者曰：『吾力足以舉百鈞，而不足以舉一羽；明足以察秋毫之末，而不見輿薪。』則王許之乎？」

曰：「否。」

「今恩足以及禽獸，而功不至於百姓者，獨何與？然則一羽之不舉，為不用力焉；輿薪之不見，為不用明焉；百姓之不見保，為不用恩焉。故王之不王，不為也，非不能也。」

曰：「不為者與不能者之形，何以異？」

曰：「挾太山以超北海，語人曰：『我不能。』是誠不能也；為長者折枝語人曰：『我不能。』是不為也，非不能也。故王之不王，非挾太山以超北海之類也；王之不王，是折枝之類也。……〈梁惠王上〉

孟子告訴齊王「保民而王，莫之能禦」，齊宣王立刻想到自己是否可以做到，孟子以肯定的口吻回覆齊王「可」，還舉了「以羊易牛，用以釁鐘」的實證，來證明齊王實有不忍之仁心。孟子隨順齊王的談話，目的實是加強齊宣王的自信，接下來有關齊王仁術的說明亦同於此。然而，齊王畢竟不是真正具備仁心仁術的人，故他仍然不放心，遂又問孟子此心真的能「合於王者」嗎？孟子仍採縱說，又問齊王「見秋毫而不見輿薪」，「舉百鈞而不能舉一羽」的可能時，齊王當然答不可能，孟子於是進一步闡明，能力上的「不為」和現實上的「不能」是兩回事，孟子一口氣用了三個排比句，歸結出齊王「功不至於百姓」的原因是「不用恩」，是以「王之不王，是不為也，非不能也」，治國用仁政，是為長者折枝之類的事，應是容易做到的。

孟子先隨順齊王的問話，藉以闡明欲王行仁政的主張，採

「先縱後擒」的手法，先取得對方情感上的認同和信任，然後才藉以提出自己的主張。在本則的最後，孟子還提出明君「制民之產」的具體細目，條列其可行性方案，明白曉告齊宣王要「推恩」於百姓，則天下賢士來歸，萬民依附，稱王於焉可能。

孟子透過談辯策略的應用，彰顯王道之要，在推行不忍人之心，行不忍人之政，反覆陳說，縱擒之法的運用都只是過渡、手段，對齊王的順應之語，更有助於孟子論點的表達和突顯，其目的在完整的陳述己說，並進一步地說服他人。

以上在說明孟子藉著「欲擒故縱」的遊說策略，來表達自己欲使王行仁政的主張。孟子除了以其語言策略宣揚一己的理念外，其語言應對的模式，亦是他善用語言機鋒所造成的藝術效果所在。

（二）類比法

前言「欲擒故縱」法的策略，必須善於揣摩對談者的心理狀態，掌握其心理變化，才能得其諷諫遊說的目的。雖然對被遊說者心理層面的了解，甚為要緊，然此處的「類比推論」法，則非僅止於對被遊說者的心理揣摩，而以修辭學上的形式鋪排另作著眼。「類比」又叫「打比方」，是指利用舊經驗引起新經驗。通常是以易知說明難知；以具體說明抽象（黃慶萱，1997：227）。

孟子來到齊，跟齊宣王說：

> 「王之臣有託其妻子於其友，而之楚遊者。比其反也，則

凍餒其妻子，則如之何？」

　　王曰：「棄之。」曰：「士師不能治士，則如之何？」王曰：「已之。」

　　曰：「四境之內不治，則如之何？」王顧左右而言他。〈梁惠王下〉

　　孟子將「齊人託妻」、「士師不能治士」、「四境之內不治」三事對列，這三者間都共同隱含了一種道義和責任的承擔，由家庭而團體而國家，人在不同的場域中，當有不同的完成。王先是具體回應了個人在家庭和團體中應擔負的責任，如不盡責，可以「棄之」、「已之」。等到流彈真正打到自己，談到治國問題時，齊宣王卻「顧左右而言他」。齊宣王對於孟子的責難，已行有愧，則不便再言問題核心，只好言及其他。此處孟子將個人在不同場域中的責任作類比的推論，如果在家庭中當盡責，則向外推到社會、國家，也都該負責。

　　孟子於此將個人的責任和義務推到極高，因為即使是在形式意義上，已作好安排，將照顧妻子的責任託交給朋友，也是不可以的。齊宣王對「凍餒其妻子」、「士師不能治士」所造成的結果，作出回應，他一方面同意孟子的類比推論，一方面要自責反省時，對於孟子言「四境之內不治」的類推，卻也只得以「顧左右而言他」來回覆。透過中國傳統修辭學上的分析，可替孟子此次的遊說活動，找到理論根據。

　　孟子另有一則和梁惠王的對談：

梁惠王曰：「寡人之於國也，盡心焉耳矣。河內凶，則移其民於河東，移其粟於河內。河東凶亦然。察鄰國之政，無如寡人之用心者。鄰國之民不加少，寡人之民不加多，何也？」

孟子對曰：「王好戰，請以戰喻。填然鼓之，兵刃既接，棄甲曳兵而走。或百步而後止，或五十步而後止。以五十步笑百步，則何如？」

曰：「不可，直不百步耳，是亦走也。」

曰：「王如知此，則無望民之多於鄰國也。不違農時，穀不可勝食也；數罟不入洿池，魚鱉不可勝食也……」〈梁惠王上〉

在本則中，孟子也適當地使用類比的方法來鋪陳己說。當梁惠王為自己的「盡心盡力」、勤政愛民，發出不平的疑問時，孟子因明梁惠王好戰的性格，而展開遊說的策略：「以戰喻」。對梁惠王來說，他的實際作為是「河內凶，則移其民於河東，移其粟於河內。河東凶亦然」。因是自己的施政作為，當然深有體會。孟子順此強化他遊說的能量，喚起王平日好戰的記憶，自是較容易的切入點。

孟子先是打了一個「五十步笑百步」的比方，隱指惠王的「愛民」和他國相較，不是真正的愛民，攻破了梁惠王原欲炫耀自己「業績」的企圖，在惠王以肯定的口吻表示：「直不滿百步耳，是亦走也」，同樣是不妥當的；孟子繼續再發言時，惠王自是措手不及了，只得承認他的「愛民」政策，也不過是「五十步笑百步」的把戲。當梁惠王向孟子請益時，本欲藉孟

子之口宣揚自己，使自己聲名遠播，但孟子卻抓住建言的機會。孟子以「五十步笑百步」類比於惠王的施政，破解惠王原來「愛民」政策的虛偽、不切實情，移易人民的居處，表面上看似乎有所作為，然推敲梁惠王的「用心」背後，卻隱含著責任的推委，未對施政的內容加以考察，實際上仍不足稱，孟子藉此進一步提出建議，並說明須以全面行仁政的方針來面對。

朱子於此言：

言此以譬鄰國不恤其民，惠王能行小惠，然皆不能行王道以養其民，不可以此而笑彼也。」（朱熹，1968：3）

評梁惠王之用心，其實只是一時的「小惠」，非為「王道」之所為，和鄰近他國國君的「不恤民」是沒什麼不同的，梁惠王不過是一時自以為是的「盡心」，本質上，仍是不能「行先王之道」的。

（三）問答法

有時候，談辯策略的應用，係透過層層的問答來傳達目地，並將中心意旨次第逼迫方得顯見的，孟子批評農家的作為，便是一例。

陳相是楚國儒者陳良的弟子，他和弟弟陳辛從宋國到滕國來，當陳相一見到農家的許行，就大為悅服，立刻棄前所學，改投農家門下。當陳相以農家許行「君民並耕」的理念向孟子陳述，並順勢對滕君所為提出質疑時，孟子卻未正面回答滕君

賢不賢的問題。反而就許子的日常用度加以提問。

　　孟子曰：「許子必種粟而後食乎？」曰：「然。」「許子必織布而後衣乎？」曰：「否。許子衣褐。」「許子冠乎？」曰：「冠。」曰：「奚冠？」曰：「冠素。」曰：「自織之與？」曰：「否。以粟易之。」曰：「許子奚為不自織？」曰：「害於耕。」曰：「許子以釜甑爨，以鐵耕乎？」曰：「然。」「自為之與？」曰：「否。以粟易之。」

　　「以粟易械器者，不為厲陶冶；陶冶亦以其械器易粟者，豈為厲農夫哉？且許子何不為陶冶。舍皆取諸其宮中而用之？何為紛紛然與百工交易？何許子之不憚煩？」曰：「百工之事，固不可耕且為也。」〈滕子公上〉

　　孟子連續八問八答，層層逼迫，先以提問方式詢問許行的生活細節，包括食粟、穿衣、戴冠、耕種等等，但重點不在這些細節的說明，而是透過問答，來印證許子並不是每件事都親力親為，換言之，許子既未親自織布、織冠、冶鐵，那麼何事選擇躬親力行，何事不為，許子心中必另有其他考慮。接下來，孟子又連續用四個激問句，以反詰的語氣歸結出：「何許子之不憚煩？」陳相回以：「百工之事，固不可耕且為也。」既已明白標舉為「百工之事」，則應由百工來施行。陳相先前言滕君未能與民並耕的主題，便已不攻自破了。因為若人人皆為百工之事，則人人也可以為君，國無定主，畢竟不是農家所追求的。就「理」上說，君民並耕以體會民心民情，固然有其

需要；但就「事」上說，卻是不可行的，從歷史文明的不斷進化、社會分工的效益來看，君民並耕不僅不合實際，也沒有必要。

孟子接下來又說：

然則治天下獨可耕且為與？有大人之事，有小人之事。且一人之身，而百工之所為備。如必自為而後用之，是率天下而路也。故曰：或勞心，或勞力。勞心者治人，勞力者治於人；治於人者食人，治人者食於人；天下之通義也。〈滕文公上〉

孟子繼而導出「有大人之事，有小人之事」的結論，既然因地位層級的不同，而有不同的關懷，則「勞心者」和「勞力者」本就不同分屬，又何必並耕而食！國君是勞心者，為「大人之事」，雖以天下人為己念，但卻不可只獨靠耕種來治國，如果凡事都要親力自為才去「用」，根本是「率天下為路人」的做法，天下通義本來就有「治人」和「治於人」者，君民「並耕而食」顯然是不可行的。

在本段論述後，孟子又進一步引堯舜之例，以明無暇耕、不用耕、不必耕的原因，還把陳相的背離師門罵了一頓，透過堯舜的論據，以許行本身行為不足為法為論證，採用提問，一問一答的模式，將對方逼到死胡同中，接下來連續四個反詰的語氣，則更為強烈，孟子在不斷問答中，運用邏輯上矛盾律的推理，讓陳相根本沒有發言的空間。

二、大考示例與應試思考

本節中，特就大考語表測驗題型範例加以說明，孟子於上項中所分判的談辯策略，如何應用於應試作文當中。

（一）題型——以「擒縱法」解題

1. 八十七年學測考題

「喝雪碧，做自己」、「堅持品味，卓然出眾，伯朗咖啡」、「特立獨行，Lee 牛仔褲」、「給我 Levi's，其餘免談」，這些廣告詞背後都透露有趣的思考：一方面鼓勵消費者群起做效，好讓商品普及化；一方面卻又強調商品獨樹一格，只有眼光不凡的消費者能欣賞。追求流行究竟是勇於表現自我？還是容易迷失自我？

請就「追求流行，表現自我」或「追求流行，迷失自我」為題，選擇一個立場，提出你的看法。

請注意：在文章中必須選定一個立場議論，不可正、反兩面皆論。

題幹說明中，明白定出題目，故此題雖洋洋灑灑地舉用許多例子說明，但僅是提供一種寫作思考上的線索，基本上，仍屬命題作文形式，且為一說明議論型的考題，在「追求流行，表現自我」或「追求流行，迷失自我」二者當中必須擇一立場

申說，同時為了強化自己的立場觀點，另一他項的立場，恰可利用偏重關係的角度來發議。

2. 八十九年大學聯考題（一）──短文寫作

　　根據最近一份調查顯示：如果在「金錢」與「時間」中要做一個選擇，世界上有百分之五十二的人都會選擇「金錢」；但包括印度、菲律賓、泰國、越南等許多亞洲開發中國家的人，卻希望擁有更多的「時間」，而非「金錢」。

　　如果讓你在兩者間選擇其一，你會選什麼？請寫一篇兩百字左右的短文，說明你的選擇與理由。

　　沿續八十八年大學聯考的作文命題形式，八十九年仍為一短一長的作文。本題之設計，顯然有前例推甄考題的影子，由此可見，此時的大學聯考作文，已朝大考中心推甄新型作文的方向同步發展。由本題中的說明，可以得知這也是一篇限定立場的寫作，因字數限定在二百字左右，故其論理的文字必須高度凝鍊，簡潔有力。不論選擇「時間」或「金錢」任一觀點，只要能自圓其說，以理服人，周延中肯，即能滿足題目的要求。

　　此二題在寫作上，均可先就引導說明的文字入手，不論是選擇「金錢」或「時間」，是否贊成「追求流行」，創作者在主觀上，均已預設了一價值判準。主體的「我」的價值判斷已然確定，何處須「擒」，何處須「縱」則宜小心安排，否則立場一旦轉移，反而弄得人一頭霧水了。以前題為例，若選擇

「追求流行，表現自我」者，則可先將「追求流行」易導致盲從、虛榮、浪費金錢等，以為「縱筆」，再反思「追求流行」的行為是否必然導致如此的結果，再以「擒筆」言追求流行如何能表現自我，而加以申說，安排全文等。

（二）題型二──以「類比法」解題

1.九十三年學科能力測驗──閱讀寫作

　　九十一年的學測中，有一題關於「老人生活」的情境寫作題，題中表列老人七天以來的生活日誌，並請考生以「老人為第一人稱」的觀點，以其中日誌所提的兩事為基礎，鋪寫成完整的文章。

　　在情境寫作之後，此次的考題略作改變，雖基本上仍維持設想為某人的題型，但提供了更大量的寫作線索和寫作材料，題目的引導中，包含兩大部分：一是有關義大利籍天主教靈醫會會士、澎湖惠民醫院院長何義士修士的出生背景，行跡及作為的資料；一是一九九九年八月何義士先生過世時的剪報報導。這些說明都在提供一種寫作上的素材和思索，要考生根據這些材料出發，據以想見他仁醫之風範。

　　從題文鋪陳的資料中，揀擇出重點，也是此考題所欲測驗的項目之一，但題幹中同樣要求，不可直接引用、重組、套用各報導或剪報資料，換言之，其說明的文字，必須是考生自己經過融裁的結果。和九十一年考題相同的是，本題中，同樣要求以第一人稱「我」來行文，要考生「以何義士之眼為眼、以

其心為心，寫出他生命的最後一晚所思所感、所祈所願」。資料的安排，是為了讓考生更容易類比聯想到何義士的人格、心境及襟懷，將自己類比於題中人物，並以其當下之所處，描述一己抽象的情思，同樣可用抒情的筆法追溯，以展開全文，在文字安排上，要側重感染的力量。

2. 九十四年學測考題——闡述

本題之引文係改寫自勞倫茲《所羅門王的指環》，是一篇翻譯的科普文字，在文字通順及流暢性上，不若原就使用中文書寫的理論，來得平易可親，故此題作文分設兩個子題來考，第一題是判讀，要考生條列說明鳥聲「即刻」、「也卜」分別代表的意義；第二題才是闡述。

如此設計考題的好處是，考生已先書明了兩種不同的鳥聲的意義，故於本題展開時，能較為容易入手。題幹中要求，針對生事的穴烏（jackdaw），最終也跟著「也卜」的情況，提出看法及感想。並且將穴烏會集體「也卜」的行為，類比於「人類類似情況下的反應」相對照，寫出自己的感想和看法。

穴烏以鳥語作為行動的準則，由題目的引文中可以歸納出，鳥類會集體「也卜」的行為，主要的目的是透過聲音，擺出威嚇的架式，並且經由聲音的傳播，作為一種儀式，以對付社會群體中的罪人。「也卜」不僅是一種聲音的傳達、情緒的感染，在穴烏行為中，透過「也卜」行為的呼朋引伴，「通常出來主持公道的鳥數目都不少」，並且「足夠使一場爭端平息」，可見「也卜」行為具有「集體仲裁」的效力，即使是鳥

類，也同樣愛好和平。類似的情況是，人類也透過聲音的傳播，達成情感上的溝通和共鳴，聲音的形式，可能是話語系統的交流、歌唱或詩篇。當然，人類行為比起穴鳥更顯複雜，但從「易」以知「難」，由「鳥」以窺知「人」，便合於「類比推論」的寫作，這和孟子言「五十步笑百步」的談辯，有異曲同工之妙。

特別值得說明的是，在本題中，運用類比法來寫作，在題目上已提供大量資料，以供考生做摘要整合，並可依據此資料，加以類比推論和演繹，故在作答時，只要能讀懂引文之意涵，且不為譯文所陷溺，應可做出正確的答案。然或許因考試的緊張所致，有不少考生把「穴鳥」寫成「穴鳥」，致全篇「穴鳥」到底，閱卷組最後以錯字扣分處理[5]（林志成，2005；韓國棟、林志成，2005），算是此次考試上的另一個趣談。

（三）題型三──以「問答法」解題

前文1中的兩例，雖亦可採問答的方式展開，但個人論述立場的選擇，係為一人價值觀之所在，故在寫作時，較建議選擇自己所信奉的規準，說出寫出自己的「肺腑之言」，以免導致論述立場的前後滑轉或矛盾。採「擒縱法」能突顯個人主

---

5 據林志成，台北報導：大學入學考試中心國文科非選擇題閱卷召集人何寄澎昨天表示：「這題不是考錯別字，考生將『鳥』寫成『鳥』，只會被扣一級分（3分）。」韓國棟、林志成，台北報導：「從頭到尾都寫『穴鳥』的考生，最多只會扣3分，只有一、兩處寫成『穴鳥』，可能一分都不扣，影響甚微。」

張，亦較能避免此一缺點，故將二例列於 1 中。

「設問」若依修辭學來做說明，係指：講話行文時，忽然變平敘的語氣為詢問的語氣（黃慶萱，1997：35）。一般而言，又可分為三種：提問、疑問、激問；前二者提供各種可能與開放性的討論，激問則較涉及寫作者自己預設的立場，然利用問答法寫作時，最重要的關懷便是產生問題意識，並由自己設計提供一個可能的解答，在解答的同時，並應包含說服他人的理論建構。孟子由於和許行、告子所關注的核心價值不同，故展開辯論，並利用種種問答技巧以陳己說，後例中，亦可藉此方式展開書寫。

1. 九十二年學測考題──擬定計畫

本題包含了兩個子題，都和閱讀有關。第一題中，在反省一己過去的閱讀經驗，寫作重點主要在檢討自己的讀書經驗，採正、反面書寫均可，但要真實而不空泛。

第二題的寫作重點，在處理「閱讀習慣不良」的問題，而根據引文及題幹說明，是要「推動閱讀計畫」，且此計畫的內容，必須包含解決或克服以下問題：圖書欠缺、設備老舊、經費短絀、家長參與度低等困難；寫作環境的背景資料則除上述外，尚包括：以偏遠地區的小學校長為「第一人稱」的書寫立場、全校師生約兩百人等，根據原初的問題意識，可採條列方式，以提問法一一作覆。

特別要再說明的是，在以「提問法」設計問題的同時，引文中還提供了一些既有的基礎來支持，如：PISA 的評量、及

文建會的統計調查等，有可資徵引的數據。以英、美為例，便有首相和總統等領袖級人物，登高一呼，主動向國人提倡閱讀的好處，這些都是寫作時，可資加強立說的材料之一；回覆自己提出的問題時，還要有縝密的架構，有落實施行的可能，如此的閱讀計畫方足以說服他人。

2. 九十三年學科能力測驗——判讀

本題在題幹中已說明問題意識是為了「謀職」，然因不須成篇，僅須條列出重點，故在自薦的同時，應包涵解決求職者經濟壓力（即每月薪資四萬元）及僱主的要求兩個面向。從題文的說明可以得知，陳先生是被迫型態的失業，因為他先前任職的工廠遷往大陸，故被裁撤；但他頗見上進心，曾赴社區大學上過電腦課，也曾赴「就業服務中心」登記，顯見就業意願很高，非屬於「眼高手低」的就業者。陳先生先前曾具備紡織、餐飲、保全的工作經驗，只不過他已五十歲，畢竟是就業市場中的中高齡者，和年輕人的活力衝勁不可一併而語，有相當的社會歷練是他的好處之一，行文的重點亦當針對此一面向而發。

本題行文同樣須具體、條理，不可籠統，可採提問方式，條列求職者之專長，配合度高等優點，並加強說明陳先生既有的能力和經驗，以吸引僱主的認同和欣賞。

語表測驗依其題分之配置不同，或有於題幹中逕言不須成篇者，它和傳統的命題作文很大的不同是，語表測驗提供了豐富的情境材料和寫作環境背景的說明，考生須把握所提供的線

索，寫出最清晰條理的說明。

　　孟子談辯的語言策略和語表測驗的題型，經由以上的分析，可以看見二者異貌同質之端。就其言說方式的展開來看，孟子經由談辯的策略應用，逐次破解對談者話語或觀點上的缺陷，進一步提出自己的主張，透過前文中所提出的三種策略分析，正可見孟子語言的巧妙所在，在講述孟子課程時，適可提供學生更深入的思考。

　　以前文所舉之例，包括八十七到九十四年的大考考題來看，包括：條列式句子的重點歸納，提出解決方案，如，九十二年提出閱讀計畫；也有段落式的表達，如，九十四年將「穴烏」的鳴聲，類比於人類行為者；亦有近似傳統作文方式，但須自擬題文的整全性作文題，如，老人日誌、何義士題 [6]；甚或提供多面向思考的命題作文，如，八十七年「追求流行」一題及九十四年「失去」一題。從線到面到立體的不同安排，均可用談辯的策略，予以分析解題。

　　孟子語言策略中，隨著談辯對象之不同轉換，亦同有句子的提點，如，「王顧左右而言他」；段落式的對談，如，「孟子說孔距心」；和整全性的分析，如，「保民而王」等。孟子靈活多姿的語言表達使用，用以對應現今之語文表達能力測驗的寫作，實有其可資借鏡之處。

　　故在教學上，除了可將歷年考題作「補充性」分析外；在講授孟子文本時，若能附以歷年相近試題作形式探究及應試方

6　參見91、92年學測考題。

式考察，將範文講讀和語表作文教學相結合，當可一併處理授課時數不足、課程枯燥、理想的教學情境和大考現實壓力的兩難。

肆、語言文字的溝通與說服

前文言及孟子語言和大考作文在形式表達上的對應關係，以下要再進一步思考，語言文字的表現及作用。任何語言文字的表達，必牽涉符號指涉和傳達溝通的兩端，在發話者和受話者的兩端建立接觸的信息，包括話語談辯或文字的說明，最重要的目的即在清楚完整地「表達己意」，並進一步尋求對方的「同意」。

孟子談辯和大考作文在「作用」上，是否有相同或相異的面向？二者所欲達成的目的為何？如何透過文本（text）所構作的語言文字被了解？便牽涉到作者視域、文本的意符指涉和讀者理解三個層次，因為語言文字畢竟非僅止於文字表面之「象」，其所見之內在之「意」，方是支撐此作品最重要的骨幹。以下將針對此再作說明。

一、一個問題，各自表述

孟子為語錄體，談辯的記錄原難以條理其形式結構，但孟子在對談的過程中，畢竟有其話語的主軸，孟子的語言為一道德性的論說，種種的對談，不論是傳播其性善的主張、王道思想、仁義之說，都在彰顯其道。孟子的道德理想，透過語言的表達得以宣揚，其遊說談辯策略的運用，實是不得已「權」的

結果，孟子於各國間遊說仁政長達十多年，更視縱橫家言為妾婦之道，闢楊墨、抵農家，雖其語言策略豐富多姿，但因其談辯的重心，非徒為「術」的運用，而是「道」的宣說與實踐，故種種語言的指涉，其最終的根源，都指向「道德」、「仁義」。

以孟子和告子論性的談辯為例[7]（朱熹，1968：149-151），孟子是發話者，他針對「性」此一符碼（code）建立雙方接觸信息的語境，告子亦同樣提出他的對應，雙方的對談雖未達成相同的共識，但在這場談辯中，卻各自宣誓了二人對「性」的不同意見，建立二人不同的人性論體系。

就發話者的一方言，建立二人互相溝通的符碼，而使文本創作的意符指涉有統一一致的方向，原是發話者很重要的觀照，只不過在對談的過程中，很可能受話者並不同其「意」，此時受話的一方，便另建立一個「傳意模式」[8]〔瞿鐵鵬（譯），1987：76-87〕，然而即使「我」不同意「你」，是否便可遽以判定此次的對談是無意義，未能傳意的？當然不可以，因為受話的一方，能繼而就同一意符指涉提出對談，便是在相當程度內「感其意」了。

7　事見《孟子·告子上》。
8　雅各布森（Roman Jakobson）曾提出一個傳意模式，他指出任何言語有六個組成因素：語境（context）、信息（message）、接觸（contact）、語碼（code）、說話者（addresser）和受話者（addressee）。他主張，話語溝通的兩端，「說話者」和「受話者」之間，必須建立相通的「語境」，方可溝通，此時兩造間所接觸的「信息語碼」，必須是相同的，否則各自立說，便無所謂「傳意」可言。

就文學的表現言，許多語言的指涉，其本身自可構成一完整的主體，不須受話的一方再作回應[9]〔瞿鐵鵬（譯），1987：76-87〕，換言之，在這場對談的最後，孟子和告子亦各足表現了他們「表其意」、「敘其理」的功能，經由談辯形式的分析，有助我們對文本的理解。

再以大考作文為例，在撰作為文的同時，考生透過種種形式的表現，首要條件皆是為了清楚完整表達自己的「主意」，其次才是尋求閱卷者的「同意」。因在撰作應答時，無法獲知閱卷者的感受，故在傳意要素的構成上，有時亦須自行構成一個傳意的系統，甚至更須特意注重文學上感染的功能。以前引「謀職」的考題來看，雖題目要求僅須條列說明，但在書寫時，仍可以從博取雇主的「感動」入手，種種求職者身上原有的「條件」，比如：過去的工作經驗、不在意工作地點、能吃苦耐勞等，都變成為雇主設想的好處。只要文本的陳述，能條理清晰，基本上便已完成了「傳意」的作用；若能再加強感染功能，使讀者亦「心有同感」，產生共鳴，作品對讀者產生的

9　雅各布森之傳意模式，若就文學表現的功能來看，則可變成：指涉的（referential）、詩歌的（poetic）、線路的（phatic）、後設語的（metalingual）、抒情的（emotive）和感染的（conative）。若就語言表達所欲達成的溝通和交流目的言，因「說話者」要抒發思想情感，故代表「抒情功能」；「受話者」得到信息產生反應，故代表「感染功能」。互為對話的兩造，建立了相同的語境，以利信息的傳遞，這便是「線路功能」；將信息語碼加以解讀，是語言的「指涉功能」。但有時文學作品的信息不一定向別人傳遞，它也可以是一完滿自足的整體，這種自相指涉的情況，就叫做「詩歌功能」。

感染作用，也就完成了。

　　不論孟子語言或大考作文，都是針對同一問題，各自表述其想法，作者將其主張透過語言文字的構作，運用種種談辯或書寫策略，以表達己意，就作用上言，這就是「傳意」。

二、溝通與說服的可能

　　孟子善用問答的方式，縷縷敘來，以淺入深，由此而彼，孟子所欲彰顯的是一種道德的主體性，透過不同的策略，和不同的人對談，最後都必須回到「道」的根源上來，在此意義下的話語展開，便不只是一種單純的「語言活動」而已，而是步步走向體道的過程[10]（林安梧，2003：146-176）。面對紛亂的時代，孟子以其政治上的談辯語言，提出他的價值和理念，並對時代認真反省，提出一套新的政策和願景──「定於一」，標舉可能漸趨模糊的儒家旗竿，告訴各國君王和社會大眾，政治其實也可以是價值辯論和理想實踐的場域。

　　應試作文的考題，不論題型如何生動活潑，基本上也以清楚表達及達成想法上的溝通為主，現實上來說，是盼望考試時能得高分。若再進一步講，則是透過語言文字，完足地表達自己的意見想法，並且將其具體應用，使此語言文字的符碼通過

10　林安梧先生指出，詮釋的層級基本上是透過「言、構、象、意、道」層層展開，因詮釋是站在某個視點所展開的理解活動，並給出一套語言文字的建構。筆者以為，孟子透過談辯語言表達自己的理念，基本上亦是通過話語系統的建構，顯其「象」、表其「意」，最後是為了回到「總體的根源」──道上來，故可說孟子的言說，實是步步體道的過程。

發微解析，系統建構的程序之後，不只停留在文字的表象而已，且能在相當範圍內代表作者作品思辯化的結果。此時的作品，便不會只流於一種文字遊戲而已，而是一個有機的統一體，有繼續深化、生長的空間。

換言之，孟子談辯和大考作文其共同的「作用」，均是經由語言文字的表達及應用，傳達並表現發話者的「情」、「意」；其相異處是，二者所欲達成的目的不同。此二者在語言的表達及運用上，同樣要求討論主題及主體視點的一致性，由此展開的文學意象、語言表達，才有溝通與交流的可能；孟子談辯和語表測驗，於此處可見二者異貌同質之端。

孟子語言是一道德性的論說，其談辯策略，只是「工具」；大考作文雖亦須說服閱卷者，但卻不必以道德為判準，不論為文是否「載道」、「明道」，或是純粹的「為文學而文學」、作「獨抒性靈」浪漫的表現，只要能自圓其說，自成其意，具備文學性、藝術化的特質，也都是很好的作品。

伍、結語

雖說「文無定法」，行文方式及風格，牽涉的面向太多，無法一一析言，本文僅在提供一種思考和方法，使作文教學和範文講讀不再斷裂；同時經由分析，使經典的講讀有其他不同的風貌，使困擾的語表作文有適當對應的方法。

本文將孟子談辯策略作形式上之探究及應用，透過話語的詮釋，展現經典親切動人的體貌。孟子倡言自己「仁義」的主張，栖栖遑遑於各國間遊說仁政，以宣揚理念，將其運用語言

國文作文教學的理論與實務

的方式，對照於現今的語表測驗，不僅讓傳統的「中國文化基本教材」和作文教學，有另一種發展及應用的方式，也讓應試測驗、課程安排的恐懼，得以條理釐清。

「語文表達能力」的訓練非一蹴可幾，而須賴長時間的培養，畢竟，作文教學絕不是速效地以背幾句格言警句、套用公式、考前猜題為要圖，如此所成就的篇章，最多亦不過是飣餖成篇、因襲堆垛而已；這種套招記誦式的作文教學，亦明顯無法對應於當今的語表測驗。孟子浩浩蕩蕩、高明俊朗的語言模式，適可一併提供學生練習高度概括的文字能力，及嚴謹的語言表達應用。

孟子的談辯語言經過剝繭抽絲的分析後，加以應用在語表測驗上，不僅可見具體「成績」上的效用，亦可在傳統的文本講讀外，發現將《孟子》文本的談辯策略應用於語表作文的可能；考試制度、課程結構既是不容易改變的事實，若能將《論》、《孟》等經典教學和「語文表達能力」相結合，一方面可適度處理大考的語表測驗，其次，亦可在傳統的經典教學上另啟風貌，不再讓學生誤以為「論孟」教學是枯燥無聊、乏味無趣的。孟子語言之可貴，也就在他「一體多變」的風貌之上，透過談辯策略的分析和展開，此寫作教學法便容易落實。

畢竟，「語文表達及應用」的活動及能力的培養，須在「生活之場」中參與；經典的內涵，通過話語文字的分析，進而通向一種「人文道德」的世界，既有其「即時性」、「現實性」，也有「理想性」、「價值性」；孟子談辯語言和語表作文教學的目的與作用，亦是為了處理和面對現實生活。如此的

語文活動，便能因其「語」而「文」，不再斷裂；並進而因「生」而「活」，而連續之、而生長之，在語言文字互相交融交攝，不斷思辨對話的生活之場中，此一語言化成的人文世界，便有進一步多采繽紛、生動活化的可能。

參考文獻

中文部分

大學入學考試中心。http://www.ceec.edu.tw

朱自清（1996）。**朱自清散文全集（中）（一版）**。南京：江蘇教育。

朱熹（1968）。**四書章句集註四種（台一版）**。台北：台灣商務。

林安梧（2003）。**人文學方法論**（初版）。台北：讀冊文化。

林志成（2005 年 2 月 4 日）。**中國時報**，A10 版。

陸九淵（1968）。**象山全集**。台北：中華。

黃慶萱（1997）。**修辭學**（增訂八版）。台北：三民。

陳滿銘（1994）。**作文教學指導**（初版）。台北：萬卷樓。

韓非（1968）。**韓非子集解**。（台一版）。台北：台灣商務。

韓國棟、林志成（2005 年 2 月 7 日）。**中國時報**，A6 版。

瞿鐵鵬（譯）（1987）。Roman Jakobso 著。**結構主義和符號學**（Terence Hawkes, Structuralism and Semiotics）。上海市：上海譯文（Berkeley: University of California Press,1977）。

Chapter 7

創思技法融入作文教學模式與行動研究

國立台灣師範大學國文學系教授
劉渼

壹、前言

　　知識經濟[1]時代是一個以「腦力」決勝負的時代，創造力（creativity）是其重要指標之一，能創新才有競爭力。是以創造力教育就成為現今教育工作的推動重點。

　　本文乃根據部頒《創造力教育政策白皮書》[2]的推動原則：「融入原則，創造力課程與教材應融入各科教學」，與推動策略：「鼓勵教師研發創造力之教材教法，進行有關創造力培育之行動研究」，從理論與實務二個角度來探討創思技法融入作文教學。

貳、創思技法理論

　　創造性思維（又稱創造力思考，或創意思維）是一種多向思維能力，是能獨立地獲取與發現知識的能力。吉爾福特（Guilford, 1977）的「智力結構模式」指出有擴散思考（Divergent Thinking）和聚斂思考（Convergent Thinking）。有學者認為，創造思考的歷程便是擴散思考與聚斂思考的有機組合（董奇，1995）。

　　創造力是一種能力，具有「五力」（Guilford, 1977）：(1)流暢力（Fluency），指產生觀念的數量，即對問題產生多少中

1　知識經濟的三個顯著特徵：一是經濟發展可持續化。二是資產投入無形化。三是世界經濟一體化。故知識化、創新化、全球化是其重要指標。

2　請詳教育部網站：http://history.moe.gov.tw/important.asp? id=35。

肯的觀念或解決方案的能力，也包括文詞、觀念、聯想、表達等的流暢能力。(2)變通力（Flexibility），能靈活地在實際情境中運用知識，有遷移的廣度。(3)獨創力（Originality），指觀念或思考上的獨性、新穎、不尋常的特性。(4)敏捷力　（敏覺Sensitivity），指掌握知識與解決問題的速度，並擅於覺察事物的缺漏，發現新需求，找出事物不尋常及未完成的部分。(5)精進力（Elaboration），精益求精、力求完美的特性，能在原來的構想或基本觀念上，再加上新的觀念、有趣的細節，或組合成新的相關概念群。張玉成（1986）把此「五力」歸為「創造性教學」的「認知性目標」，即學生通過教育的過程，最終能培育出上述各項能力，並且能運用自如。

　　威廉斯（Williams）指出具有創造力的人，其人格特質表徵為想像心（Imagination）、挑戰心（Complexity）、好奇心（Curiosity）、冒險心（Risk Taking）（「四心」）。還有「三性」：分析性（Analysis）、綜合性（Synthesis）、評鑑性（Evaluation）（陳龍安，1994）。有學者認為創造可以用一公式來表達「CB ＝ IDEA」，即創造的行為（Creative Behavior）＝想像（I: Imagination）、知識（D: Data）、評估（E: Evaluation）、行動（A: Action）（陳龍安，1998）。

　　在教學中，創造思考既是教學目標，也是教學方法。以創造思考為教學目標時，要以培養學生的創造思考能力為主；以創造思考為方法時，應將創思技法融入各領域教學中，使教學更為生動活潑、充滿新意。

　　創造思考教學（Creative Teaching）是教師透過課程的內容

及有計畫的教學活動，以激發及助長學生創造行為的一種教學模式（毛連塭，1984）。國外著名的創意思維教學模式，有：(1)吉爾福特（Guilford）創造思考教學模式。(2)威廉斯（Williams）創造與情意教學模式。(3)奧斯本・帕尼斯（Osborn Parnes）創意解題模式。(4)泰勒（C. W. Taglon）發展多種才能模式。(5)大衛斯（G. A. Davis）AUTA 模式（意識、理解、技法和自我實現）等。

國內陳龍安「愛的（ATDE）創造思考」教學模式（1990）也廣為人所熟知。此法由問（Asking）、想（Thinking）、做（Doing）及評（Evaluation）四個要素所組成，如下圖 7-1 所示：

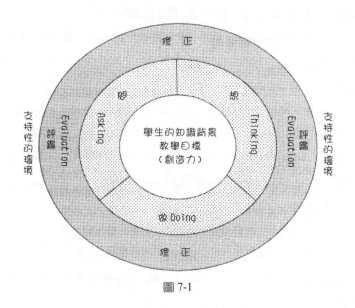

圖 7-1

其中「做（Doing）」是利用各種活動的方式，讓學生做

國文作文教學的理論與實務

中學，包括寫作（writing）活動。

　　關於創思技法，威廉斯提出了十八種教學策略，包括：矛盾法、歸因法、辨別法、激發法、變通法、習慣改變法、重組法、探索法、容忍曖昧法、直觀表達法、發展調適法、創造人物及創造過程法、情境評鑑法、創造性閱讀技巧、創造性傾聽技巧、創造性寫作技巧、視像法（林幸台、王木榮，1994）。張玉成（1984）提出二十一項編製創造性問題的策略，如屬性列舉、比較異同、探究原因、角色扮演等。吳明雄等則提出創造性問題解決模式（Creative Problem Solving Model, CPS, Noller, Biondi, 1977），有屬性列舉法、檢核表法、六 W 檢討法、入出法、焦點法、分合法、自由聯想（Free association technique）、腦力激盪術（Brain storming）、形態分析法（Morphological analysis）、單字詞聯想法、強力組合法（Forced relationship）等。謝錫金等提出：培養觀察力、畫像記憶法、反習慣法、假設法、重新界定法、強烈組合法、模仿創新法、環境刺激法和文字創新法（謝錫金、林守純，1992）[3]。

　　至於創思技法的類型，從內、外來看，內在思維如類比法；外在表現如魚骨圖法。以操作來看，個人操作，如心智圖法；團隊操作，如腦力激盪。從發散、收斂、統合的角度來看，發散，如自由聯想法；收斂，如歸納法；統合，如得懷術（Delphi）[4]。

3　資料來源：《中學寫作教學·創作能力與寫作教學》http://www.chineseedu.hku.hk/ChineseTeachingMethod/writing/creative/index.htm。

4　資料來源：「中華創意發展協會」（http://www.ccda.org.tw/）許書務「各種技法簡介」。

　　固知各家所提出的創思技法相當多，本文乃選取其中的腦力激盪法、列舉法、影像追憶法、心智輿圖法四種，開發出四種創新教學模式。

參、創思技法融入作文創新教學模式

一、腦力激盪法融入創新寫作

　　「腦力激盪」（Brainstorming）由奧斯朋（Osborn）於一九三八年首先發明應用，是利用集體思考的方式，使想法互相激盪，發生連鎖反應，以引導出更多意見或想法的策略。常用的方法有：⑴「滾雪球法」指團體間發想的連鎖作用，一個創意再生創意，引起發想的連鎖反應（楊朝陽，1994）。⑵「自由討論」是一種組織鬆散的討論形式，強調創造性思考，而不是實際分析。其實際運作模式如下圖 7-2[5]：

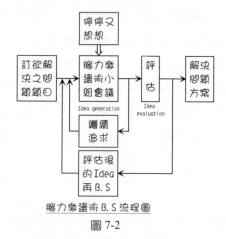

腦力激盪術 B.S 流程圖

圖 7-2

5　資料來源：「中華創意發展協會」（http://www.ccda.org.tw/）吳明雄腦力激盪。

　　腦力激盪法的變型種類則有輪流方式的腦力激盪法、紙片方式的腦力激盪法、缺點列舉法、分組討論（buzz session）、單人腦力激盪法（solo brain stroming）。

　　本模式綜合運用紙片、單人、團體三種腦力激盪法，從不同層次激發學生的創意點子與創作能力。

二、列舉法融入說明文與說明表達能力寫作

　　「屬性列舉法」（Attribute listing）為美國Nebraska大學克羅福博士（Dr. Robert Crawford）倡導，將事物先依其構成要素予以分解再組合，其法是將「物」分成名詞（全體、部分、材料、製法）、形容詞（大小、輕重、厚薄、形狀、色澤等）、動詞（功能、操作等）三種屬性，適合用來訓練說明文與說明能力的寫作。

　　列舉法還有缺點列舉法、希望點列舉法、因素列舉法等，可訓練學生舉一反三。至於檢核表法、列表法、SAMM、SCAMPER 都可算是列舉法的一種。

　　本模式運用屬性列舉法，從分解再組合的角度，激發學生對目的物的深刻認識，能夠清楚說明目的物的全貌。

三、影像追憶法融入抒情文與抒情表達能力寫作

　　這是利用想像力中的視覺想像與重現想像 [6]，故此法與一

6　想像力的種類分為：視覺想像（visual imagery）、臆測想像（speculative imagery）、重現想像（reproductive imagination）、構造性想像（structural visualization）、代替式想像（vicarious imagination）、預期式想像（anticipative imagination）等。

般的看圖作文不同，其特色有三：一是以寫作者所熟知的生活情境或過去照片為主，藉以勾起一種記憶（集體／個體）與氛圍，讓人再次經歷直觀感受與情緒。二是讓寫作者把照片任意排列組合[7]（依時間、空間、事件發展或情感濃度等）且自由選取照片，在重新審視中來產出新的意義與感受。三是限定寫作者運用抒情詞彙，並發展成為短句、文章，由一系列引導寫作中，幫助學生創作抒情文或發展抒情表達能力。

本模式運用影像追憶法，透過學生朝夕相處的校園內外場景照片，激發學生的記憶與再次體驗，並能夠盡情抒發其感受。

四、心智輿圖法融入記敘文與記敘表達能力寫作

心智輿圖法（Mind Mapping）是以「主題／問題」為核心，用簡潔「語詞或關鍵字、圖形（包括象徵、顏色）」表達出來，再運用聯想將新資訊組合，隨環境狀況，修改對應，以得出創意。

（一）創作主題

Mapping技法的表現性「能夠讓同主題以各種不同的表現方式來展開」，適合於「主題」的寫作訓練。可運用 Mapping 技法（如下圖 7-3），從事件、狀況、問題的本質和核心等來決定主題。或透過共通的、類似的、相反的、無關的主題，來

---

7 創造力的可貴在於知識的重組（restructure），能超越原有思考的習慣或規則。

・圖像的功用

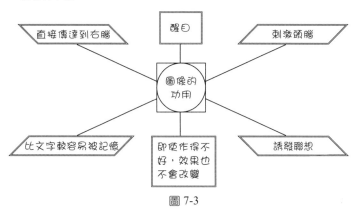

圖 7-3

資料來源：「中華創意發展協會」（http://www.ccda.org.tw/）洪榮昭「心智輿圖」。

激盪出對主題的新想法。

（二）文章關鍵字

關鍵字是Mapping的構成要素之一，故此法有助於訓練找出與主題相關的關鍵字。

（三）寫作大綱

藉由表列式、輿圖式來製作大綱，方法有：(1)主題大綱（關鍵字、片語）；(2)句子大綱（句子）。可用類比法（直接性、擬人性、象徵性）、聯想法（接近、反面、類似）等加強思考訓練。

（四）記敘文與記敘能力

　　由於Mapping技法的表現性「能夠向時間性、空間性多次元地展開」，而記敘能力是能運用時間順序、空間順序、事物發展程序來表達文章內容。故本模式是透過一幅幅各式旅遊地圖，依照旅行者所目見、耳聞或想像的情形記述下來，用來訓練記敘能力的寫作。

　　其他尚有多種創思技法可運用在作文教學中，如「因果法」（演繹法、歸納法），以一個問題的因，思考出可能產生很多的果；或者很多個因，可能產生一個果。「魚骨圖法」易於掌握特性、要因，都可訓練學生的論說文與議論能力。「類比法」，先設定一個主題，由主題中找出關鍵語詞，然後依這個語詞，思考它的聯想、背景、概念以產生創意，此法可用來訓練描寫文與描寫能力。「關聯樹法」，以時間為主的資料流程，可訓練記敘文與記敘能力等。「複眼思考法」拋棄「想當然耳」的模式、超越常識的思考，可訓練故事新編、文章改寫。「SCAMPER法」以問題為觀點，看有否其他方式可以：Substituted（取代）、Combined（組合）、Adapt（調整）、Modify（修改）、Put to other uses（使用其他用途）、Eliminate（取消）、Rearrange（重新安排），可用來創意聯想與修改文章。白靈用「虛實二十法」來訓練新詩創作[8]，也都是很好的創思技法之運用。唯本次行動研究僅取上述四種具體化為課堂教學。

8　白靈《一首詩的誕生》。

肆、創思技法融入作文教學的行動研究

　　創思技法融入作文教學的行動研究，是由台師大國文系劉渼教授做總體課程的規劃與設計，由福和國中鄭淑月老師和張靜怡老師、台師大鄭瑋婷、許馨文、曾馨霈等做具體教學活動設計與示例開發，於二○○四年在八年十六班進行為期一個月的四堂創意作文課。每一堂課都有詳盡的引導步驟（簡報檔 ppt）、寫作活動、學習單練習等。

　　創意寫作的教學目標並不單在訓練學生寫出純正的文字，或作語文考核的工具，也有鼓勵學生表達思想、發揮創意的作用，故要在教室內營造一個自由、開放、和諧、富鼓勵性的氣氛，本課程以模組化教學活動為主。

一、第一堂「水果大會串」（2004.10.20）

　　本堂課從「腦力激盪法」的方法說明入手，並且分成單人、小組、全班三階段來進行不同的腦力激盪。為了提供學生們充足的鷹架，特設計「急救章」。最後才是共同的寫作。

步驟一、「腦力激盪法」注意事項說明（簡報檔）

1. 狂想而不批判，只要動腦筋，不怕不正經（把自由發想力與理性批判力分開）。
2. 比質更重視量。
3. 禁批評，讚美是一種美德，接納不是件難事。
4. 自由聯想。

5. 多多益善。

6. 搭便車，要站在「巨人」的肩膀上哦。

7. 用具體的說法敘述主題或問題。

8. 參與成員背景多樣化、異質性。

9. 可給予時間的限制，令參與者感受到壓力。

10. 以分組競賽方式，設定激盪出點子數的目標。

11. 令參與者選擇最後的執行解決辦法。

12. 製造出「增效作用」的環境。

步驟二、聯想示例 vs.單人腦力激盪法

【聯想示例——橘子】

1. 縱向發散思維：橘子紅了、酸橘子……。

2. 橫向發散思維：橘色、橘子汁、橘子醬……。

3. 逆向發散思維：爛橘子……。

4. 其他自由聯想：產地、季節、功用、外形、內容、故
   事、電影、人物……。

【單人腦力激盪】

※二分鐘自由聯想：字彙、詞語或句子，寫在紙上，愈多愈好。

步驟三、小組腦力激盪

全班分為六小組，進行小組成員間的腦力激盪。每一組的
工作分配與執掌如下：

1. 組長：督促進度、協調工作，老師的傳聲筒。

2. 發言人一名：唱作俱佳、搞笑發表。

3. 秘書一位：字體工整、組織能力強、快速記錄。

4. 點子王一個：超勁爆 idea、超炫思考模式。

5. 管家一人：記時小鬧鐘、催催催。

6. 馬屁精一隻：不停讚美、不停感謝，務必使小組內氣氛和諧。

【急救章】

※老師事先設計「創意點子示例」，每組（每種水果）至少三題，若沒有用到急救單，該組加一分。

步驟四、小組點子大分享 vs.全班腦力大會串

【小組點子大分享】

※每一組發表三分鐘，將創意點子貼在黑板上，一個點子計一分。

【全班腦力大會串】

※全班搶答二分鐘，針對各組的點子提出其他創新想法。舉手搶答，一個點子計一分。

步驟五、小組合作學習、共同寫作

※各組「秘書」將本組及全班的創意發想，記錄在學習單中，全組在十五分鐘內，將創意點子，組織成至少一百字的短文（如下圖 7-4）。

三、【創作】：各組於十五分鐘內，選取至少「八個」創意聯想，完成一百字短文。
（注意事項：1. 可不必分段
　　　　　　2. 請將創意聯想用「黑筆」標示出來
　　　　　　3. 各組每一成員至少要想出「一句」內容，由秘書組織整理）

主題： 黃金先生

有一位黃金先生，心中想著像金A，

他穿著草鞋，戴著帽，披著衣，喝著咖啡色的

芭樂，跑到怪獸電力公司，到櫃台買1顆珠

忽然碰到一個光頭和尚，帶著一個橢圓形的

橄欖球，來自紐西蘭的毛怪在地球上玩，

黃金先生就跟他們玩了起來；吃果了嗎

珍珠奶茶一蘸吃奇異果，為養顏美

容，壯陽補充維它命C，但他上班遲

到了，老板拿著流星錘太鎚要打他

黃金先生從此消失在地球上。

圖 7-4

二、第二堂「請說出我的全貌」（2004.10.27）

　　本課堂以「一綱多本教材」來做列舉法的示例，且設計了各種屬性列舉的學習單，最後才是共同寫作。

步驟一、「列舉法」說明（簡報檔、理論內涵請詳上）

　　屬性列舉法一般步驟是：(1)選擇一個物品；(2)列舉物品的

零件或各組成份子；(3)列舉其重要的以及其原本的品質、特質或屬性；(4)將每一品質、特徵或屬性逐一改良。此法在作文上的運用，可結合腦力激盪法，其中的第四步驟就是引導學生把所列舉的內涵，有條理地寫出來。

步驟二、範文示例——琦君〈月光餅〉vs.列舉法

※原文

　　「月光餅也許是我故鄉特有的一種月餅。每到中秋，家家戶戶及商店都用紅絲帶穿了一個比臉還大的月光餅，掛在屋簷下。廊前擺上糖果，點起香燭，和天空的一輪明月相映成趣。月光餅做得很薄，當中夾一層稀少的紅糖，面上撒著密密的芝麻。供過月亮以後，拿下來在平底鍋裡一烤，扳開來吃，真是又香又脆。月光餅面積雖大，分量並不多，所以一個人可以吃一個，……每個上面都有一張五彩畫紙，印的是『嫦娥奔月』、『劉備招親』、『西施拜月』等等的圖畫，旁邊還印有說明。」

※琦君〈月光餅〉中的列舉法

1. 產地：月光餅也許是我故鄉特有的一種月餅。

2. 時節、功用：每到中秋，家家戶戶及商店都用紅絲帶穿了一個比臉還大的月光餅，掛在屋簷下。廊前擺上糖果，點起香燭，和天空的一輪明月相映成趣。

3. 做法：月光餅做得很薄，當中夾一層稀少的紅糖，面上撒著密密的芝麻。

4. 吃法：供過月亮以後，拿下來在平底鍋裡一烤，扳開來吃，真是又香又脆。

5. 外形、裝飾：月光餅面積雖大，分量並不多，所以一個人可以吃一個，……每個上面都有一張五彩畫紙，印的是「嫦娥奔月」、「劉備招親」、「西施拜月」等等的圖畫，旁邊還印有說明。

步驟三、遊戲規則

【課前暖身活動】

※請小組成員填寫自己想要「說明」的東西。然後加以統計，選出本組要說明的東西。

如下表 7-1。

表 7-1

步驟四、學習單練習

項目	描	述
	簡要說明	詳細說明（利用譬喻、聯想方式）
別稱	火金姑	把螢火蟲擬人化當成和藹的火金「姑姑」
大小	很小一隻，大概只有一元硬幣大小	螢火蟲就像姆指公主一樣輕盈可愛
外形	黑色的翅膀，外緣鑲有一條橙黃色紋，腹部有發光器會發光	當牠發出光芒時，非常耀眼，但是在光芒熄滅後，卻只是一隻外表黑色不起眼的小蟲
功用	會發光，沒電燈的時候可以照明	在鄉野間或水邊，常常有螢火蟲幫人們提燈照明
成語或詩詞	唐杜牧〈秋夕〉：「銀燭秋光冷畫屏，輕羅小扇撲流螢；天階夜色涼如水，坐看牛郎織女星。」「囊螢照書」：車胤是晉朝南平人，幼年時勤勞好學，可是因家裡十分貧窮，買不起油燈看書；每年夏天他常到野外採集螢火蟲數十隻，然後放在透明的囊袋中照明，藉著螢光看書。由於苦學有成，求得功名，最後升至吏部尚書的職位。	
完成作文	在過去的農業社會裡，每到夏夜，孩子們除了與長輩在庭院納涼、聽故事、嬉戲玩樂之外，最吸引他們的，莫過於草叢裡忽隱忽現的螢火蟲了。「螢火蟲」又稱為「火金姑」，這是將螢火蟲擬人化當成和藹的火金「姑姑」。螢火蟲的大小約莫只有一元硬幣，就像卡通中的姆指公主一樣輕盈可愛。螢火蟲最吸引人的地方，莫過於牠的亮光，當牠發出光芒時，非常耀眼，但是在光芒熄滅後，卻只是一隻外表黑色不起眼的小蟲。螢火蟲在古代，一樣很受歡迎，唐代杜牧的詩中，寫著宮女閒來無事撲流螢的浪漫；也有晉朝的車胤，懂得善用螢火蟲，到野外採集螢火蟲數十隻，然後放在透明的囊袋中照明，藉著螢光看書。	

步驟五、小組合作學習、共同寫作

※各組「秘書」將本組及全班的創意發想，記錄在學習單中，全組在十五分鐘內，將創意點子，組織成至少一百字的短文（如下圖 7-5）。

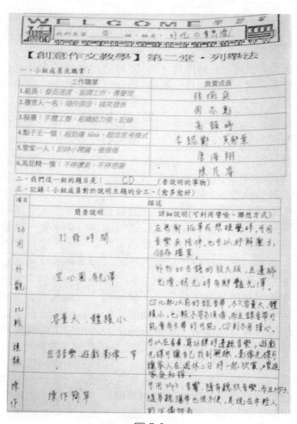

圖 7-5

三、第三堂「心象與情思」（2004.11.3）

　　情感是相當抽象的，本課堂按照「視覺物象→興發感動→抒情詞彙→抒情短句」一步一步地來引導，並且做了模組化活動設計「炸彈危機、搶分囉、貼貼樂、寫寫看」。

步驟一、「老師的提醒」（簡報檔）

1. 什麼是「抒情詞彙」？參考下圖 7-6

　　由人、事、物所引發的感覺，能夠書寫出這些感覺的辭彙，就是抒情詞彙，所以各種來自心裡感受的書寫，都可以算是抒情詞彙，如寂寞、快樂、憤怒、喜歡、討厭……。每個人對於所見所聞都有不同的感覺，就像有人覺得教堂很莊嚴，也有人覺得很嚴肅，因此每個人的抒情詞彙都不盡相同，我們就可以從這些抒情詞彙開始延伸我們的作文，寫成一篇抒情文。

圖 7-6

2. 什麼是「抒情文」？[9]

　　抒情文是發抒情感的文體，以情感的醞釀、生出、存續和

9　資料來源：細說作文——抒情文的分類 http://ct4.ck.tp.edu.tw/yll/03/0306/42.htm

變化，作為抒寫的主要材料。如果以抒情文的寫作對象，也就是作文的主要材料來源分別的話，抒情文還有以下四種分法：因事生情、因人生情、觸景傷情、睹物思情。簡而言之，抒情文是一種抒發心情和感受的表達方式，怎麼描述自己的心情或感受，完全取決於你！但心情和感受是抽象、不具體的，既然摸不到，要如何讓別人懂我的感覺呢？通常我們使用很多的形容詞、比喻。當我們想說現在的心情非常複雜，我們可以說：「我現在的心情真是五味雜陳，酸、甜、苦、辣、澀都到齊了。」雖然別人不能體會你心中的複雜，但可以藉由這類的形容或比喻，了解到你想說的心情複雜。

3. 看圖如何聯想出抒情詞彙？參考下圖 7-7

圖 7-7

（1）小時候在外掃區捉迷藏→無憂無慮。

（2）樹欲靜而風不止→失去親情的傷痛。

（3）初綠或轉黃的葉子→四季給我的感觸（喜春、悲秋）。

（4）築新巢的燕兒→溫馨感人。

（5）老榕樹下下棋的老人→閒適。

（6）樹的成長→生命歷程的悲歡離合。

4. 怎麼擴充抒情詞彙？

※**關聯**：捉迷藏＋外掃區＝小時候→無憂無慮

※**句子**

　　操場旁有一棵樹，樹下有捉迷藏的罐子，罐子旁有小時候的身影，影像不僅只是記憶，還保存著從前的無憂無慮。

※**短文**

　　操場旁有一棵樹，樹下有捉迷藏的罐子，罐子旁有小時候的身影，影像不僅只是記憶，還保存著從前的無憂無慮。常常我們忘記了上課鐘，忘記了打掃工具，忘記了老師的叮嚀。最後抓到我們的永遠是怒氣沖沖的老師和藤條。我搓著紅紅的掌心，你揉著腫腫的屁股，每個人小聲口耳相傳：「下課，老地方集合！」那棵樹就是我童年記憶的老地方，永遠等著我回去踢罐子，守護著那段無憂無慮的時光。

※**提示小公式**

＋直覺→抒情詞彙或句子。

＋人→我有個朋友長得跟圖片很像，他是一個很熟悉的老友。

＋事→我昨天看了 ET 電影，很感動耶。

＋物／景→我想到之前朋友送給我一個外星怪娃娃，他現在已經轉學了，我覺得好寂寞喔。

步驟二、模組化活動

活動一、炸彈危機

※看到了一張圖@@你想到什麼？

※有一顆快要爆炸的炸彈，拿到炸彈的人在十秒內要回答一個
「抒情詞彙」

※如果能說出一個「抒情詞彙」，還可以講出一整個句子，就
可以有一次機會拿「魔術棒」，指定其他組回答。

※回答完（或爆炸了），趕快丟給還沒玩到的其他組組員。

活動二、貼貼樂

※每組有十張福和校園內外的照片，拿便利貼寫抒情詞彙，五
分鐘後總結成果。

※一張便利貼一分喔！

活動三、重組

※便利貼上適合組合成一篇短文，就取下來，排排看順序，並
依順序貼在組長的學習單上！

※試著想能用這些詞彙寫成怎樣的句子，這些句子可以寫成怎
樣的短文！

※小秘書要記得把大家說的句子抄下來喔！

活動四、寫寫看如下圖 7-8、7-9、7-10

車潮洶湧

圖 7-8

國文作文教學的理論與實務

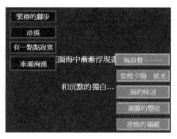

圖 7-9

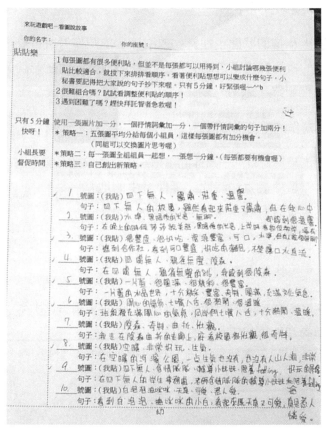

圖 7-10

四、第四堂「重新出發的旅程」（2004.11.10）

本堂課的活動依序是：遊記寫作大挑戰、特色搜羅大作戰、旅程時光機、我所走過的足跡、絕地大反攻。

步驟一、「遊記寫作大挑戰」（簡報檔）

1. 什麼是記敘文呢？

將人和物的狀態、性質、效用等，依照作者所目見、耳聞或想像的情形記述下來的文字，稱為記敘文。而遊記就是把遊玩的過程記錄下來的文章。

2. 遊記寫作的重點小提醒

（1）掌握材料——事件的主角、事件的演變（發生過程）、事件發生的時間、事件發生的地點。

（2）捉住特色。

（3）描述心情。

步驟二、「特色搜羅大作戰」

※請大家一起把你們這組所負責的主題地點特色找出來，寫在活動表裡的空白處。

※找出一個特色就能得 1 分，趕快動動腦想想看吧！

例子：木柵動物園

特色——獅子、無尾熊、國王企鵝、大象、鳥園。

步驟三、「旅程時光機」

※按照時間先後填入你印象深刻的幾件事（用一兩句句子記下大概的經過即可）。

※一個事件可以得 1 分，不要放棄爭取分數的機會，加油！

示例一「木柵動物園遊記」

聲音空間／人物視角／動作及心情轉換

　　期待已久的動物園之旅終於來臨了！艷陽高照的星期天，一走進木柵動物園，眼前的大廣場擠滿了參觀的人潮。叫賣聲此起彼落，真是熱鬧非常。戴著鵝黃色帽子的小學生們，在老師的帶領之下，一群群地湧入可愛動物區。不落人後的我們也跟著他們的步伐，一起去親近可愛的動物們。溫馴的小羊在柵欄裡吃著飼料，我蹲下摸摸牠的毛，輕輕地搔著我的掌心，好癢呢！迷你馬的家在兔子窩旁邊，牆上畫了一片綠色草原，令人心情舒暢。

空間轉換／視覺／聲音／動作描寫

　　沿著小徑往前走，來到了著名的無尾熊館。隔著大片玻璃窗，看到了無尾熊寶寶抱著樹幹睡覺，另外一隻不停地吃著尤加利葉，樣子十分有趣。當大家不斷地討論下一站要去哪裡時，不知不覺我們已走到了夜行動物館。和其他地方不一樣，夜行動物館為了夜行動物們，所以特別設計了晚上的感覺。走過伸手不見五指的通道，耳邊傳來貓頭鷹「嗚嗚」的叫聲，昏黃的燈光下，貼著玻璃窗我們努力張大眼睛，比賽尋找躲藏起來的夜行動物們。

空間拼貼／動作描寫／回憶／情感描寫

　　走出夜行動物館，重見光明的我們決定去拜訪猴子的家。大太陽下，猴子家族在假山中不斷地追逐、玩耍，或是在半空中的繩索上盪來盪去，逗得遊客哈哈大笑。胖胖的河馬泡在清涼的水裡露出大大的鼻孔，斑馬躲在樹叢後，身上的斑馬線清清楚楚，一下就被我們發現了。而大象的家是挑高的白色建築，據工作人員說，它的暱稱是「白宮」呢！雖然大象林旺爺爺已不在，但幾隻小象仍然吸引了遊客的目光。我們沿著路線觀賞動物，在最後的企鵝館才依依不捨的和動物園道別，夕陽西下，我們滿足且開心地結束這趟難忘的旅程。

步驟四、「我所走過的足跡」

※請在你的地圖上，畫出當天所走過的路線，並把玩過的區域也一起圈起來。如果地圖上沒有你要的地點，可以標示在大約的位置，或另外寫在空白的地方。

※接著在地點旁邊的空格依序寫下：1.玩的過程；2.感想。寫不下或不夠寫就用便利貼黏在旁邊。

圖例一「木柵動物園遊記」，如下圖 7-11、7-12。

※一格可獲 1 分哦！

圖 7-11

圖 7-12

步驟五、「絕地大反攻」

※現在請各組同學互相討論，把材料連貫起來，並寫成一篇一百五十字的文章。如下圖 7-13。

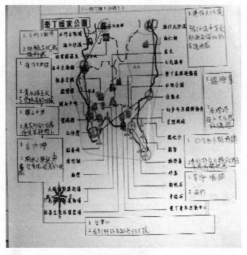

圖 7-13

　　以上各堂課的學生習作，請參本活動教學網站「語文多媒體網路課程・創意寫作」（http://140.122.115.165/creativitybase/htm/writing/writing.htm）。

伍、小結

　　從創造的心理活動觀之，創造力的核心在於人的心智運作，故將創思技法融入作文教學，能夠啟發學生在思維與想像方面的創造力，且經由本次行動研究，落實在課堂教學上，吾人發現不但能引起學生的學習興趣與動機，且學生在各體文章的寫作與各種語文表達能力上都能有所進步。從學生們殷切盼望作文課的眼神與心情，足證以創思技法融入作文教學是可行的方案，值得繼續開發與推廣。

參考文獻

中文部分

毛連塭（1984）。**台北市國民小學推展創造性體育課程實驗報告**。台北市教師研習中心創造性教學資料彙編。台北：台北市教師教學研習中心。

毛連塭、郭有遹、陳龍安、林幸台（2000）。**創造力研究**。台北：心理。

吳明雄（2000）。從創造力的心理機制談創意的啟發。中華創意電子期刊第一期。http://www.ccda.org.tw/able/electric_magazine/science/science5.htm

林寶山（2000）。**教學論——理論與方法**。台北：五南。

林幸台、王木榮（1994）。**威廉斯創造力測驗指導手冊**。台北：心理。

洪榮昭（1998）。**創意領先**。台北：張老師文化。

陳英豪、吳鐵雄、簡真真編著（1982）。**創造思考與情意的教學**。高雄：復文。

陳英豪、吳鐵雄、簡真真編著（1985）。**創造思考與情意的教學**。高雄市：復文。

陳龍安（1990）。**創造思考教學的理論與實際**。台北：心理。

陳龍安（1998）。**創造思考教學**。台北：師大書苑。

郭有遹（1983）。**創造心理學**。台北：正中。

張玉成（1984）。**教師發問技巧**。台北：心理。

張玉成（1986）。**開發腦中的金礦的教學策略**。台北：心理。

張玉成（1993）。**思考技巧與教學**。台北：心理。

董奇（1995）。**兒童創造力發展心理**。台北：五南。

楊朝陽（1994）。**實用創意法──發想新潮流**。台北：朝陽堂。

謝錫金、林守純（1992）。**寫作新意念**。香港：朗文出版（遠東）。

愛德華‧波諾（Edward de Bono）著、李宏偉譯（1997）。應用水平思考法(一) Edward de Bono, New Think: The Use of Lateral Thinking in the Generation of New Ideas。台北：桂冠。

西文部分

Guilford, J. P. (1977). *Way beyond the IQ*. Buffalo, New York: Creative Education Foundation.

Noller, R. B. & Biondi, A. M. (1977). Gnide to creative Action, New York: Scribner.

國文作文教學的理論與實務

Chapter 8

創意作文教學──以網路作文創意競賽為例

台北縣立三重高級中學教務主任
賴來展

壹、前言

　　作文教學是語文教學中的重點環節，且書寫表達能力是學習其他學科的根基，學生透過作文教學可以學習相關的語文知識，所以書寫表達能力的強弱非常直接地影響學生的學習效率。再加上現今資訊發達，人人都必須掌握一定的書寫表達能力，才能跟上學習的進度與要求，才能跟上知識爆炸時代的步伐。因此，國文教學活動要能指導學生學習作文理解策略，培育書寫表達能力，養成良好的興趣、態度和習慣，由作文習作過程中學習蒐集、整理、分析資料的統整能力，主動探索研究，並學會應用各種工具書，重視電腦教學的融入及網路作文互動的尊重與關懷，以養成學生主動探索的自學能力，並能與實際的生活情境相連結，轉化成為一種解決問題的能力。

　　在檢視學生數學、理化學習評量之際，發現學習成效低落之學生，無法得到較理想的測驗評量成績，其關鍵在於「看不明白」題目的內容，或是「抓不著」題目到底在問些什麼，也不知道自己的問題到底是數學、理化，抑或是文字邏輯，驚覺學生理解文字能力與程度的普遍低落，也發現學生不容易察覺問題、發現問題，到底國中生閱讀與書寫表達能力的困擾何在？阻礙國中生作文架構的問題癥結何在？而影響書寫表達能力的因素為何？又該如何設計提升國中生書寫表達能力的教學方案？這些都是值得研究的問題，也是本研究的動機所在。

　　二十一世紀是個知識、資訊爆炸，快速變遷的時代，人們跟著科技、金融、貿易等快速發展的步伐，隨之沉浮；地球村

的理想，因網際網路的日新月異，逐步實現進而成為社會發展的主流，如何使之全球化、國際化儼然成為時下最受注目的競爭趨勢，如何提升學子的創造能力，更成為教育關注的焦點。

貳、背景分析

一、作文低落的原因

　　我國傳統式國文作文教學方法，不把作文的訣竅傳授給學生，而要學生自己去摸索，去體會；正如金聖歎說的：「鴛鴦繡出延君看，不把金針度與人。」聰明的學生費了許多時間，才找出正確的思維路線；能力不足的學生，甚至窮畢生之力，也作不出一篇通順的文章。隨著時代的演變，作文教學方法，有了顯著的革新，但仍只是國文老師個別的改進，而沒有一部統一的指導教材頒發，以供全國的國文老師指導與遵循。

　　現在國中國文作文程度普遍低落，是不容諱言的事。探究其低落的原因，有以下四點[1]：

1. 考試時不以作文為主。高中聯考以及大專聯考，注釋、注音、改錯、翻譯等，所佔的分數比例偏高，與往昔純依作文分數為主，大相逕庭。如欲提高學生作文程度，作文在聯考的分數比重，似宜重新規定。

2. 一般人的心理重視數理，忽視國文。殊不知以一個中

---

[1]　參見〈作文教學及作文步驟之研究〉，高雄縣立五甲國中國文科教學研究會。

　　國人，不能寫出一篇通順的作文，縱是學好了數理，仍然要依賴自己國家的文字發表。

3. 作文教學方法有待改進。舊式教學方法既已落伍，新式教學方法，又未定型；亟宜集中力量，編成一部可資遵循的作文指導方案。

4. 寫作機會的不夠。寫作機會太少，也是作文程度低落重要因素之一，急需謀求補救。

參、研究方法與步驟

一、研究方法

　　本研究以「網路作文」及其參與者為研究對象。研究方法首重行動研究。其次是文獻探討，在研究過程中，經由研究日誌（研究者）、觀察日誌（觀察者），對上網操作過程進行詳細的記錄與即時的省思。此外，研究小組定期舉行小組會議，針對所蒐集的資料加以分析，作為修訂的依據。其具體方法如下：

1. 文獻探討

　　本研究的文獻探討有三方面：⑴教育、心理、資訊科技等理論，如建構論、認知心理學、數位學習觀點等。⑵作文教學模式與學習策略等，如融入式、探索式、統整式、多元智慧、導向式、互動式、情境式、合作式、競賽教學法等。⑶網路作文現況探討等。

2. 行動研究法（Action Research）

以「教師即研究者」（teacher as researcher）為主，在行動中實施研究。其模式如下：A（尋找問題）→B（釐清情境）→C（發展行動策略並放入實踐中）→D（公開知識與教學成果）。

在行動研究過程中，不斷針對行動的目的、方法及結果進行檢討、修正與形成新的行動，並在最後對整個行動的過程記錄，整理成一種可以分享與實踐的知識。本研究擬以行動研究法研發網路作文的競賽教學法、網站規劃建置與維運管理模式等。

3. 專家諮詢

邀請資訊科技與語文教學之專家學者和中小學相關教育人員等，針對網路作文比賽進行研討，並提出修正意見。

4. 觀察法

分為研究日誌（研究者）、觀察日誌（觀察者），對上網操作的各種情形進行詳細的觀察與記錄。

5. 內容分析法（content analysis）

在質性研究（qualitative analysis）過程中，有效益的方式是資料的蒐集和分析同時持續地進行。本研究將所蒐集的資料隨時加以分析整理，作為立即修訂的依據。並在行動實施結束後，將資料加以分類、整理，進行研究報告的撰寫。其過程

是：閱讀所蒐集的所有資料→建構初步的分類架構→再閱讀資料並進行編碼→重新建構研究報告架構→完成研究報告。

二、研究步驟

1. 競賽目的

（1）藉由網路超越時間、空間的特性，突破傳統以書面形式、命題作文、少數人為代表、定時定點的作文比賽。

（2）設計多元活潑的題型類別（如情境寫作、看圖作文、文章接龍等）與豐富的示例題庫，訓練學生作文書寫能力、敘事能力、描寫能力、抒情能力、議論能力、說明能力、綜合運用能力及應用文書寫能力等。

（3）藉由多媒體互動式網站，激發學生好奇、興趣與參與的動機。

（4）研發完善的網路作文創意比賽模式、網路作文創新教學模式等。

（5）激發學生之創意思考及實作能力，完成富有精緻創意與高實用性之創意作品。

（6）建立師生間多向互動，鼓勵團隊合作學習，學生自主學習。

（7）建立創意競賽新程序，增進創意競賽內涵，擴大創意競賽參與面，推動全校性參與。

（8）學生能由統整設計中得到語文基本寫作能力、資訊

運用能力、創造能力。

（9）老師在研發資訊科技融入作文教學模式與教學示例中，擁有創新知識的能力。

（10）能以網路平台統整家長、社區、網路等教學資源與人力資源。（如圖 8-1）

（11）能以單一入口網站，整合學校網站、班級網站、Xoops 平台、資料庫等。

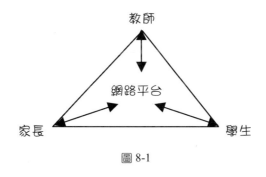

圖 8-1

2. 步驟流程

　　本研究計畫執行期間自九十二年十二月十七日至九十三年七月三十一日，共計七個半月，分為以下四步驟進行：

步驟一：準備階段──研擬比賽規章、設計題型、規劃網站

步驟二：內容製作與網站建置期

步驟三：實際操作期

步驟四：成果推廣與報告撰寫期

肆、研究期間及進度

一、研究進度甘特圖如下所示，參考下圖 8-2：

進度／年月／工作／項目	93 年 1 月	2	3	4	5	6	7
研擬比賽規章、設計題型、規劃「網路作文」平台							
示例內容製作、網站建置							
培訓（教師、學生）實驗（創製、平台、評審）全校比賽、評審							
成果推廣、報告撰寫							
累積進度	15%	30%	45%	60%	75%	90%	1

圖 8-2

二、本研究計畫執行，分為以下四步驟及進度進行：

步驟一：準備階段——研擬比賽規章、設計題型、規劃網站（93 年 1 月 1 日至 93 年 2 月 29 日）

進度一：研擬比賽規章（三和國中行政團隊）

    1. 擬訂「網路作文全校性創意比賽辦法」

    2. 擬訂「網路作文線上評審辦法」

進度二：設計題 C 型（三和國中教師團隊）

國文作文教學的理論與實務

1. 開發題型：如情境寫作、看圖作文、文章接龍。
2. 寫作表達能力分析：如敘事能力、描寫能力、抒情能力、議論能力、說明能力、綜合運用能力、應用文書寫能力。

進度三：規劃「網路作文」平台（師大研發團隊）

1. 整合學校網站（單一入口）。
2. 資料庫（師大研發團隊）
   （1）登錄系統：學生登錄、教師登錄、評審登錄、管理端登錄。
   （2）報名、投稿管理系統。
   （3）稿件分類管理系統：組別（個人組 A、團體組 B）、檔案類型（HTML、PPT、WORD、其他）、作文題型（情境寫作、看圖作文、文章接龍、其他）、表達能力（敘事能力、描寫能力、抒情能力、議論能力、說明能力、綜合運用能力、應用文書寫能力）。
   （4）評審批閱系統：技術組、內容組、創製組。
   （5）上傳介面（HTML、Xoops、FTP）。
   （6）成果展示系統（HTML、Xoops）。
3. 討論區（師大研發團隊）
   教師、學生（全校、班級、小組）、評審、工作坊成員等社群管理系統。

步驟二：內容製作與網站建置期（93年3月1日至93年3月31日）

進度一：「示例篇」

範例製作：三和國中教師團隊（12篇以上）

進度二：「研發篇」

研擬「網路作文創新教學模式」（師大研發團隊）

進度三：網站建置（師大研發團隊）

步驟三：實際操作期（93年4月1日至93年6月30日）

進度一：「培訓篇」

教師組：三和國中教師團隊。

第一波種子教師（隨時、多方）。【一至三月】

第二波全校國文教師（結合每週二上午的領域時間、段考期間等）。【四月初】

第三波評審教師（專業時間）。【四月初】

學生組：三和國中教師團隊、研發成員。

第四波全校學生（結合資訊課程、彈性時數、課外活動、社團等）。【四月初】

進度二：「實驗篇」【四月】

召集每個班級若干學生，做小規模創製過程與平台測試。

1. 創製流程實驗（三和國中教師團隊）

（1）引發好奇心與濃厚的興趣。

（2）鼓勵小組合作學習，並利用Xoops平台溝通討論。

（3）學習創製不同的檔案類型、選擇題型與書寫表達

方向。

（4）腦力激盪、構思發想。

（5）分工合作，設計與製作（創作內容、技術製作）。

（6）完成作品、上傳。

2. 平台測試（三和國中教師團隊、工作坊）

　※上傳技巧、通路的流暢度、速度、登錄與上傳平台的友善度等。

3. 評審流程測試（三和國中教師團隊、工作坊）

進度三：「比賽篇」【5月1日至5月15日】

推廣網路作文全校性創意競賽。

進度四：「評審篇」【5月15日至5月31日】

步驟四：成果推廣與報告撰寫期（93年7月1日至93年7月31日）

進度一：整理各項行動研究資料並撰寫報告。

進度二：撰寫總報告書、結報本研究案。

進度三：知識分享與應用推廣。

伍、創作與平台實驗

一、創作實驗與示例，如下表 8-1。

表 8-1　想像愛現　創意無限

單元名稱	網路作文之看圖作文		
教學資源	攝影器材	教學時數	90 分鐘
班級人數	40 人	教學場所	教室
教學對象	七年級、八年級	評量方式	實作評量
教學目標			

1. 透過作文教學，協助學生培養書寫表達能力。
2. 透過作文教學使學生學習相關的語文知識。
3. 由於現今資訊發達，期望在培養學生紙筆書寫能力之餘，訓練學生資訊能力，跟上時代潮流。
4. 配合九年一貫課程，結合國文教學與資訊領域教學。
5. 讓孩子體會網路資訊的無遠弗屆，學習資料上傳及運用資訊軟體的能力，不再只是停留於狹隘的線上遊戲與聊天室。
6. 與孩子實際生活情境相連結，設想問題情境，將抽象思維轉化成具體解決問題的能力。
7. 鼓勵學生用非書寫的方式表達，達到多元評量的成效，開啟孩子的多元智慧。（表達方式如：PPT 檔、戲劇、朗誦等……）
8. 發展自我潛能與創意並欣賞別人的作品。
9. 能夠與同儕分享成果，並給予他人適當的回饋。

配合十大基本能力	配合六大議題
1. 增進自我了解，發展個人潛能。 2. 培養欣賞、表現、審美與創新的能力。 3. 培養溝通與分享的知能。 4. 尊重、關懷與團隊合作。 5. 規劃、組織與實踐。 6. 主動探索與研究。 7. 獨立思考與解決問題。	環境教育 兩性教育 資訊教育 人權教育

表 8-1　想像愛現　創意無限（續）

教　學　步　驟
→引起動機（課堂上 5 分鐘） →教師講解課程學習單並指導學生完成（課堂上 305 分鐘） →教師批閱 →分享學習單（課堂上 80 分鐘） →團體組成果發表（課堂上每組 2 分鐘） →個人組成果發表（課堂上每人 2 分鐘） →檢討與回饋（課堂上 3 分鐘） →鼓勵孩子參加網路作文競賽（課後）

教　學　流　程
第　一　節　課
一、引起動機（5 分鐘） ◎利用簡單的圖畫，讓學生思考，引起學生的注意。 1. 先在黑板上畫一個圖，讓學生去聯想。  2. 待學生發表完後，接著畫第二個圖。請學生發揮創意，連結這兩個圖的相關性。 

表 8-1 想像愛現 創意無限（續）

3. 學生熱烈的討論以上兩圖後，再加上一個圖，讓學生做更進一步的組織與聯想。  4. 學生舉手發表。 二、講解學習單（3分鐘）（見附件一、附件二） 三、請學生完成學習單，教師從旁協助（305分鐘）
<div align="center">第 二 節 課</div>
一、分享學生作品（80分鐘） 二、分組活動（小組準備時間10分鐘，表演時間每組2分鐘） ◎活動內容：全班分六組，每組6人，選擇小組內學習單的內容，利用表演方式呈現。 　註：請學生避免使用不雅文字及人身攻擊等…… 評分方式：團結40%、創意30%、內容清晰30% 三、老師講評與回饋（3分鐘）
<div align="center">課 後 活 動</div>
◎鼓勵學生至 http://freebsd.shjh.tpc.edu.tw/cadme/ 　三和國中 2004 網路魔法學院 看圖作文區參賽，教師予以協助。 　（感謝陳蕙如老師提供簡案）

國文作文教學的理論與實務

陸、比賽與評審

一、比賽題目

（一）看圖作文是什麼？ 🌐 （如圖 8-3）

比賽題目：

圖 8-3

◎說明：你可以任選其中一幅圖畫，**或者**任選數幅圖畫，任意排列組合，並觀察主角的臉部表情以及狀態，想像主角在做什麼，想什麼，之後如何發展，甚至可以編寫成一個故事……，題目自訂。

（二）文章接龍是什麼？

比賽題目：

　　五點放學回家，打開了電腦，在網路上隨意瀏覽。隨意挑選一間名叫「老師 vs. 學生」的聊天室進入，一個暱稱為「中學生＝叛逆中的學生」傳了一個訊息給我：「hi，學生 or 老師？」

　　我……

（三）情境式作文是什麼？

比賽題目：

◎豆豆是一個很愛吃的小女孩，一放假，她總愛拉著爸爸媽媽吃遍台灣小吃，有一天放學回家，見爸爸和媽媽抱在一起哭，媽媽悲傷的看著豆豆說：「豆豆對不起，我們再也沒辦法帶你到處吃好吃的東西了，爸爸～～他～～～～他失業了。」豆豆聽到這個消息以後，雖然很失落，但是她想起爸爸媽媽以前那麼疼她，所以她決定要幫爸爸建立事業的第二春，下定決心以後，豆豆開始著手小吃廣告單的設計，如果你是豆豆，你要選什麼小吃賣呢？你會怎麼設計廣告單呢？

◎提示：別忘了多多利用我們學過的<u>譬喻、雙關、諧音</u>等修辭技巧喔！

柒、結論與建議

在創作示例的過程中，如何引發學生好奇與興趣、合作學習與溝通討論、選擇題型與檔案類型、構思發想、分工合作與創作內容、技術製作等，都是亟待克服解決的問題。

其中流程掌控、老師、學生的參與度，教師的自主性與學生的興趣轉移。評審階段的網路化審稿平台，也造成了不少問題。諸如：網路頻寬不足、安全認證等尚未成熟的介面。都使得不熟悉網路操作的國文教師深感畏懼。以下舉學生創作的作品，作為結論與建議：

「帶著我的夢遠走高飛」之一

　　在那滂沱大雨過後，我和它的童話也即將畫上了個休止符。但，在起比的那剎那，我希望她能夠耽誤個幾分鐘，聽我說完一則故事：

　　曾，有某陣風飄來，為了一株小草駐足，那風帶來了雨；撥開了雲，只盼望著小草能茁壯。日久，那風的期盼以有了果實，那小草已成茂盛的樹了，當那風想緊緊擁抱它時，它卻搖頭說，想要有個安定的根，而不是正流浪的風。風懂，雖然飄著雨，但依舊乘著風箏離去，並希望那樹能學習找尋水，且努力的往上抬頭，找到可看到晨曦的的方位……然而，當風走後，那科樹才發現，原來那風箏線都一直緊繫在自己的樹枝上，一直以來……風都在的。

　　這是我送你的故事，也是給你的祝福。希望你帶著它。（而我將持著另一頭線。）為你祈福。

「帶著我的夢遠走高飛」之二

　　曾經我們的生活是如此的美好，現在卻要遭受命運的作弄，有千百個不願意但還是要接受殘酷的事實，認識的短短一年中，你讓我學到了許多，是你把我從無底的深淵救了出來，是你讓我發現原來世界是這麼的美好！

　　你讓我學到了認真、負責、誠實、自信、堅強、快樂，你常跟我說「認真的女人是最美的」認真做每一件事情，不求結果如何，最終的結果必然是好的，這樣也對得起我自己。負責，對於自己所犯的錯要對自己負責，不要由別人來收拾自己

的「爛攤子」。誠實，對自己誠實，對父母誠實，對別人也誠實，誠實的面對現實中的生活，誠實的對別人不要虛偽。自信，勝利的關鍵往往在於自己是否對自己有自信，凡是對自己有自信，做時麼都事半功倍。堅強，學著像小草一樣的意志力，不管風吹雨打，雨過天晴變恢復原狀，遇到挫折不要輕易掉淚，而是要愈挫愈勇。快樂，快樂是每日得必備品，使自己快樂笑容滿面，做起任何事也會很快樂。

跟你在一起的每一天，每一天都很美，每一天都很快樂。感謝你從無底的深淵伸出溫馨的一雙手，拉了我一把，使我沒有愈跌愈深。當你看完這一篇文章時，也許我已經不在人世間，可怕的病魔帶領我到另外一個世界，我想跟你說：「希望你帶著我未完成的夢遠走高飛，我中心的祝福你。」

學生雖可以創造如此優美的文句，但錯別字也不少呀！（在起比的那剎那、那風的期盼以有了果實、那科樹才發現）誤用文字、贅字等，亦是批改的困難之處。學生努力的空間、進步的潛力仍有待加油。整體而言，初步的嘗試，已獲得不少的成效。看見學生喜愛寫作文，運用網路資訊的能力，結合文字之美，創造驚奇充滿創意的構思與文字，已是一大步的邁進。可喜的是，從學生興趣勃勃的參加過程，以及成果可觀的作品中，教師能重燃起對作文教學的信心與希望，開創嶄新的局面。相信不久的將來——九十五學年國中基本學力測驗，將加考作文，希望在這樣的變革之下，能使學生、家長、教師重視作文的重要性，教師能在作文教學上更有效率、更專業，也

期待能吸引更多學子喜愛作文，作文不再只是枯燥的作文了！

　　在考試領導教學及學生學習的現實情況下，國中基本學力測驗加考作文，是多數人認為有助提升學生作文能力的重要方法。現任的教育部長杜正勝主動提及國中基本學力測驗加考作文，這個議題立刻受到大家的熱烈討論，同時也造成一些家長的緊張，提出反對意見。

　　為了提升學生的語文能力，未來基本學力測驗加考作文——「語文表達能力測驗」，國中國文老師應及早作相關的教學規劃及準備。什麼是「語文表達能力測驗」？《國文天地》188 期：「語文表達能力測驗」是大範圍的作文，任何形式的作文都是一種語文表達能力測驗，合併幾種不同形式的作文，就是一份語文表達能力測驗。它的內涵包括傳統命題作文、翻譯、補寫、改寫、看圖作文、擴寫、縮寫、仿寫、新聞寫作、實用文學、文章賞析、聯想、引導式作文、閱讀作文等。回顧早期的高中聯招考試，國文作文除了命題作文，尚有短文寫作、引導寫作、看圖作文等，對於這樣的考試題型老師們應該不陌生。此外，大學的語文表達能力測驗也值得參考。以大考中心所公布的資料為例，語文表達能力測驗包含了修改、潤飾、新聞寫作、看圖作文、引導寫作等。試卷的設計是除了「題目」外，還提供充分的說明與書寫材料作為刺激線索，如：一段文章、一幅圖片、一首樂曲……等，使考生在接受刺激後，能從更多的角度思考問題，而後再表達自己的意見。

　　綜合上述，考量國中學生的學習歷程及能力，筆者認為未來國中學力測驗所要加考的語文能力表達測驗，應是以傳統命

題作文、翻譯、看圖作文、擴寫、補寫、改寫、引導式作文、閱讀作文為主。這一套系統的研發或許對莘莘學子有所助益吧！這是我們期待的！在資訊掛帥的時代，將語言、文字、圖像等訊息，透過電腦、資訊、網路多媒體等數位化的整合，正是時勢所趨，與人的生活亦息息相關。教師若能運用資訊的能力，將語文教學導入資訊中，如此學生才不致於漫遊網路而無所適從，甚者沈迷其中，荒廢怠惰，生活、學業將一事無成，實非教育工作者所樂見呀！

最後感謝劉渼老師的指導及所有工作團隊的努力，三和國中江書良校長、陳紅蓮主任的支持與鼓勵，以及全體國文教師的大力配合。更感謝黃詣峰、李璧菱、陳蕙如及國立台灣師範大學學生高弘杰、江宗斌、陳雅惠、江明晏等人的共同研發與創置，在此致上萬分的感激與謝意。

參考文獻

中文部分

高雄縣立五甲國中國文科教學研究會〈**作文教學及作文步驟之研究**〉

教育部國教司〈**六十二、六十三、六十八學年度國民小學六年級學生國語文能力評量研究總報告**〉

鄭博真〈**台南市國民小學國語科作文教學現況調查研究**〉，國語文通訊教育第十期

《國文天地》**188** 期

西文部分

http://ajet.kghs.kh.edu.tw/arkran/ 國文教學園地

http://www.vcollege.org.tw/smartcity/collegeteach/writing/index.html 中文寫作新樂園

http://www.csghs.tp.edu.tw/hic/page_1/com_list.htm 作文教學專區

http://www.csghs.tp.edu.tw/hic/page_1/com_06.htm 乘著思考的翅膀，飛翔於文字與圖像之間 陳智弘老師

http://www.hle.com.tw/bookmark/sky/10/10_01.asp 90 學年度北聯第一次模擬考看圖作文解析 萬芳高中 王昌煥老師

http://www.knsh.com.tw/magazine/01/033/3323.asp 生花妙筆非偶然 談作文教學的觀念和方法 賴慶雄老師

台北縣三和國中九十二學年度網路作文
創意競賽實施辦法

壹、目的：透過網路無遠弗屆的特性，開發教師創新教學能力
與學生個人創意潛能，跳脫傳統作文教授與習作形式，藉
此落實資訊融入語文教學，特舉辦此競賽。

貳、參賽資格：凡就讀於三和國中的學生，均可以個人或團體
形式自由報名參加，不限人數。

參、競賽辦法：

一、時間：自民國九十三年五月一日零時起至民國九十三
年五月十五日二十四時止（以檔案上傳時間為準）。

二、組別：無論個人組或團體組均有下列三種參賽組別：
a.情境作文組；b.看圖作文組；c.文章接龍組（以上各
組皆不限文類）。

三、內容：

（一）情境作文：由主辦單位事先於指定網站上公佈
指定的情境內容，參賽者需依指定的情境內容
創作。

（二）看圖作文：由主辦單位事先於指定網站上公佈
數幅圖畫，參賽者依此圖創作。

（三）文章接龍：由主辦單位事先於指定網站上公佈
一段文句，由參賽者續寫，並給予該文章結尾。

四、格式：每種參賽組別的作品均可以下列格式上傳繳交：

網頁檔（HTML 格式）、簡報檔（PPT 格式）、文字檔（DOC 格式）及其他創新檔案類型。

五、上傳繳交方式：

（一）參賽者需先至 http://comm.creativity.edu.tw/mus-zone，以學號為帳號註冊。

（二）上傳進入報名區，填寫報名表取得一組參賽序號，方得上傳其作品。此一參賽序號為檔案名稱。

（三）參賽者需於指定時間內將作品上傳至指定網址，逾時不再收件。

（四）DOC 格式與 PPT 格式的作品檔案大小限制為 5MB，HTML 及其他類型的檔案大小限制為 20MB。

肆、評審方法：

一、分成兩大部分評分後加總：

（一）作品部分佔分 70%，創作歷程佔分 30%。

（二）在作品部分方面，另包含實作技能的評分，分別是 HTML 格式佔分 30%、PPT 格式佔分 20%、DOC 格式佔分 15%。

（三）其他的分數再針對作品內容創意、契合主題、顯現原創性等項目評分。

二、就創作歷程而言，包括流程的完整性，如引起動機、合作學習（腦力激盪、利用 Xoops 平台溝通討論）、構思、學習創製不同的檔案類型、選擇題型與表達方

式、設計與製作、完成作品、上傳等。以及進度的掌
控、學習的自主性、方法與策略運用、資源的利用
（社區、家長、網路等教學與人力資源）等。團體組
加上成員的參與度、工作分配等，都是評分的參考依
據。

三、評審委員：

（一）本校聘請校內外專家、學者、教師擔任評審委
員。

（二）評審方式分為初審、複審兩階段。初審由本校
教師擔任之，複審由校外專家學者擔任之。

※各檔案類型配分圖請參見下圖：

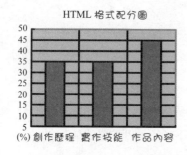

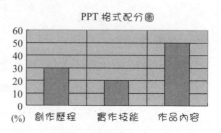

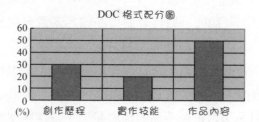

伍、獎項：

　　各類組除取第一、二、三名及佳作若干名外，並依各項特性表現設立特別獎項，發給獎狀、獎學金，如創意思考、實作能力、人文關懷、科技整合、善用資源、最佳人氣等特別獎項。

類組	獎項	名額	獎學金（圖書禮券）	備註
各類組（包括情境作文、看圖作文、文章接龍等三組）	第一名	一名（組）	2000 元	
	第二名	一名（組）	1500 元	
	第三名	一名（組）	1000 元	
	佳作	三名（組）	600 元	
	特別獎	三至六名（組）	300 元	

陸、其他注意事項：

　　一、參賽者需保證參賽作品為自行創作，絕無抄襲任何形式的圖文作品。

　　二、若參賽作品於評審前或評審後查出有抄襲之嫌，除取消其參賽資格外，已頒獎者需追回獎狀、獎品。

　　三、參賽作品不得加入班級、姓名、座號等個人資料，違者取消資格。

　　四、其他未盡事項隨時公告周知。

柒、本辦法陳校長核准後實施，修正時亦同。

三和國中九十二學年度網路作文創意競賽報名表

請沿線撕下交回教務處教學組！

班級	座號	姓名	參賽類別	備註	注意事項
732 範例	43 範例	王小明 範例	看圖作文 範例	個人 範例	請參賽者於備註欄註明個人或團體。報名者請參加五月七日（五）下午的網路研習課程。

※請於 4/30（五）放學前繳回教學組！

國文老師簽名：＿＿＿＿＿＿＿＿

國文作文教學的理論與實務

附件二

網路作文自我評量表

參賽代碼

> 各位參賽的同學們，這份「自我評量表」是要讓主辦單位更能夠了解各位同學創作的過程。正確地填寫將有助於我們得知你對這一次比賽的觀感，請各位花些時間，根據下列所舉出的各個方面，將這份「自我評量表」完成。謝謝。

1. 這一份作品除了自己創作以外，還跟哪些人討論過？
　　□沒有　□同學，＿＿＿人　□老師，如：＿＿＿＿＿＿＿
　　□其他，請說明：＿＿＿＿＿＿＿＿＿＿＿＿＿＿

2. 在討論的過程中，我所碰到的困難有：
　　□看不懂題目　　　　　□不了解該如何創作
　　□不知要怎麼收集資料　□沒有詢問對象
　　□其他，請說明：＿＿＿＿＿＿＿＿＿＿＿＿＿

3. 在你們的討論過程中，使你印象最深刻的一次是：＿＿
　　＿＿＿＿＿＿＿＿＿＿＿＿＿＿＿＿＿＿＿＿＿＿
　　＿＿＿＿＿＿＿＿＿＿＿＿＿＿＿＿＿＿＿＿＿＿

4. 當你發現你遇到創作上的瓶頸時，你會如何處理？
　　□尋求協助，如：＿＿＿＿＿＿＿＿＿＿＿＿＿
　　□利用現成資源，如：＿＿＿＿＿＿＿＿＿＿＿
　　□其他，如：＿＿＿＿＿＿＿＿＿＿＿＿＿＿＿

5. 除了自己的想法外，你還利用過哪些資源完成你的作品？
　　□書本　　□網路　　□其他，＿＿＿＿＿＿＿＿

6. 這份作品大致來說花了你多少時間完成的？
　　□半天以內　　□半天～一天　　□一～三天
　　□三～五天　　□五～七天　□其他，＿＿＿＿＿＿＿＿

7. 承上題，你覺得自己花得時間太多嗎？
　　□不會　　□會，為什麼？＿＿＿＿＿＿＿＿＿＿＿＿

8. 如果有機會讓你再重做一次，你會不會再以同樣的電腦創作方式呈現呢？
　　□不會　　□會，那麼你會選擇用哪種方式？
　　　　　　　□DOC　□PPT　□HTML
　　　　　　　□其他，如：＿＿＿＿＿＿＿＿＿

9. 如果請你給自己為這次的成果作評分，滿分為 10 分，你會給自己評＿＿＿＿＿分，為什麼？＿＿＿＿＿＿＿＿
　＿＿＿＿＿＿＿＿＿＿＿＿＿＿＿＿＿＿＿＿＿＿＿＿＿
　＿＿＿＿＿＿＿＿＿＿＿＿＿＿＿＿＿＿＿＿＿＿＿＿＿
　＿＿＿＿＿＿＿＿＿＿＿＿＿＿＿＿＿＿＿＿＿＿＿＿＿

附件三

魔法學院院長的話

　　大家好！我是「鄧不利多」魔法學院院長。沒錯！您確實已穿過九又四分之三月台來到了魔法學院。

　　歡迎大家進入三和網路作文創意競賽的城堡裡。為了讓各位同學了解本學院的特色、盡情享用城堡裡的精神糧食和各種遊樂設施，在這裡向各位介紹學院的環境。

　　首先，你要搭上往魔法學院的高速網路列車，通過三和國中的首頁，才能進入神祕的魔法世界。旅途中你會覺得很驚奇、訝異，感到不可思議；你會遇到許多冒險、刺激的挑戰；你也會結交志同道合、同甘共苦的朋友。你是否已經期待很久？歡迎你進入奇妙有趣的驚奇世界！

　　來喔！來喔！最新消息！剛出爐的小道消息、八卦新聞！你可以在這裡，打聽你想要知道的任何消息。當然，學院也會在這裡公布競賽訊息讓大家知道。

　　魔法學務處，這裡有嚴峻的校規、面惡心善的執法官，你千萬別違反規則呀！否則，佛地魔——那個人，可會使出令人恐懼心驚的方法來折磨你喔！趕快進去下載競賽規則，仔細研讀吧！

　　報名處，你必須在入學前，先透過分類帽，來確定你會分到哪個學院？你是平穩溫和的DOC學院，還是活潑大方的PPT學院呢？還是求新求變的 HTML 學院？你可以在這裡，選擇你想要去的學院修習魔法技能，加油！歡迎你的加入！

魔法潛能交流區，你可聽過學院裡有個魔法圖書室？所有疑難雜症，就讓它來幫你解決吧！裡面還有失傳已久的魔法、武功祕技，趕快來尋找吧！為了維護魔法學園的安定與紀律，記得留下你的基本資料喔！

魔法技能大補帖，哈！哈！來吧，到這裡來接受神祕的挑戰吧！看圖寫下你的創意吧！文章接龍，你能完成史上最精彩的結局嗎？歡迎你的嘔心瀝血之作喔！情境式作文，誘惑你身歷其境，激發你的感官潛能。你還在猶豫什麼呢？

魔法技能上傳區，修練許久的蓋世神功，魔法祕技，是否苦無試驗、練習的地方呢？哇！趕緊將你的作品送過來吧！心動不如馬上行動！啥？你還在猶豫？再猶豫，金探子都飛走了啦！

技能檢定，歡迎你參加百年一次的魔法學院技能檢定，這裡有最優秀的評審，最堅強的陣容，最公正的裁決！相信真金不怕火煉，期待我們的通知吧！等你喔！

給我問題，其餘免談！疑難雜症，全讓我來！保證藥到病除，打通你的任督二脈，有病治病，無病強身！來吧！來吧！

看見這座神祕階梯了嗎？寫信給我吧！魔法院長期待與你的進一步接觸！想知道院長的真正身分嗎？想知道魔法學院其他的祕密嗎？或者，有任何的看法期待與我們分享呢？神祕階梯永遠引領著你喔！

在這座學院裡，你是主角，亦是我們最在乎、關心的人，希望透過這樣有趣、活潑的學習情境與方法，你們可以獲得更多的技能與知識。也希望你們能更熱愛文學、活用語文，並留

下美好的回憶！再一次歡迎你，魔法學院感謝你的參與！

學院院長　　誌上

二〇〇四年四月十三日

網路作文示例

引導解說與示例：

壹、看圖作文：

一、什麼是看圖作文？

圖畫型

※定義：看圖作文，是以一定的圖畫為題材，根據畫面內容，按照不同要求去作文的一種寫作方式。即把原來用線條、色彩表現的生活圖畫用語言文字表現出來。

※特色：圖畫型作文要求作者根據命題人所給定的圖畫，進行合理的分析和想象，把畫面內容用文字描述出來。

※方法：看圖作文的步驟，定體→審圖→立意→聯想，換言之，鑽進去，站起來，飛出去，收回來。寫作圖畫型作文，首先應該細審畫面，讀懂畫意，對於畫面上的一人、一事、一景、一物，都不能放過。要弄清圖畫中人與人、物與物、人與物之間的關係。只有分辨清楚畫中的內容，才可據此寫出故事來，寫出人物形象來，寫出某種境界來。其次還要豐富細節，加以必要的補充。

※比較：圖畫的特點是瞬時性，畫家在畫人物時，總是抓住最具生發住的一瞬勾勒形象、創造畫面的。這一瞬或是兩個動作的過渡環節，或是某個動作的初起階段；風景畫面往往是

幾種事物的集合體。這猶如電影中的蒙太奇鏡頭，它們或是畫面與畫面的對接，或是畫面與音響的組合，或是畫面、音響、人物的融合。因此在寫作時應該統籌考慮這些因素，全面而又有重點地進行勾勒描繪。

※分類：看圖作文的類型：(1)看圖記敘。連環畫，把握內在聯繫，從整體出發，以連貫的語言描述；單幅畫，抓畫面特徵，展開聯想；童話畫，體會哲理，擬人作文。(2)看圖抒情。以照片、寫生畫為主，藉畫發揮，抒寫感情。(3)看圖說明。以生物、物品、工序畫為主，客觀解說畫中場景。(4)看圖議論。以宣傳畫、漫畫為主，引出畫面寓意，聯繫實際，寫出畫評。

（資料來源：http://ajet.kghs.kh.edu.tw/arkran/國文教學園地）

二、題目：下有兩則，任選一則。

※ 題目一：

※說明：觀察主角的臉部表情以及狀態，想像主角看到了什麼，看到後又有什麼情感變化，之後如何發展，甚至可以編寫寄件者與主角的故事……，題目自訂。

圖一
※ 示例一

「又寂寞又美好」

　　收到妳的信，妳說妳一個人旅行。在巴黎。

「從台北到巴黎，陪著我的，就是自己。看看我的手邊，其實我還擁有很多東西。

快樂，對我而言，原來不是那麼困難。只要吃到一塊超讚的蛋糕，都能讓我快樂。

在雜誌上看到巴黎有家好可愛的香水店，都讓我覺得幸福，光只是一張照片而已喔！我想是因為它讓我覺得『世上還有諸如此類很多值得去期待的事』，看著看著，我發現其實這世界還有好多美麗的景致我還沒去體驗。比佛利那僅此一家的 Stila 我想去看看（彩妝販賣機很炫）；巴黎 L'Ambroisie 鎮店名菜——佐黃酒跟羊肚菇醬的蛙腿（嗯吧？可是超有名喔！）；北歐的聖誕老人村（聽起來就有白色天堂的感覺）。我剛剛說的那家童話般的香水店 Annick Gouta（很多大明星都愛它呢！），或者是就在台北的東客麵包，它的可露莉，一生一定要去嚐一次。好多好多，都讓我期待。而這些期待，讓我覺得明天是美好的，因為有好多好多可能。雖然現在的我只能看看書上美麗的圖片，可是就好比出遊一樣，其實最快樂的是出發前一個晚上那種興奮到睡不著的期待。

快樂，突然變得好簡單。

我發現我是一個很簡單就能滿足的人。

一本書，一碗加了奶油的濃湯，就能構成我的快樂。因此，我應該要相信，沒有任何事可以阻撓我的快樂。即使是一個人逛麵包店，也是幸福的。

把它寫下來，是因為我知道妳懂。當然，也是希望自己不要忘了現在這份美麗的心情。我由衷希望，回到台北的我，不

會只是枯坐在電腦前等待他的隻字片語。

而是能邁開步伐，每天都為自己找尋一點簡單的快樂。

祝妳也祝我自己　天天都快樂！」

　　我只想說：會的！妳這麼棒，怎麼可能不幸福呢？

※ 題目二 ：

　　or

※ 示例二

　　有一個男孩子從小就學小提琴，他以成為一位享譽國際的小提琴家為目標，大家都對他有著很高的期望，所以他每天的生活就只有練琴。當他看到別的小朋友快樂地玩耍，但他只能關在琴室練琴時，他感到十分的不平，為什麼只有他要練琴

呢？他也想像別人一樣，或許因為這樣他失去了對小提琴的熱忱，他無法突破瓶頸，他開始思索他是否適合練小提琴呢？他失去信心一個人獨自飲泣，直到他看見一名悲傷的少女，他便跑過去問女孩是怎麼了，女孩說她覺得她已經很久沒有幸福的感覺了，所以她很難過，男孩希望能看到她重展笑顏，他想了又想，思索了很久，到底什麼是幸福呢？他希望他能夠替女孩帶來幸福，讓她重溫幸福的滋味。最後他決定，他要用心拉一首曲子給他聽，因為這是他以前覺得最幸福的事了。男孩試著找到他以前的感覺，為了女孩也為了他自己，他要拉奏出幸福的樂章。這天他經過了無數次的努力後，終於又再次讓那女孩開心地笑了，在同時男孩也終於找到了他自己的幸福，他發現原來他所擁有的是這麼的多。他不再只想追求所謂的名聲，他發現他要的只是簡單的幸福，只要這麼想，練琴就不再是一件苦差事。他也找到了他人生的目標，他要努力拉出令人覺得幸福的音樂，他要為人們帶來幸福，也因此他才發現原來幸福就在他自己的手上。

貳、文章接龍

一、什麼是文章接龍

※定義：將所提供未完成的段落，補成一完整的篇章。有補前、補中、補後三種方式。補後就是所謂的「接龍」、「續寫」。

※特色：如：九十學年度台中市育英國中網路作文比賽文章接龍：補寫下列語言材料中省略的部分，要加新式標點符號，

全文應合理、完整。

「母親的兩鬢又增添了幾許秋霜……母親真是我們家的守護神啊！」

※方法：進行這類型的寫作，要注意文章的一致性，如：語氣、體裁、人稱、人物性格、主題、背景等，整段文字必須具有完整結構和意義。

（資料來源：http://www.hle.com.tw/bookmark/jhs_ch/07/05.htm）

二、題目：下有三則，任選一則。

（一）說明：下面是一則日記的開頭，請用三百字左右寫成一篇完整的文章。

※題目：

　　五點放學回家，打開了電腦，在網路上隨意瀏覽。隨意挑選一間名叫「老師vs.學生」的聊天室進入，一個暱稱為「中學生＝叛逆中的學生」傳了一個訊息給我：「hi，學生or老師？」

　　我……

※示例：

　　我想了想：「中學＝叛逆中的學生？真是這樣的嗎？媽媽最近也這麼說我，我做了什麼嗎？可能我自己也沒察覺吧！可能媽媽的心態總是這樣吧！叛逆，是我們這個年紀必經的體驗嗎？或許中學生，可以是學習中的學生，反叛逆的學生啊！」

　　我也動手回了一個訊息給他：「我是學生啊！你呢？我是學習中的學生，我自己這麼認為啦！」

　　他說：「我是國中老師，面對的是一群叛逆中的學生。這

也是我自己這麼認為的，他們沒有一個這麼認為。不知道你的老師是不是也這樣認為，呵呵！」

　　我說：「我們導師對我們不錯啦！只有早自習、午睡會管我們，要我們安靜，其他時候就比較少跟我們接觸。」

　　他說：「我時時刻刻都在跟我的學生接觸，因為他們十分鐘就有狀況發生，一下誰和誰吵起來了，一下誰功課沒寫，一下誰打掃沒做，沒事的時候我倒也不會去盯著學生。」

　　我說：「媽媽在叫我吃飯了，我要當不叛逆的小孩，再見囉！」

（二）請運用想像力，幫這篇文章創造下文，用三百字左右寫成
　　　一篇完整的文章。

※題目：

　　今天到了學校，坐我旁邊的子宜就生氣地拉住我問：「你昨天晚上去了哪裡啊？我打電話到你家，你媽說你不在耶！我打了好幾通喔！」

　　我回答他說：「偶沒有啊！偶只是企偶鄰基家啊！」……

※示例：

　　我嚇了一大跳，說：「怎麼會奏樣？」我心裡想著：「到底是怎麼一回事？我怎麼講話變成台灣國語啦？我明明沒有要這樣講話的啊！」

　　子宜原本沒什麼特別的反應，看到我露出很驚惶的神色，才正經地問：「你怎麼啦？你幹嘛突然用台灣國語講話阿？」

　　我說：「偶沒有啊，偶也不租道偶怎麼會奏樣。偶走天明

明就粉正常啊！」子宜說：「那偶也要學你講話，哈哈！」

　　克仔也來湊熱鬧地說：「那偶也要，偶走天喝了三杯咖灰，都不會睡不著喔！」總務也說：「老書縮今天要花紅包給偶們耶！慶祝新年啦！」

　　我喝了一大杯水，很生氣地開口說：「誰叫你們學我的啦？我又不是故意這樣講話的。」我驚訝地發現，我講話恢復正常了耶！我繼續說：「你們那樣講話最好是有人聽得懂啦！一點都不好玩。」

　　上課鐘響了，他們都笑笑地摸摸頭沒說話，回到自己座位上了。

（三）當你有機會體驗時光機器時，你會有什麼反應？請用五百
　　　字接續下面這則文章。

※題目：

　　今天一踏出家門，就天旋地轉掉到一個時光隧道裡。有很多亮亮的畫面，可是都閃動得很快，根本看不清楚。我就一直不斷地往下掉，伸直雙手，碰不到任何物品，只感覺得到玩遊樂場裡的自由落體時那種俯衝的力量。

　　過了大概有三十分鐘的時間，我重重地掉到地面上，掙扎著站起來。一抬起眼，我不敢置信地睜大眼睛，眼前……

※示例：

　　眼前竟然是穿著古裝，手拿著泛黃的書冊，立在湖邊沉思的蘇東坡。在國文課本上，有他的照片，所以我才會認得。我不敢去跟他說話，雖然我對他的文章很欣賞、很喜歡，可是我

一想到，古代人用文言文說話，我就不敢開口。我怕對他們而言，我就像外國人一樣，根本聽不懂他們說的，說不定他們也聽不懂我說的話。或者，我會被當成異類，然後被當成展覽品，讓大家觀賞。

我想得太入神，被口水嗆到，很用力地咳了幾下。抬頭看蘇東坡，卻發現他仍是維持一樣的姿態。我大膽地走上去看他，發現他根本沒注意到我。我試探地問：「嗯～～你在做什麼啊？」他卻好像沒聽到一樣。自顧自地說：「欲把西湖比西子，淡妝濃抹總相宜。」我開始懷疑他根本看不到我。我拿手在他面前晃了晃，果然，我根本就是透明人嘛！

我鬆了一口氣，他們看不到我，那我就不用跟他們對話了。我把四周的環境掃描了一遍，發覺這裡真的美得像畫一樣，有一種朦朧的美感。看到蘇東坡本人，聽他念詩，感覺比較能體會課本裡作品的意境了。

突然，我身後有人拍了我一下。我回頭看去，嚇了一大跳，是我媽。我心想：「媽怎麼也會出現在古代？」我媽手提著一個便當，氣喘吁吁地對我說：「你忘了帶便當啦！快拿去！」望一望四周，是我家附近的公園。我拍了拍腦袋，說：「喔！謝啦，媽！我去上學了。」

參、情境式作文

一、什麼是情境式作文

※定義：將所提供的材料發揮想像力予以擴充，使其更完善、

充實。

※特色：寫作時要注意：

1. 不可改變原來的文體、內容主旨、敘述人稱及立場、文章主要架構。

2. 擴寫時可以選擇性的讓某個重要部分加大，其他部分則維持不變。

3. 不說與主旨無關的話，不發表個人看法，避免成為「讀後感」。

4. 根據內容適當分段。

（資料來源：http://www.hle.com.tw/bookmark/jhs_ch/07/05.htm）

二、題目

誰是最 hito 的廣告人？

帶著我的夢遠走高飛！

OH！我的夢中情人

構想一：

◎主題：我們都是「吃」情男女。

◎說明：台灣的小吃遠近馳名，請選擇一種小吃，為它設計一份獨一無二的廣告宣傳單。

◎注意事項：

1. 廣告內容至少應包括：

（1）店家名字。

（2）小吃特色。

（3）製作過程。

（4）選擇理由：台灣小吃有上百種，為什麼你要選這種呢，請說明理由。

※除了以上三者，還可以加上店家訪談記錄、推薦名單等等。

2. 包裝材料不拘：除了基本的文字包裝，還可以加入圖片、照片、繪圖等等。

3. 資料來源：所有從網路或書本上找到的資料，都別忘記註明出處喔！

4. 設計理念：引導學生將生活經驗與創意結合，此主題側重在資料的蒐集、搜尋能力以及描寫、說明、敘事和應用文書寫能力。

情境設計：

豆豆是一個很愛吃的小女孩，一放假，她總愛拉著爸爸媽媽吃遍台灣小吃，有一天放學回家，見爸爸和媽媽抱在一起哭，媽媽悲傷地看著豆豆說：「豆豆對不起，我們再也沒辦法帶你到處吃好吃的東西了，爸爸～～他～～他失業了。」豆豆聽到這個消息以後，雖然很失落，但是她想起爸爸媽媽以前那麼疼她，所以她決定要幫爸爸建立事業的第二春，下定決心以後，豆豆開始著手小吃廣告單的設計，如果你是豆豆，你要選什麼小吃賣呢？你會怎麼設計廣告單呢？

◎提示：別忘了多多利用我們學過的譬喻、雙關、諧音等修辭技巧喔！

示例一（word 檔）：

廣告單設計圖：

A 封面　　　　　　　　　B 內頁

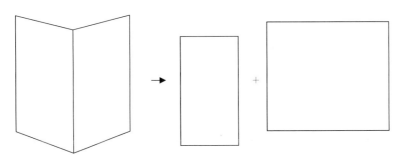

A 封面

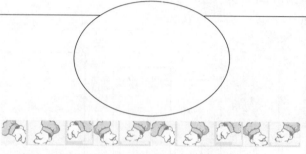

　　總是在人靜風高的黑夜，流傳著這麼一個古老的傳說：「『她』總是用濃濃的牛奶香，牽引著沉靜熟睡軀殼中飄蕩的靈魂。受盡呼喚的靈魂將掀開金黃色的地獄之門，流瀉的牛奶勾芡下，是鮮紅的蘿蔔、流淚的洋蔥，以及令人垂涎的墨魚、雞肉丁。老人們說：『下蠱的兇手不是她，只怪人類的味覺太敏銳！』」魔幻的歌曲未歇，她依舊高唱著：

「一種著魔似的美味；

只有進出棺材板間的人才知道。

——阿惠棺材板」

不要試圖抵抗她的呼喚
不要試圖忽略靈魂的聲音
阿惠棺材板的美味——挑逗人類的味蕾，挑戰你的極限！
連撒旦都說讚，任上帝也關不住的好滋味！

一客 **35** 元！

俗俗賣

傳說中的她：阿惠仔
魔幻專線：09081026
慾望街車：台北縣幸福村
好吃路130號

國文作文教學的理論與實務

附件五、三和國中「網路作文全校性創意競賽」網站架構圖

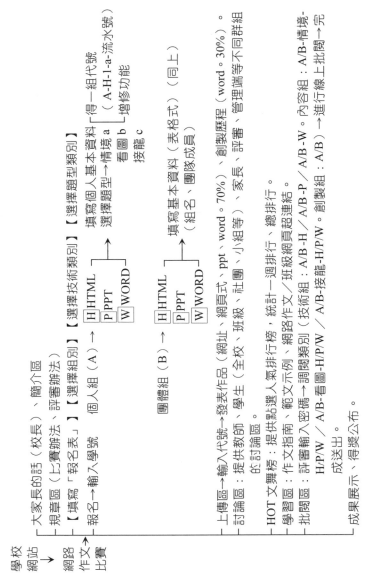

學校
網站 →
網路
作文
比賽

大家長的話（校長）、簡介區

規章區（比賽辦法、評審辦法）

【填寫「報名表」】【選擇組別】

報名→輸入學號　個人組（A）→

【選擇技術類別】
H HTML
P PPT
W WORD

【選擇題型類別】
填寫個人基本資料
選擇題型→情境 a
看圖 b
接龍 c

得一組代號
（A-H-1-a-流水號）
（增修功能）

團體組（B）→
H HTML
P PPT
W WORD

填寫基本資料（表格式）
（組名、團隊成員）
（同上）
創製歷程（word。30%）

上傳區→輸入代號→發表作品（網址、網頁式、ppt、word。70%）、創製歷程（word。30%）。

討論區：提供教師、學生（全校、班級、社團、小組等）、家長、評審、管理端等不同群組的討論區。

HOT文舞榜：提供點選人氣排行榜，統計一週排行。

學習區：作文指南、範文示例、網路作文／班級網員超連結。

批閱區：評審輸入密碼→調閱類別（技術組：A/B-H／A/B-P／A/B-W。內容組：A/B-情境-H/P/W／A/B-看圖-H/P/W／A/B-接龍-H/P/W／創製組：A/B）→進行線上批閱→完成送出。

成果展示、得獎公布。

Chapter 9

學習者中心教學環境的營造之研究

以資訊科技融入國小作文的創新教學為例

台南市東光國小教師
王全興、張嘉玲

壹、研究背景

　　教育是一項與人類併存俱在的事業，而「教」與「學」是教育過程中兩個最基本的成分，這兩者長久以來一直都是每個關心教育的人士，從哲學家到教育心理學者，從學生家長到社會各界都共同關切的主題（Shuell, 1993），而受到不同時代思潮的流變與環境更迭的影響，人們對教與學的觀點也會隨之變遷（江南發，2002）。

　　資訊科技（Information Technology, IT）是二十世紀末期發展最迅速的科技之一，其發展的狀況常被拿來作為衡量一個國家現代化的標準。因此為了使全民能普遍具有資訊科技素養，資訊教育（Information Education）或資訊科技在教育上的運用（IT in Education），遂成為現代教育所關注的課題。衡諸世界各教育進步國家，莫不積極地規劃、推展資訊教育，以教育其國民適應資訊化的社會。

　　九年一貫課程為資訊科技融入教學拉開序幕後，資訊教育總藍圖（教育部，2001）也隨之登場。為了達成「將資訊科技融入各科教學，使學習管道多元化，學習資源更為寬廣而豐富，增加學習的深度與廣度，提升學習的興趣，並可配合學生的需要，讓學生自主學習」的願景下，藍圖中所規劃的指標之一，即是要求教師在教學過程中，至少有五分之一的時間運用到資訊科技融入教學（張國恩，2002）。

　　為配合資訊時代的來臨，建置完善的教學環境，教育部整合「電腦輔助教學軟體發展與推廣計畫」，「改善各級學校資

訊教學計畫」，以及「TANet 至中小學計畫」成為「資訊教育基礎建設計畫」（執行期間為八十六年七月至九十六年六月），而教育部最近又積極推展培育的「資訊種子學校」。其目標皆是希望建立一個全方位的資訊教學環境，普及全民資訊教育，同時達到教學的目的。

有鑑於傳統作文教學之枯燥乏味，老師往往只是提供作文題目，學生只會模仿或抄襲，流於形式毫無創造與新意；另外，王全興（2004）的研究指出，國語文教師參與研習活動之內容需求中，在所有四十個題項，以「作文指導教學」需求程度最高（M = 5.02，六點量表）。再者，現今處於知識經濟的時代，所以本計畫欲以教師在資訊融入作文教學成長過程中，建構一套屬於資訊融入作文教學的介面（學生線上發表園地、學習討論區、網路同儕線上互評以及教師線上評量），同時探討教師如何實施教學與學生學習後的成效，並了解資訊科技融入作文教學時所可能產生的影響、實施的困難及問題。

貳、研究目的

資訊科技要應用在各教學活動上，就要結合電腦化的新系統或新的傳播方式於整個教學活動的每一環節上，那麼對於國小學童在領域學習、電腦操作和網路使用上都有很大的幫助。現今各項教育改革正如火如荼進行，本計畫欲以教師在資訊融入作文教學成長過程中，探討教師如何實施教學與學生學習後所帶來的成效，並了解資訊科技融入作文教學時所可能產生的影響，實施的困難及問題。而藉由教師觀察、訪談、學生各項

紀錄檢核表（包括態度表現）及教師反省札記，建立行動研究資料庫，以便尋找出一套可適用於資訊融入作文教學之模式。

參、待答問題

一、學生在資訊融入於作文教學後，其作文能力是否顯著提升？

二、學生在資訊融入於作文教學後，其上課注意力是否優於未使用資訊融入前？

三、經由資訊融入作文教學後，學生在學習時的學習興趣、學習效果，及師生互動是否比未實施時佳？

四、學生在學習後的學習表現是否更活潑、多樣化，並能增加學生創造學習的能力？

五、教師在準備教學資料是否更有效率、更完整且分類更齊全？

六、經由掃描電子化的過程及上網的呈現，能否使學生的學習歷程紀錄更完整，且能讓其他同學產生觀摩學習的效果？

肆、研究方法

一、研究方法：本研究所採用的研究方法主要為行動研究法（Action Research）。因此本研究係以協同行動研究進行，以每位教師的教學日誌與研究者的觀察紀錄提供個別教師思考與反省教學的資源；以教師團隊的教學會議作為整合創意教學策略行動方案的設計，並

再以教師修正後的策略模式進行教學；透過學生問卷調查，輔以佐證創意教學策略的價值性。另外在實際教學過程中均加以錄影及錄音，除了提供教師反省外，也作為教師團隊會議深入探討教學策略的重要依據。

二、研究對象：本研究的對象係為台南市東光國小高年級學生，每週利用綜合活動或語文領域上課時間至電腦教室實施教學，一共為期一年，觀察期從九十三年一月一日至九十四年一月三十一日。

三、蒐集資料方法：先透過教師在上課中的觀察與紀錄，了解學生學習時表現。每次上完課後，藉由學生學後成果、教師反省札記且觀賞影帶，修正各項缺失，以調整下次上課方式。最後輔以團隊教學會議，以尋找出一套適用於資訊融入作文領域教學之模式。

四、研究程序：

（一）界定分析問題：九十三年一月一日至九十三年一月三十一日

（二）擬定研究計畫：九十三年一月一日至九十三年二月十五日

（三）教學與蒐集研究資料：九十三年一月一日至九十四年一月三十一日

（四）檢討改進：九十三年一月一日至九十四年一月三十一日

（五）整理資料：九十三年十二月一日至九十四年一月三十一日

伍、文獻探討

　　學習者中心教育已發展很久，最先推行的教育學家為孔子與蘇格拉底（5th to 4th B.C.）。十七世紀，洛克介紹「體驗教育」（experiential education，著重學生在真切環境中的經歷。這種親身參與的學習方式，容許學生多作反思）。另外，仍有 Pestalozzi、Hegel、Herbart 及 Froebel 設計及推廣的以經驗為主、學習者為中心的課程。

　　十九世紀教育家 Colonel Francis Parker 帶此理論到美國。二十世紀 Vygotsky、Piaget 及 Dewey 將學習者中心教育融入課程中，成為當今盛行的建構主義（Constructivism）。

一、學習者中心的定義

　　McCombs 和 Whisler（1997）將學習者中心教育定義為：

1. 重視個別學習者（包含他們的遺傳、經驗、想法、背景、興趣、文化及需求）。
2. 重視學習（如何藉由教學活動有效的提高學習者動機及成就感）。

　　就此觀點，學習者中心教育包含學習者及學習，促使所有學生有效學習。至於管理者也有責任提升學校環境來增強學生的有效學習，同時教師也有責任提升教學技巧以促進學生有效學習。學校應致力於學習（包含教室環境、教師態度）及幫助每一位學習者發揮潛力。以下分述五點說明於下：

1. 學習者各自具有個別的觀點、環境、興趣及目標……等。

國文作文教學的理論與實務

2. 學習者有各種不同的差異，包含心智狀況、學習速度、學習方式、感受，及其他不同的需求。

3. 學習是一種過程，最佳狀況發生在對學習者有意義的情況下，或發生在學習者依其先備知識主動創造知識的時刻。

4. 學習最好產生在具正向人際關係及互動的環境中，使學習者覺得被讚賞、被承認及被尊重。

5. 學習是一個自然的過程。

二、學習者中心的哲學基礎

最早的教師強調個別的特色及品德。而最早對學習者中心教育具有深遠影響的是中國的哲學家孔子（551-479 B.C.）及希臘的哲學家蘇格拉底（469-399 B.C.）。

學習者本位教育是在有了教育之後才逐漸出現的，而正式的教育可以追溯到西元前三千五百年的蘇美人與其所遺留下來的文字，在五百年內，中國也開始建立了學堂，這些偉大教育學家著重在學生的個人特質還有公民權。

或許史上最早，且影響學習者本位教育最深的老師是中國的孔子和希臘的蘇格拉底。孔子著重個人特質和公民權，而蘇格拉底亦強調個體。孔子相信每個人在達到完美境界之前，都要努力不斷地自我發展（Ozmon & Craver, 1999）。而英國人培根和亞里斯多德則有不一樣的想法，亞里斯多德的方法已經流傳了將近兩千年，一直到現在還是非常受到歡迎。他認為需先提出假設，並從這些假設中驗證，就會發現許多想法上的謬

誤。了解這種方法之後，就會發現許多問題是有瑕疵的。培根警告說，如果我們一開始就遽下結論，最後往往會衍生很多問題。若是一開始先提出問題，最後就會得到結論。他堅持我們必須要免除一些會遮蔽想法的迷思，說道：「我們的思想被受限制是因為經驗不足、人云亦云、不清楚的語言，還有宗教及哲學的影響。」所以他堅持要用問題解決的方法，從分歧、誘導及歸納的想法，想像任何的可能性。

最早正式的教學方法是個別指導的，五千年以來，這方式還持續地流傳下去。雖然英國哲學家洛克推薦這種方式，但他還介紹另外一種觀念，就是假設每個人一出生時心智就像白紙一樣，唯一填補的方法就是透過經驗累積、經驗感受，並且在經驗上反映出自我。而洛克的教育哲學就產生了一種以經驗為本的教育觀念，洛克說心智是從何處得來的，答案只有一個，就是經驗。

瑞士哲學家盧梭是史上教育哲學家之一。在他出生時，他就寄住在別人家，而在他寄住的國家——法國，或許在當時是非常現代化的國家，所以孩子們看起來就跟小大人一般，而可能更糟的是，他們從小亦被如此地對待著。盧梭了解到這樣對待小孩是不自然且會傷害孩子們。在他個別指導一位叫做愛彌兒的男孩還有他姊姊後，他出了一本書，書名就是《愛彌兒》。

在這本書裡，他提到當時還無人知道的一種教育型態，就是融合了自然、本位和經驗的方法。他的用意是要保護小孩遠離腐敗的社會，並且讓他們自然地發展。當愛彌兒表現不好時，他的懲罰是透過自然方式而非老師本身。有一次，愛彌兒

打破了一扇窗戶，盧梭沒有抽打他反而忽略這件事，並且讓他嚐嚐冷風和冷雨的滋味。從此這本書就被保留下來，並且被廣泛地閱讀。

受到了盧梭的影響，一位歐洲人裴斯塔洛齊開了一間以學習者本位教育課程為依據的學校，他相信所有的學生在各方面都要受教育，就像植物被灌溉一般，他也認為老師應該尊重學生並且實施愛的教育，讓學校就像家一樣，而老師就像家長一般。雖然這間學校在教育上很成功，但最後還是因財務問題失敗了。後來在德國，福祿貝爾以小孩、學習者和經驗為中心的理念，開創了全國第一間幼稚園。

十九世紀初，Jefferson 響應了對公民權和個人的注重，說道：「如果一個國家漠視公民權，那這國家將沒有前途，不僅政府沒有功能，甚至人民也無法獲得資訊且安全。」（Ikenberry, 1974）

Parker 運用了解來取代背誦，學校的理事會被重新改造來支持這項新的改革，New York Tribune（Editorial Our Schools, Jan, 1880）認為，Quincy system 是可悲的讓美國系統重回到起始點。但是批評只會增加學校的名聲，在一八七八到一八八〇年之間，估計約有三萬多人參觀 Quincy 學校（Campbell, 1967）。

一八八〇年，波士頓學校理事會說服 Parker 將他的「Quincy system」帶到波士頓學校。當被要求解釋這套系統時，委員會說：「在注重這套系統的世界中，學生比較不會被當成機器看待，而比較像一個孩子。」

一八八二年，在芝加哥附近的 Cook country 師範學校的代

理人聽到 Parker 在波士頓學校的成功，就要求他來接管整個機構。在一八九○年代他的理論在教育上有了卓越的成效。我們將它稱之為中心理論（Theory of Concentration）：在這理論最主要的一點是著重在孩子身上而不是課程題材（Parker, 1901）。

一八九九年，在 Parker 接任 Chicago Institute、Academic 和 Pedagogic 的首長時，身體健康開始變糟。一九○一年，有十年歷史的芝加哥大學建立了教育學院，芝加哥大學有了師範學校，並且讓 Parker 成為第一任的院長。哲學心理和教育學系的首長杜威之後接替這個位置。一九○○年，Parker 回到新罕布夏，並且在隔年開設了新的學校。在六十五歲的時候，Col. Frances Parker 過世了。

杜威（1859-1952）以他的長壽（92歲），在教育和哲學上發揮了比任何美國人更多的影響力。杜威受到下列這些人的影響：洛克的白板（tabula rasa）；培根的科學方法（scientific method）；康德的實用主義（pragmatism）；皮爾斯的思想淨化主張和他的信念：任何思想的心靈領會是根據真實經驗的見解；詹姆斯的信念：真理和經驗是不可分開的，而且像生活經驗是連續不斷的事件。

杜威的成果具有很大的影響，因為他認定每個小孩都有心理和社會空間，而且為了讓教育更有成效，必須開始了解孩子的能力、興趣，以及幫助孩子在這社會養成良好習慣。而想要保護孩子使之不受到社會傷害的盧梭卻持相反意見。杜威（1987）相信，社會環境是孩子發揮潛能的唯一方法。他相信學校是社會的縮影，而且教育本身就是生活而不是為了生活作

準備（生活預備說）。

　　杜威視生活為連續更新和一連串正在進行的試驗，在芝加哥大學，他建立了國家第一所實驗學校，學校的課程是一系列解決問題（problem-solving）的活動。

　　杜威的實驗學校變得非常受歡迎，以至於每個州都有一個或多個實驗學校。不幸地，為了節省開支，大部分非常成功的學校已經廢除了，而且將近一百間殘存的學校已經取消第二學期（Campbell, 1967）。假如需要這些學校的列表和這些學校更進一步的資訊，請看國家實驗學校協會（National Association of Laboratory Schools, 1891）。

　　杜威對於學習者中心教育（learner centered education）的看法包含教育應該是以問題和樂趣為基礎。若沒有產生生澀的問題，就沒辦法獲得經驗，因此問題可以促進思考。這些評論出自於他的書「經驗和教育」，此評論似乎暗示課程應該依據內容和經驗來制定，但是這將會被嚴重的誤解，因為杜威認為，每位學習者的經驗是由每位個別的學習者而來。杜威曾說過，每個經驗會提高學生的學習慾望並且解決每個問題，甚至衍生出和新主題有關的問題。

　　類似的想法使杜威能夠更進一步發展學習者中心教育理論（Theory of learner-centered education），這些想法就是他所稱的附加學習，附加的學習被認為是最珍貴的學習，此學習包含了我們的情感成分。杜威認為這種形式的學習者中心教育是最珍貴的。

　　附加學習在持久態度方面，在喜歡和不喜歡方面，通常遠

比學習拼字課程、地理，和歷史課程來得重要許多。這些態度在將來會被認為是基本的，最重要是形成繼續學習的態度。

學習者中心教育在一九一九年被進步教育協會進一步推展。這進步的運動（Progressive Movement）全盛期直到美國進入第二次世界大戰（1941）才結束。被大家所知道的學習者中心教育較大規模評估是八年研究（Eight Year Study），進行的時間由一九三二年到一九四〇年。研究指出學習者中心教育在各方面都類似或優於傳統的教育。一些學習者中心教育（learner-centered education）優於傳統教育的優點包含學生：

1. 能達到更高的等級。
2. 能獲得更多的學術榮譽。
3. 能發展更聰穎的好奇心。
4. 能發展更優秀的創造力。
5. 能發展更優秀的領導能力。
6. 能變得更會察覺時事。
7. 能變得更客觀。

不幸地，隨著一九五七年蘇聯發射人造衛星，許多評論者批評進步的學習者中心教育，使得美國學校在太空競賽中落後，因此這些評論者與批評者重回到傳統基本教育。

許多的批評家譴責「革新的」學習者中心教育使得美國學校在太空競賽方面落後。這些批評家重新倡導回到傳統的基礎教育。當所有哲學家將焦點著重在學習者先驗知識時，某些狀況牽涉到學習發生，但這些學者是哲學家，因此，任何嚴謹的學習者中心教育的討論必須包括心理學家對學習和教學觀點上

去檢驗。有人認為嚴謹和合適學習者中心的教育理論，應該有一個心理學的理論基礎去支持它。

三、學習者中心的心理學基礎

二十世紀，有些心理學的發展影響到學習者中心的發展。這些發展包含認知心理學、建構主義，以及外在環境的營造。

（一）認知心理學

在二十世紀中期，心理學家們提出一套可觀察、量化的研究方法及觀念，都是在探討行為認知上的影響和最終的認知力量，這力量是塑造學習者成為未來各種類型的人。Combs（1962）在管理人及課程發展的協會編輯年鑑中，標題是認知、表現、轉化，這些標題指出，如果學生自我認知是好的而且是值得尊重的個體，他們將會努力去保護這個形象；但是，如果他們自我認知是不好的而且沒有價值，他們將會失去信心。

教師有極大的力量去塑造學生的行為及未來成長的狀況，端視教師如何對待學生，有趣的是，教師常常沒意識到他們如何對待他們的學生。

舉例來說，Good 和 Brophy（1997）列出一些方法，指出教師在不同的地方有意識或無意識的對待高成就及低成就學生。

1. 給低成就學生較少時間回答問題。
2. 給低成就學生答案或另叫別人回答，而不試著利用提供線索方法、重複問題，或改變發問方式去改善他們的回答。

3. 不適當的增強；對低成就學生不適當的行為或錯誤答案的回饋不恰當。

4. 常批評低成就學生的失敗。

5. 較少讚揚低成就學生的成功。

6. 對低成就學生公開的回答不給予回饋。

7. 對低成就學生通常較少關注或較少的互動。

8. 較少叫低成就學生回答問題或問他們簡單、不必思考的問題。

9. 將低成就學生安排在離教師較遠的座位。

10. 對低成就學生較少要求。

11. 與低成就學生私下的互動較公開來得多，而且更嚴密地監控他們的活動。

12. 不同的管理或測驗評分及任務中，高成就學生會比低成就學生在事先就得到較多的幫助。

13. 跟低成就學生較少友善的互動，包括較少微笑和其他非語言的提示。

14. 對低成就學生在問題上簡短及較少資料回饋。

15. 在互動上，對低成就學生較少眼神接觸和其他非語言溝通的注意跟回應。

16. 當時間被限制時，對低成就學生會較少運用有效但浪費時間的教育方法。

17. 較少接受或使用低成就學生的想法。

18. 給予低成就學生貧乏的課程（過度的限制和反覆性的內容，強調反覆的背誦比延伸課程探討為佳，強調訓

練和練習的工作較應用及高階層的工作為佳）。

Combs（1962）和他的同事發現一個過程，這個過程是年輕的人們成長成健全心理和成為適當的成人所必備的。這些認知心理學家認為這是所有教師都應了解的問題，就是強調效率，有效教師認為效率對他們的學生和他們自己是非常重要的；他們相信他們的學生有能力達成高層次的階段，而且他們有能力確定他們做得到。

學習者中心的教師能自然地對自我概念定位的發展藉由以下三點達成：(1)設計問題來挑戰學生並在他們的能力之內；(2)鼓勵他們成功；(3)表彰他們的成功。依據認知心理學，學習者中心教育實質上是為了健全的發展。

與 Combs 同一時代的教育學家，Kelly 說：成長本身必定讓人感到困惑，真正的未來如何，在某種程度上它幫助塑造自己的命運，將所有人的命運繫在一起。這些宣告回應了自然的學習者中心教育，它們解釋了將學生置於教育中心和積極角色的需求。不僅如此，Kelly 指出：當學生忙著這些能讓他們發展得更好的活動，他們甚至能幫助同儕改變命運。但如要養成正面的自我發展，教室內必定要相對地開放學習環境及避免恐懼。

教室內的競爭學習必定要被合作學習所取代。要成為一般人，就要將自己定位在二種角色，杜威相信對所有學校而言是最重要的目標；發展自我和發展公民觀念。學習者中心教育是一個很值得推薦的方法，可達到上述二個目標，Combs 說：一般人常常擁有很深的責任感或義務心而且具民主傾向。Combs

（1962）說：「大多數的人都具有深的責任、義務、感覺官能、思維、辨識力，以及樂意使用民主的言語來表達。」

在《民主與教育》這本書中，杜威認為每一個時代的民主必須是再生的，以及這一時代的教育亦需重生。很清楚地，杜威將教育視為保留民主社會的要件。而民主和教育兩者是互惠及共享的。亦如：教育是民主社會的基本要件，而民主是教育的先決條件。Garrison（2003）將民主功能的重建與更新比喻像社會地位的流動，假若教育欲傳達社會的價值和制度，民主在某種活動中就具有重建的意涵。

（二）建構主義：一種對學習者中心的新看法

建構主義是一種以學習者中心的理論，它認為要學習任何事，每位學習者必須建構屬於他或她自己想法和知識，同時將新訊息和先備經驗相連結。建構主義有兩個主要部分，其中之一為「強調學習者間的互動」，另一個則是「重視及尊重每一位學習者的看法和見解」。

在一九二○年代早期，俄國心理學家和社會學家Vygotsky研究學生間的互動，他認為學生小組間的討論是為了解決問題，學習者能夠交互表達自己的想法直到問題獲得解決，同時，還能夠將自己組的看法呈現出來以便幫助其他組的成員。這種群體解決問題，遠比自己解決問題更具效率。

Vygotsky運用此一系統，亦即現在所稱的合作學習，去激勵每一個學習團體進行合作。同時保留每一組的紀錄過程，成員必須成功地幫助他們的同伴了解和解決問題。這樣模式明顯

有別於傳統教育，亦即以學習者為中心，而非教師為中心；是
主動的而非被動的；是以問題中心的；以及以合作為基礎而非
競爭為基礎的。因為建構主義者相信個別者必須建構屬於他
（她）自己的知識，他們相信所有的知識並非永久不變的。

　　另一種強調個別化學習者是另一位有助於建構主義的心理
學家 Piaget，Piaget 強調將學習者視為個別化，透過個別及有
效的學習以解決所面臨的問題。

（三）環境的營造和佈置

　　文獻的閱覽有助於營造出學習者中心的教育環境，其項目
包含如下：

1. 教育應該以學生經驗為中心。
2. 當教師計畫學生經驗時，需注意每一位個別學習者皆
   有屬於他自己的特質和性向。
3. 學習者認知能力應與環境相結合。
4. 應該提升和支持學習者的好奇心。
5. 最佳的學習應該是包含情感成分。
6. 學習環境應該是自由的，以及免於恐懼的。

以下簡短討論上述每一部分：

1. 教育應該以學生經驗為中心：洛克相信個別化的學習
   是藉由經驗，維果斯基認為所有學習是透過先備經驗
   去嘗試新的事物，同時皮亞傑等人亦相信最佳經驗產
   生在學習者操弄事物及解決問題，而杜威亦強調做中
   學以獲得實際經驗。

2. 每一位個別學習者皆有屬於他自己獨一無二的特質和性向：洛克相信教育經驗的計畫應該重視學習者。一個好的情境營造應該告訴學習者如何進行，並建議老師觀察學習者的學習以及如何佈置出符合學習者的環境。若能如此，這樣的教學環境才能符應每一位學生的需求（Garforth, 1964）。

3. 學習者認知能力應與環境相結合：洛克清楚描述在遊戲中學習的重要概念。以學習者為中心的老師們必須學會營造適合學習者認知能力的教學環境（Garforth, 1964）。

4. 應該提升和支持學習者的好奇心：洛克了解好奇心是引導學習的重要部分。他建議老師要經常回答學生的問題及傾聽學生的想法。杜威亦明確地指出透過學習者的活動去提高學習者的好奇心。

5. 最佳的學習應該是包含情感成分：早期杜威曾經寫過關於「附加學習」或「包涵情感的學習」的文章，也許所有偉大教學法的錯誤看法：即是一個人在學習的同時，只學習主要、特殊的事情。附加的學習存在於持續性態度中，在喜歡或不喜歡中，遠比拼音課程、地理或歷史的學習還來得重要。Maslow（1973）也有相同的看法，他將情緒與學習的連結稱作為「內在學習」。當 Maslow 回顧他一生時，發現最佳的教育經驗，最重視的是高度的個人化、主觀性、切身的情緒與認知的連結。有些洞察力產生於各種因素的交雜，

是在一種自律的、緊張的、系統性情緒的爆發，同時感覺非常好的環境中。

6. 學習環境應該是自由的，以及免於恐懼的：洛克提醒老師，愛和無恐懼，是一種激勵孩子對自己負責。盧梭覺得不友善的孩子需要來自社會的保護。裴斯塔洛齊認為老師們應該是學校及家庭的好伙伴。他承諾將學校中的恐懼移除，主要是受到福祿貝爾、赫爾巴特、蒙特梭利的影響（Garforth, 1964）。

四、學習者中心之教學環境營造

就傳統上而言，科技與媒體早已被用來從事教學，亦即利用科技與媒體來傳遞訊息給學生，期盼學生能夠了解那些訊息而從中學習。隨著教學媒體的發展和進步，雖然傳統的教學也會加以配合和運用，例如使用投影片、幻燈片、電影、錄影帶等媒體進行教學，但是教師往往是把這些媒體作為團體教學的輔助工具，目的只是為團體教學時充實教學內容或增進團體教學的績效，而不是為滿足學生個別化學習的需要，因為學生對這些媒體都只能採「接受式」的觀看，而無法與其產生「互動式」的溝通（江南發，2002）。

面對學生特質的多元性、社會對人力素質的新需求，及建構主義對認知革命的再造，人們將「學習者是等待填充知識的容器及學習是片斷知識的累積或灌輸，教師的工作是對學習者填滿知識或資訊，學習者負責接收知識」的傳統觀，轉變為強調學習歷程的動態性，「學習者是盞探照燈，從事連結、解決

問題及建構知識，教師只是學生主動性學習的促進者」的新觀點，這促使多數教育工作者認為教學是在激發學生的學習過程技能而不是具體事實的背誦記憶（Simonson & Thompson, 1997）。欲此，作為一個有效能與效率的教師，必須具備擅於整合運用教學科技與媒體於教學之中的素養和能力，亦即懂得教導學習者如何釣魚或狩獵，讓學生在資訊的尋求與知識學習的過程中扮演主動的角色，不是只會提供現成魚獲或獵物給學習者而已（江南發，2002）。

教學科技是有關人類學習的科學知識在教與學實際工作上的應用（Heinich, Molenda, Russell, & Smaldino, 1999），它是人類學習的研究與實際教學問題之間的橋樑，亦即是轉移和應用有關人類學習的基本研究結果，去產生教學設計的原則與過程，及硬體產品以增進教與學的效能。就傳統上而言，媒體與科技早已被用來從事教學，亦即使用媒體與科技來傳遞訊息給學生，期盼學生能夠獲得更快、更多的訊息而從中學習。

配合現代教育改革的新取向，教學科技的應用則已經從幫助團體教學改變為幫助個別化學習，而電腦的出現正與這種重視個別化取向的時機相符合，為學習者中心的教學環境的營造帶來可能性，使這一波的學校改造燃起新希望。因為科學發展所導致個人電腦科技的突飛猛進，它對學生的輸入可提供幾乎是及時性的反應，能夠大量的儲存和操作資訊，及其他媒體無法匹敵的可提供許多學生同時使用的能力；加上軟體設計的日新月異、網際網路（WWW）的急速擴張、數位與類比技術的整合及互動式媒體（interactive media）的研發，使資訊的傳達

由平面的文字、圖片、聲音的單向輸出轉變為立體的聲音、圖形和影像結合的多媒體（multimedia）和超文件（hypertext），電腦輔助教學（computer-assisted instruction, CAI）與電腦管理教學（computer-managed instruction, CMI）工具不斷推陳出新，遠距教學（distance education）的研究，虛擬實境（virtual reality）教室的發展，使電腦科技比其他媒體加的人性化與個別化，能夠提供學生實際動手的學習經驗，提升學校發展高品質學習環境的潛能，為學生開啟進入龐大序列新學習機會的一扇門。

　　在學習者中心的教學環境中特別重視的是學習者的主動參與，而電腦應用在教學上最被強調的特性就是其主動性與互動性，它們能夠強力地促進學習者主動性學習、與他人合作、精熟課程教材，及學生自己可以掌控整個學習的過程，允許學生以自己的步調去學習。尤其數位化的學習科技，能夠從事許多和傳統教學媒體相同甚至超越傳統教學媒體的功能，致更能夠適合運用於以學習者為中心的教學環境。歐布萊特（Albright, 1999）指出電腦新科技可增加學生深度學習，培養學生探索精神、促進知識的建構及發展領悟力，培養創造性並使學生對創造成果能不斷的修正改善，提供大量的資訊，讓學生能夠獲得即時有用的訊息，擴大課程討論的範圍，並能得到專家及世界上其他任何地方資源人士的參與，提供滿足學生個人需要的學習經驗，並去適應不同的學習類型，幫助學生為日後工作需要做好準備而從事實際性的學習，促進學術性研究工具的學習，促使課程擴大範圍到遠距學習者。因此，在這資訊爆炸的時

代，以電腦為主的教學科技成為營造學習者中心教學環境的最佳工具。

電腦在教育的領域中可應用在許多方面，泰勒（Robert Taylor）將其分為「電腦可作為教師、助手及學習者」等三大類應用方式（Newby, Stepich, Lehman, & Russell, 2000）。由此，我們可以將電腦分別擔任教師、助手及學習者三種角色，來營造學習者中心的教學環境。

在「電腦作為教師角色」的環境中，我們可以用電腦作為教學的機器，提供教學的活動情境、提供測驗及互動的要求、評量學習者的反應、提供回饋，及決定適當的追蹤活動，以幫助學生從事練習（drill and practice）、個別指導（tutorial）、模擬（simulation）、教學性遊戲（instructional game），及問題解決（problem solving）等。電腦具有很高的互動性、個別性及極大的耐性，學習者中心的教學環境就是要利用這些電腦化教學的優點。

在「電腦作為助手角色」的環境中，電腦可以幫助學習者從事例行工作的進行，它可作為打字機、檔案系統的手冊、商業上的工作單、藝術家的畫布、製圖桌等。在這類使用上的軟體應用程式包括文書處理、繪圖套裝軟體、演示軟體、資料庫、試算表及電子傳播程式。利用這些電腦軟硬體來建構的學生中心教學環境，教師可利用電腦來創造教材與管理教學，學習者可以把電腦作為助手，使用電腦完成學期報告或演示，及利用軟體工具來幫助自我學習。

在「電腦作為學習者角色」的環境中，電腦變成「學習

者」，而學生變成「教師」，讓學生教導電腦去從事某些工作。為達到這個目標，學生必須了解某些問題內容或知道如何執行工作，然後以電腦能夠了解的方式與電腦溝通，亦即設計程式或引導電腦去做某些事情，這通常需要組織、邏輯思考和問題解決的技巧，因此這是應用電腦營造學習者中心教學環境最具價值之所在。

　　總之，電腦乃是營造學習者中心教學環境最佳工具，因為它提供學習者主動探求知識、自己重新解釋訊息和經驗，學習的動機是知識本身的探求所引起，而不是成績或其他的獎賞、與他人一起建構社會性的意義，及了解自己的學習策略，並能將這些策略應用到新問題或情境上（江南發，2002）。

五、資訊融入科技

　　資訊科技融入教學的內涵不再只是單純的學會電腦，而是要應用電腦於課程教學或課堂活動中，讓電腦幫助教師教學，幫助學生學習（吳正己、吳秀宜，2001）。而顏永進、何榮桂（2001）提出六種資訊科技融入教學的策略，說明於後：

（一）資訊的探究與整理：網路上的網站發展漸趨成熟後，此種方式成為許多教師最常引用的融入策略；即教師提出一個主題，然後要求學生上網搜尋與主題有關之資料，完成主題所要探索之相關課題。資訊的搜尋固然是一種必需的技能，然而對學習活動而言，更重要的是對資訊的判斷、分析與整理的能力。此外，教師也應該適時地強調智慧財產權的觀

念，同時，也應要求學生對於資料的出處詳加說明，尊重資料的提供者。

（二）科技產品的運用：Keaten和Richardson（1993）在探討科技融入教學時，曾就幾何圖形的教學應用舉例說明，在結束幾何圖形的教學後，為讓學生展示對於此概念的了解程度，可以讓學生帶著數位相機在校園拍照，利用簡報軟體展示成果，並解釋照片中的每一種形狀。同時強調這項活動的主要目的不在使用科技產品，而是要讓學生能以更有意義的學習方式來評估自己對於幾何圖形的了解程度。當教師在將這些科技融入教學過程時，應當也要有這樣的認知。

（三）心智工具的融入策略：心智工具（Mindtools）包括試算表（如Excel）、資料庫（如Access）、語意網路工具（如TextVison、Inspiration）、專家系統、多媒體及超媒體等軟體或工具，以及程式設計（如LOGO、Prolog）等。使用心智工具旨在促使學習者主動建構知識，以反應其對知識概念的理解程度，而非簡化學習者處理資訊的歷程。

（四）透過網路的合作學習：網路通訊的發展，成為許多教師分享教學資訊的便利媒介，而對於合作學習來說，網路更是一種理想的合作界面。以 email 的應用為例，教師即可與其他縣市的學校合作，進行跨校的學生信件聯誼，一方面可以融入語文科的信件

寫作教學，二方面也可讓學生擴展接觸面。

（五）問題導向的融入策略：「問題導向學習」可培養學生批判思考及反思的技巧，從問題解決中，提升學生的創造力，非常符合情境學習理論所強調的「提供學習者『真實的學習情境』」（王千倖，1999）。

（六）資訊科技融入學習評量：在教學歷程中，評量為一承接轉合的關鍵，其目的在於分析教學得失及診斷學習困難，作為實施補救教學和個別輔導的依據。近年來甚受重視的一種評量策略即是歷程檔案評量（portfolio asessment），歷程檔案本身是一種評量工具，同時也是學習者的一種學習歷程。然而傳統學習歷程檔案卻有資料儲存、搜尋與管理上的問題，若能讓學習者利用合適的資訊科技來發展並保存學習歷程檔案，對教師而言不但存取評鑑方便，學習者也會因為學習成果將永久保存而更為投入。觀察今天的教室環境，每位學生的紙張式學習歷程檔案掛滿教室四周，而這些學習成果能保留多久？一個學期？還是一個星期？學校若能有妥善的檔案備份系統，每位學生在畢業時也許都可以帶著一張數年來的學習成果紀念光碟離開學校。

六、同儕評量

同儕評量的理論基礎為分散式建構主義（Distributed Constructionism），此理論主張學習是學習者以自身的經驗，依照

個人興趣，以討論、分享、合作三個方式主動建構知識的過程，這樣建構新知識的效果是最好的（Resnick, 1997）。

　　傳統的評量方式是教師教學後指定作業，學生在期限內繳交作業，教師評分後發還給學生，沒有同儕評量的回饋。而同儕評量的活動是教師教學後，學生在期限內繳交作業，由教師將作業分配給其他學生相互評量，學生由學習者角色轉換為模擬教師的角色，完成互評後發還給學生，學生根據同儕的評分與評語繼續修改作業，重複數次流程後完成同儕評量，使得學生們的作業因同儕評量的回饋後得以修改得更理想，學生因此促進相關的能力。

　　綜合上述說法，同儕評量是學習者運用正確、熟悉的知識，在擬真的學習情境中，模擬教學者的角色，對相似學習背景的學習者，進行學習表現的評分、評等、建議，作為作業再修改的依據（Falchikov, 1995; Topping, 1998）。同時在相關研究指出，以各種評量方式實施於各項學習領域，能讓學生從評量的過程中得到相關技能的發展與更多知識，有助於學生高層思考能力的發展（Freeman,1995; Hall,1995; Somervell,1993）。

陸、資訊科技融入作文教學之模式與步驟

一、創新教學策略

　　本文以學習者中心概念的教學模式作為融入作文教學的主體，透過教室各項資訊情境，搭配可行之資訊科技融入教學模式。因此，為了達成九年一貫實施資訊融入作文教學之目的，

其主要方式或步驟如下：

（一）**教師創意佈題**：透過電腦、投影機、攝影機（DV）、掃描器、印表機、電視機、影像擷取卡及寬頻網路設備，或者在網站上呈現各式各樣題目、圖片、資訊、相關材料等。

（二）**創意小組合作**：將全班分為六組，透過各組電腦搜尋、整理、評鑑及應用各項資料，以小組討論方式，利用文字、數字、圖形（包含 Word、Excel、Power Point……等）呈現出相關的資料和結果。而群體合作主要是讓學生根據題目，分組讓學生參與回答，並針對學生相互觀摩和研討，以激盪出更多的句子、成語與想法，有利於後續學生自行的寫作；此種方法避免傳統作文教學，一開始即給學生一個題目，讓學生自行發揮與寫作，造成教師無引導與學生缺乏相互觀摩學習的大好機會。

（三）**創意模仿學習**：學生在自行寫作過程中，可以運用自行搜尋的資料或者是別組的佳句與成語，並且將其資料透過聯想學習、續寫與仿寫及觀察模仿之形式與架構，進行個人自行的寫作。

（四）**學生創意發表**：最後將個人寫作的文章（含文字、圖案……等）輸入電腦，教師同時將各組的資料與個人的文章放置於班級網頁上。

（五）**創意多元評量**：待全體文章上傳後，老師、家長以及學生可以進入「作文文章繳交區」，審視全體學

生完成狀態（有無繳交文章）；同時可以進入「網路同儕互評區」，進行同學間評分與評語；最後老師可以進入「教師線上評量區」，進行總結性評量，以達成教師、家長、學生等等，作為相互學習之參考。

二、創新教學成效

（一）**教學活動方面：**資訊融入作文後，學生小組分工更明確，同時利用每個人智能上的優缺點，透過電腦將學習過程以多樣化方式呈現，而且文圖並茂方式添增了活潑與創意；同時各組學生之間不是以比較電腦功力為主，而是能夠針對教師的命題，尋找出寫作脈絡，透過小組討論形成各項共識。研究者認為網路合作學習能夠呈現出來，是這次研究的最主要貢獻。

（二）**在上課注意力分析方面：**接受資訊融入教學的學生在上課集中度明顯優於傳統教學法的學生，並且可避免學生上課時一些不良行為的產生。以往學生常常於教師教學時，面對枯燥乏味的作文時，又缺少實際動手操作機會，造成了學生上課意興闌珊或者動機意願不強烈的狀況。但經過這次緊湊、短暫、忙碌的資訊融入學習過程中，學生上課精神的集中及在分組合作的互動中，團隊精神的呈現彰顯無疑。

（三）**在學習態度方面：**由教室觀察及訪談分析來評估學

生的學習態度，當學生思考問題遇到瓶頸會再接再厲，會主動與別人討論問題，整體而言有較積極的學習態度，而且常常讓學生透過上網觀看，並藉由電腦比較每個人寫作歷程與結果，學生上課的態度明顯較以往為佳。

（四）**在班級及小組氣氛方面**：由教室觀察及訪談分析來評估班級氣氛，學生上作文課會踴躍發言，同儕、師生間有良好互動，整個班級學習氣氛是更愉快、熱絡。相較於以往教師與學習者之間討論與學習氣氛不甚融洽，學生及小組間的合作與互動亦不熱絡，往往發表或討論的總是那幾位優秀學生，但經過數次上課之後，不但小組成立了工作團隊，參與者也在組長引導之下，各司其責，完成各項活動。

（五）**教師準備資料與應用資料方面**：以往教師準備資料時，常常透過教學指引或者課本來進行教學，但自從運用了資訊融入作文教學後，教學者不但從網路上、光碟上、益智遊戲、教學軟體等尋找各式各樣的資料，同時也可以自編教材，以彌補課本上闕如的部分。雖然佔用了教師一些時間，但多樣化的資料，確確實實提供了學生更寬闊學習；除此之外，教師也能夠更方便整理與應用資料，協助建立各式作文資料庫，避免類似題目一再重複進行。

（六）**學生的學習歷程方面**：以往學生的學習歷程在經過上課後，各組討論的成果或者個人的概念已難以完

整的呈現，尤其經過一段時間後，學習的歷程更幾乎喪失殆盡。但資訊融入於作文中，學生每次討論或發表的結果，都能夠透過電腦硬碟或者班級網路上呈現，如此一來，不僅僅學生能夠隨時提取，家長和教師也能夠掌握學生的學習過程或成果，以進行補救教學。

（七）**多元評量方面**：以往評量方式皆由教師一手主導，缺乏客觀與激勵效果。而此次評量方式包含「作文文章繳交區」、「網路同儕互評區」以及「教師線上評量區」等，藉由老師、家長與學生間多元評量方式，使評量更客觀與公正。

三、創新教學架構圖（如下圖 9-1）。

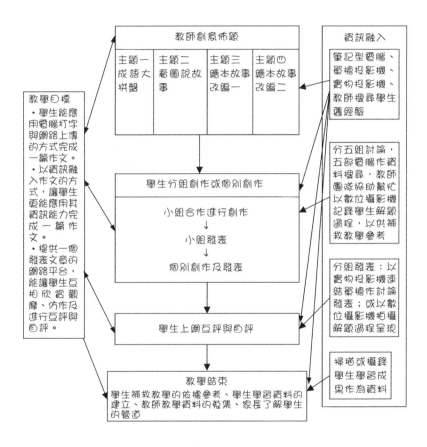

圖 9-1　資訊科技融入作文教學之創新模式

柒、回顧與省思

　　本研究因實施資訊融入教學不久，除了上述敘述外，仍有甚多缺失值得改進，可作為其他教師未來推動時的借鏡。因此，以下針對本次研究提供若干建議給未來有興趣人士後續研究之參考。

一、**學生資訊程度**：目前國小學生資訊程度參差不齊，所以教師在開始進行之前，必須對於學生資訊能力有所掌握與了解，教師對於學生資訊能力若不了解，將導致教學活動進行時，無法正確預估教學的時間與流程。如果貿然實施並且未妥當分組，那麼每組之間也將產生問題。建議此時，應將班上學生資訊能力、語文能力作一概況表，充分掌握學生程度上差異，以便分組時使每一組學生在能力上相去不遠，同時先將資訊科技視為教學輔助工具，待學生能力提升後，再引導加入其他技巧與方法，以確實達到視資訊科技為學習的一部分，而不再只是工具而已，達到「將資訊當老師」轉換為「將資訊當學習伙伴」。

二、**電腦設備**：本次教學實施場所以電腦教室為主，搭配班級教室來使用，而一般班級老師難有上述電腦設備與設施。所以建議教師在進行活動時，能事先提出申請，或者利用綜合活動及彈性課程時間配合使用。此外，學生有需分組討論或加強練習時，也可利用每天的晨間與午休時間練習，同時也可讓學生事先在家裡初步練習。

三、**教材編選**：教師在進行活動之前，需蒐集相關網路資源或

其他軟體，但由於網路上介紹切入點不同，同時要找到符合教學軟體亦屬困難。所以建議教師在網路資源與軟體無法順利拿取時，可以自行設計簡單、互動的題目或學習單，以彌補在教學時教材不豐富所造成之缺憾，當然也建議各出版社或其他單位能研發出更多的軟體。

四、**各項支援**：雖然個案老師對於電腦操作相當熟悉，但在整個研究進行中，仍須專業學者、行政單位、家長的各項支援。單打獨鬥的時代已經過去了，所以建議能納入各項資源，包括教師協同合作、行政單位提供適宜環境、家長也可以參與幫忙，唯有從上而下與從左而右的相互支援，資訊融入的工作才能既長且久。

五、**資訊融入作文領域非一蹴可幾**：資訊要融入教學非短時間可以看到成效，教學者必須體認到由學生合作建構知識，而且要搭配各項學習指標，如此一來才不會只圍於電腦技能操弄，而難以提升實際作文領域的學習效果。唯有每位教學者體認學生在日常學習經常使用資訊來協助學習，這樣才能累積真正的知識於學習環境中。

參考文獻

中文部分

王千倖（1999）。「合作學習」和「問題導向學習」——培養教師及學生的科學創造能力。**教育資料與研究，28**，31-39。

王全興（2004）。**台南縣市國民小學國語文教師教學創新與研習活動之研究**。國立高雄師範大學教育研究所碩士論文，未出版，高雄市。

江南發（2002）。營造以學習者為中心的教學環境之探討。**高雄師大學報，13**，2-20。

吳正己、吳秀宜（2001）。**資訊融入教學實例及相關問題探討**——以社會科為例。2005 年 1 月 12 日，取自：http://www.ntnu.edu.tw/csd/kao

張國恩（2002）。資訊融入各科教學之內涵與實施。**資訊與教育，80**，23-31。

教育部（2001）。**中小學資訊教育總藍圖**。台北市：作者。

顏永進、何榮桂（2001）。**資訊科技融入學習領域設計策略初探**。2005 年 1 月 10 日，取自：http://www.ntnu.edu.tw/csd/kao/kao8/6issues/1-B.htm

西文部分

Albright, M. J. (1999). Teaching in the information age: A new look. In M. D. Svinicki (Ed.), *Teaching and learning on the edge of the millennium: Building on what we have learned* (pp. 91-98). San Francisco: Jossey-bass Publishers.

Campbell, J. K. (1967). *The children's crusade*r. Columbia. N.Y.: Teachers College Press.

Combs, A. (1962). *Perceiving, behaving, becoming.* Washington. DC: Association for supervision & Curriculum Development.

Dewey, J. (1987). This and the following generalizations on Dewey were taken from his work titled "My Pedagogic Creed," which appeared in *The School Journal, 54*(3). January 16, 1897, pp .77-80: from his book. Experience and Education originally published in 1938 and reprinted in West Lafayette. Indiana by the Kappa Delta Pi Honorary Society in Education in 1998, and from his book Demoeracy and education (New York : Macmillan, 1916).

Falchikov, N. (1995). Peer Feedback Marking: Developing Peer Assessment. *Innovations in Education and Training International, 32*(2), 175-187.

Freeman, M. (1995). Peer assessment by groups of group work. *Assessment and Evaluation in Higher Education, 20*(3), 289-300.

Garforth, F. W. (1964). *John Locke*: *Some thoughts concerning education*. Woodbury. N.Y.: Barron's Educational Series. Inc.

Garrison, W. H. (2003). Democracy, experience, and education: Promoting a continued capacity for growth. *Phi Delta Kappan, 88* (7) , 525-529.

Good, T., & Brophy, J. (1997). *Looking in the classrooms* (7th ed.).

New York: Harper & Row, p. 90.

Hall, K. (1995). *Co-assessment: Participation of students with staff in the assessment process. A report of Work in Progress.* 2nd European Electronic Conference On Assessment And Evaluation.

Heinich, R., Molenda, M., Russell, J. D., & Smaldino, S. (1999). *Instructional media and technologies for learning* (6th ed.). Upper Saddle River, NJ: Merrill/Prentice Hall.

Ikenberry, O. (1974). *American education foundations: An introduction.* Columbus. OH.: Merrill.

Keaten, J. A., & Richardson, M. E. (1993). *A Field Investigation of Peer Assessment as Part of the Student Group Grading Process.* U.S.: Colorado.

Maslow, A. (1973). What is a taoistic teacher? In L. J. Rubin (Ed.), *Facts and findings in the classroom.* New York: Walker.

McCombs, B. L., & Whisler, J. S. (1997). *The learner-centered classroom and school: Strategies for increasing student motivation and achievement.* San Francisco: Jossey-Bass publications.

National Association of Laboratory Schools (1891). *Laboratory schools: An educational resource.* Indiana University of Pennsylvania.

Newby, T. J., Stepich, D. A., Lehman, J. D., & Russell, J. D. (2000). *Instructional technology for teaching and learning: Designing instruction, integrating computers, and using media.* Upper Saddle River, NJ: Merrill/Prentice Hall.

國文作文教學的理論與實務

Ozmon, H. A., & Craver, S. M. (1999). *Philosophical foundations of education* (6th ed.). Upper Saddle River. N.J.: Prentice Hall.

Parker, F. (1901) Principles of correlation. *School Journal, 62*, 217-219.

Resnick, VI. et al. (1997). *Bringing transparency and aesthetics back to scientific instruments, project funded by the NSF*. Media lab, MIT. Web site: http://el.mrm.media.mit.edu/.

Shuell, T. J. (1993). Dimensions of individual differences. In F. H. Farley & N. J. Gordon (Eds.), *Psychology and education: The state of the union* (pp. 32-59). Berkeley, CA: McCutchan.

Simonson, M. R., & Thompson, A. (1997). *Educational computing foundations*. Upper Saddle River, NJ: Merrill/Prentice Hall.

Somervell, H. (1993). Issues in Assessment, Enterprise and Higher Education: The Case for Self-, Peer and Collaborative Assessment. *Assessment and Evaluation in Higher Education, 18*(3), 221-233.

Topping, K. (1998). Peer assessment between students in colleges and universities. *Review of Educational Research, 68*, 249-276.

附件一：介面簡介

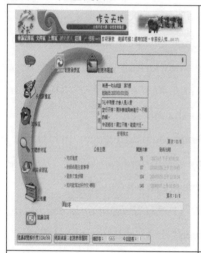

資訊融入作文網站首頁

創意佈題區 進入主題前請先登入

創意佈題名稱	教案	講義
主題一 成語大拼盤　成語的運用是文學的要素。如何使用成語，端看各位同學對成語的領悟。	向典檔案	成語大拼盤.htm 檔案1：向典檔案 檔案2：向典檔案
主題二 看圖說故事　發揮想像力，把所見的國際化成有趣的故事。	向典檔案	檔案1：向典檔案 檔案2：向典檔案
主題三 靳子與公主　王子與公主的故事雖然多了，想不想看看自己對這些故事的了解和瞭解，讓創意在你的腦中發出閃光，改編成童話故事。	資訊融入作文—510靳王子與公主教案.htm	故事高手就是你.htm 噘咖公主不出場.htm 公主教案.htm
主題四 七號夢工廠　做夢時，你會夢到什麼？如果讓你夢到，你想就好夢還是噩夢，把你看到的腦中，利用小超能件、寫成故事插圖，再由個人自行把故事寫下去。	向典檔案	七號夢工廠圖說.htm 接七號夢工廠個人創作篇.htm
主題五 戲缺相手(劇本)　想不想演戲？演戲就需要些東西呢？角色？道具？場景？都不是最重要的是劇本。有劇本，再找演人手，就可以演出，觀你當編劇，將戲缺相手這個夢想的部分成組本。	向典檔案	檔案1：向典檔案 檔案2：向典檔案 檔案3：向典檔案

創意佈題區

創意發表區 進入主題前請先登入

好文共賞	我要發表	說明
主題一 成語大拼盤	發表	成語的運用是文學的要素。如何使用成語，端看各位同學對成語的領悟。
主題二 看圖說故事	發表	發揮想像力，把所見的國際化成有趣的故事。
主題三 靳子與公主	發表	王子與公主的故事雖然多了，想不想看看自己對這些故事的了解和瞭解，讓創意在你的腦中發出閃光，改編成童話故事。
主題四 七號夢工廠	發表	做夢時，你會夢到什麼？如果讓你夢到，你想就好夢還是噩夢，把你看到的腦中，利用小超能件、寫成故事插圖，再由個人自行把故事寫下去。
主題五 戲缺相手(劇本)	發表	想不想演戲？演戲就需要些東西呢？角色？道具？場景？都不是最重要的是劇本。有劇本，再找演人手，就可以演出，觀你當編劇，將戲缺相手這個夢想的部分化成劇本。
主題六 運動會系列報導	發表	我們要運動會當運動會比賽時賽跑、大隊接力、百公尺比賽等運動項目！運動會期間，你會遇到哪樣的事；也有讓人感動的事；或是有趣的事，請你將你在運動會場的所見所開記在日下來。
主題七 論說文—成功的要素	發表	論說文一向是同學們很怕寫的作文題，經過練功習，由天揮要手在改幫您名寫往門持寫完寫實的好文章
主題八 童詩仿作	發表	記得國國課學習過童詩的風格嗎？利用童詩的格式仿作一篇。

創意發表區

多元評量區

學後自評量表(資訊融入作文前)	自評區	學後自評量表(資訊融入作文後)

互評區	教師評語區	評量總計
主題一 成語大拼盤	主題一 成語大拼盤	主題一
主題二 看圖說故事	主題二 看圖說故事	主題二
主題三 靳子與公主	主題三 靳子與公主	主題三
主題四 七號夢工廠	主題四 七號夢工廠	主題四
主題五 戲缺相手(劇本)	主題五 戲缺相手(劇本)	主題五
主題六 運動會系列報導	主題六 運動會系列報導	主題六
主題七 論說文—成功的要素	主題七 論說文—成功的要素	主題七
主題八 童詩仿作	主題八 童詩仿作	主題八

多元評量區

附件一：介面簡介（續）

文體教材區

|文體|修辭法|作文步驟|

文體	說明	作文題目範例	備註
記敘文	以記敘的對象或重點來分，記敘文可有五種的類別，就是： ◆以事為主的記敘文 ◆以人為主的記敘文 ◆以物為主的記敘文 ◆以景為主的記敘文 ◆遊記 寫作類型： 1 順敘法 時間依由先到後，空間由近及遠，邏輯依因果排列。 2 倒敘法 先就結果再敘述理由或事件本身。 是抒打情懷的文體，以情暗的題顯，		

文體教材區

網站資源

編號	網站	內容	備註
1	國文_鄉土教材_成語字典	成語，及其注釋、相關成語、成語故事	
2	中文字典工具	線上辭典（國台語皆有）	
3	學習樂園一作文園地	提供一些作文的步驟、修辭的技巧以逐題舉隅的方式呈現,期望帶給小朋友,在寫作時的參考	
4	國小作文教學之社會學分析	轉貼	
5	作文教學法	作文教學方法	
6	技職體系中文寫作能力實施網站	提供各種文體及修辭法討論區等	
7	國語辭典	線上辭典	
8	重打標點符號手冊	線上查詢	
9	部首手冊	線上查詢	
10	教育部電子辭典	線上查詢	

網站資源區

文章發表介面

文章列表

附件一：介面簡介（續）

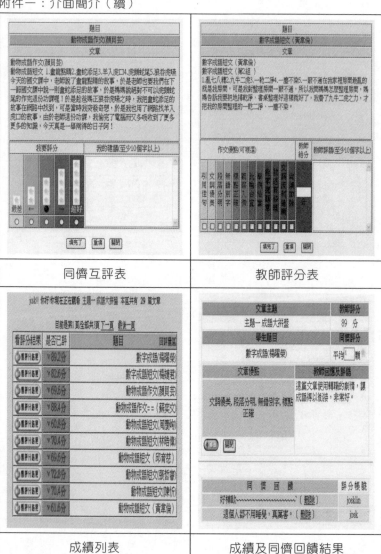

題目
動物成語作文(顏貝芸)

文章

動物成語作文(顏貝芸)
動物成語短文 1.畫龍點睛2.畫蛇添足3.羊入虎口4.虎頭蛇尾5.狼吞虎嚥
今天的國文課中，老師說了畫龍點睛的故事，於是老師也要我們作在下一篇國文課中說一則畫蛇添足的故事，於是媽媽絕對不可以虎頭蛇尾的作完這份功課囉！於是趁爸媽正狼吞虎嚥之時，我把畫蛇添足的故事在網路中找到，可是當時我突發奇想，於是我用了網路找羊入虎口的故事，由於老師退份份課，我偷的了電腦而又多吸收到了更多更多的知識，今天真是一舉兩得的日子呀！

我要評分	我的建議(至少10個字以上)

最爛 ← 普通 → 最好

填完了　重填　關閉

同儕互評表

題目
數字成語短文(黃意倫)

文章

數字成語短文(黃意倫)
數字成語短文 (第2組)
1.亂七八糟2.九牛二虎3.一乾二淨4.一塵不染5.一塵不通在我家裡房間亂亂的我是我房間，可是我要整理房間一塵不通，所以我問媽媽怎麼整理房間，媽媽告訴我要把地捒乾淨，書桌整理好這樣就好了，我費了九牛二虎之力，才把我的房間整理的一乾二淨，一塵不染。

作文優點(可複選)	教師給分	教師評語(至少10個字以上)

引用佳句　文詞優美　段落分明　無錯別字　標點正確　範例合宜　地物台宜　能字視寫藝　文流順通　狀寫原文　敘事清楚

填完了　重填　關閉

教師評分表

jaik!! 你好你現在正在觀看 主題一 成語大拼盤 本區共有 29 篇文章

目前位第1頁全部共項 下一頁 最後一頁

看評分分結果	是否已評	題目	回評量區
看評分結果	▼89.2分	數字成語(楊曜榮)	
看評分結果	▼82.6分	數字成語短文(楊婕君)	
看評分結果	▼69.6分	動物成語作文(顏貝芸)	
看評分結果	▼88.4分	動物成語作文== (蘇奕文)	
看評分結果	▼60.8分	動物成語短文 (周肅恂)	
看評分結果	▼70.4分	動物成語短文(林結倫)	
看評分結果	▼69.6分	動物成語短文 (邱育慈)	
看評分結果	▼72.8分	動物成語短文(張哲睿)	
看評分結果	▼70.4分	動物成語短文(陳ㄧ忻)	
看評分結果	▼61.6分	動物成語短文 (黃意倫)	

成績列表

文章主題	教師評分
主題一 成語大拼盤	89 分
學生題目	同儕評分
數字成語(楊曜榮)	平均□顆
文章優點	教師回應及評語
文詞優美，段落分明，無錯別字，標點正確	這篇文章使用轉韻的劇情，讓成語得以銜接，非常好。

關閉

同儕回應	評分帳號
好轉韻!!~ 〔刪除〕	joeklin
這個人都不用睡覺，真厲害。〔刪除〕	jaik

成績及同儕回饋結果

附件二：教案舉隅

教學 單元	資訊融入作文 新王子與公主	教學 時間	93 年 4 月 22 日、23 日 14：30〜16：00 共四節課 180 分鐘	設計者	王全興 張嘉玲 郭翊雲
教學 對象	台南市東光國小 五年十班學生	教學 地點	東光國小電腦教室		

| 教學
研究 | 教材分析：
（一）重點：學生能應用電腦打字與網路上傳的方式完成一篇作文。而將作品上傳至班級網頁，學生作品不僅只由老師評分，同學間也可以互相欣賞與評分。
（二）特點：以資訊融入作文的方式，讓學生更能應用其資訊能力完成一篇作文；而作文課也因資訊的應用，得以變得有趣，且更利於學習。
（三）難點：1.教師必須先架設一個班級發表的網路空間，並事先設計好評分方式與標準。
　　　　　　2.學生必須要同時擁有基本的作文能力和資訊能力（如打字、上傳）。 | | |

| 教學
目標 | 認知
1-1能蒐集並說出有
　　關王子與公主的
　　童話故事

1-2能依照舊經驗，
　　改編成新故事
1-3能發揮創意，創
　　造不同的故事

1-4能互相討論，發
　　展出故事大綱 | 對應
能力
指標 | 2-1-5-2 能讓對方充分表達意見
2-2-3-4 能在聆聽不同媒材時，從中獲取有用的資訊
2-2-8-9 能結合科技資訊，提升聆聽的速度，加速學習的效果

2-9-8-1 能利用電腦和其他科技產品，提升語文認知和應用能力

2-1-1-2 能和他人交換意見，口述見聞，或當眾做簡要演說
2-3-4-1 他人與自己意見不同時，仍樂意與之溝通
2-1-9-4 能主動參與溝通與協調 |

附件二：教案舉隅（續）

教學目標	認知	對應能力指標	
	1-5能依照文章大綱，編排故事		2-3-8-9 能利用電子科技，統整訊息的內容，作詳細報告
	1-6能使用流暢的敘述句		2-3-8-10 能利用播音器材練習良好的語言表達
	1-7能寫出生動活潑的對話和情節		2-4-10-3 能報告解決問題的方法
	1-8能簡要發表自己的文章		2-2-2-2 能在聆聽過程中，系統歸納他人發表之內容
	1-9能專心聆聽他人發表		
	1-10 能說出他人文章的優缺點		
	技能		
	2-1能依照老師的引導，正確登入網站		2-2-1 了解電腦教室（或教室電腦）的使用規範
			2-2-3 教導學生注意軟硬體的保養、備份資料等資訊安全概念
	2-2能用中文輸入寫出文章，並將自己的文章做版面的美化		3-2-1 能進行編輯、列印的設定，並能結合文字、圖畫等完成文稿的編輯盡量使用自由軟體
	2-3能上網傳送張貼自己的文章		4-3-2 能找到合適的網站資源、圖書館資源及檔案傳輸等
			4-3-3 能利用資訊科技媒體等搜尋需要的資料
	情意		
	3-1能欣賞他人作品		5-3-1 了解與實踐資訊倫理，遵守網路上應有的道德與禮儀
	3-2能給予發表者鼓勵與建議		
	3-3能在學生互評系統中給予他人良好而正面的意見		

國文作文教學的理論與實務

附件二：教案舉隅（續）

對應能力指標	教學目標編碼	教學活動	教學資源	時間	效果評量
2-2-1 1-2-3	2-1	【壹、準備活動】 一、老師：網路作文須知，一本改編童話的繪本《頑皮公主不出嫁》的 powerpoint 檔，作文大綱的 powerpoint 檔，學生上傳文章的班級網頁設計。 二、學生：網路作文須知；蒐集與「王子和公主」相關題材的童話故事。	「網路作文須 知」講義、電腦、「頑皮公主不出嫁」 powerpoint 檔、電腦	30'	能仔細聆聽操作方式並有85%的學生能完成演練。 能仔細聆聽。
2-2-3-4 2-2-8-9 2-1-5-2 2-1-9-4 2-9-8-1 2-1-1-2 2-3-4-1 2-3-8-9 2-3-8-10 2-4-10-3	1-1 1-2 1-3 1-4 1-9 3-1	【貳、發展活動】 一、引起動機： 1. 教師以 power-point 檔導讀《頑皮公主不出嫁》此一繪本。 2. 請學生先發表所蒐集的王子與公主的童話故事，並歸納這些童話故事的共同點。 3. 再請學生比較《頑皮公主不出嫁》和以往的故事有何不同？ 【4月22日課程完】	作文大綱 powerpoint 檔、班級網頁、電腦 電腦、麥克風	20' 10'	能發表所蒐集的故事。 能歸納故事的共通點。 能比較故事的不同。 能有90%的學生投入討論。 各組能將大綱發表在網站上。

附件二：教案舉隅（續）

對應能力 指標	教學 目標 編碼	教學活動	教學資源	時間	效果評量
2-3-8-9 2-3-8-10 2-4-10-3	3-2	二、發展活動： 1. 教師以 power-point 檔歸納改編故事的要點。 2. 學生分為六組先討論該組的故事大綱，並上傳至班級網頁。 3. 各組討論完故事大綱後，以全體廣播的方式簡要為大家分享，其他組可提出問題或不同的思考，當作給發表組的意見和改進。 【4 月 22 日課程完】		20' 10'	能主動提出建議或討論。
2-2-2-2 3-2-1 4-3-2 4-3-3	2-2 2-3 1-5 1-6 1-7	4. 學生依據分組討論和分享的激盪之後，開始個別創作並上傳至班級網頁上。		50'	有80%的學生能用來寫作一篇完整的作文。

附件二：教案舉隅（續）

對應能力指標	教學目標編碼	教學活動	教學資源	時間	效果評量
5-3-1	3-3	【參、綜合活動】 一、相互欣賞與評分：瀏覽其他同學的作品，並寫下自己的感想與意見。		20'	有90%的學生能上網登入，並發表感想，給予分數。
2-3-8-9 2-3-8-10 2-4-10-3	1-8 1-9 1-10 3-2	二、共同發表：老師隨機抽幾位學生的作品，請創作者和其他學生發表自己創作的過程和欣賞後的感想。 【4月23日課程完】		20'	能仔細聆聽發表內容。 能說出創作的過程。 能給予他人意見。

Chapter *10*

小學作文教學的策略

轉化九年一貫課程能力指標發展創新作文教學

國立花蓮教育大學國民教育研究所博士班研究生

王家珍

壹、前言

一、研究動機

「老師，又要寫作文了！可不可以不要寫？」
「王老師，你們班作文寫幾篇了？有什麼題目好寫的？」

　　許多年前，這類的對話是國小教師相當熟悉的。許多年後，這樣的對話依舊存在於教學現場。國小作文教學一直是語文領域的重點，然而，學生對於寫作卻感困難，而教師在進行寫作的指導時也備感吃力。面對九年一貫課程的來臨，課程綱要並沒有嚴格規定一學期要寫幾篇或寫些什麼，於是，很多老師又開始出現憂慮與徬徨。於是，雖然課程面臨九年一貫改革，學生卻仍苦無寫作靈感，而教師則花費大量時間批改，勞而少功。

　　事實上，九年一貫課程實施後，能力指標成為九年一貫課程的重要內涵之一，強調的不只是學生學習知識的獲得，而是轉化為能力之獲得。對於寫作教學能力指標而言，課程綱要僅就原則性、籠統性的規範，教師在進行實際教學時，如能經過一個或數個課程與教學的轉化步驟，是有可能成為教學材料或教學活動的。

　　然而，一般的教科書或坊間作文書籍在此著墨的很少，學校現場教師又礙於時間等各種因素的不允許，關注到轉化寫作

能力指標做作文教學者極為罕見，殊為可惜。有鑑於此，再加上研究者目前任教於小學，發現現在教師及學生依舊為寫作文所苦，故擬針對九年一貫課程寫作能力指標加以轉化，一方面提升學生寫作能力，一方面提供教師作文教學參考。

二、研究目的

本文將說明與分析轉化九年一貫課程能力指標的重要，再針對國小國語第二階段寫作能力指標的內涵與特質進行探討，最後並以實施九年一貫課程，桃園縣某一國小，國語文領域第二階段寫作能力指標的課程設計為例，期望在學術與實務上，能提供研究或教學之參考。

貳、 九年一貫課程能力指標的轉化

一、 轉化之概念分析

九年一貫課程依據國民教育十大項目標轉化為十大基本能力，再以十大基本能力為基礎，演繹出各學習領域的能力指標，重視學生習得帶得走的能力，而不是背不動的書包。然而，由於能力指標敘寫方式抽象不具體，因此，如何將各學習領域規範性的能力指標，進行轉化，以便用來設計教學活動，相當重要。

所謂「轉化」，基本上係指將基本能力指標轉為較具體、明確的項目，以利教師、學生與家長了解學生的學習成效。換言之，「轉化」就是造成某物在形式、性質、內涵等方面，產

生某種程度差異變化的歷程，此變化多藉由增減、修改等方式，產生由抽象變具體、由簡單變複雜、由隱晦變顯明等情形（王家珍等，2003）。

國內課程相關論述對轉化之定義，葉連祺（2002）歸納為以下三種：忠實觀、調適觀和批判創造觀。

（一）忠實觀：形式變，本質不變，係將能力指標改寫成教學目標，並編寫成實際可行的教學活動。其較不涉及文字意涵的改變，對文字的解釋不容許扭曲、抵觸或違背原來的意義，也不能擴大或縮小原來的內涵範疇。

（二）調適觀：不談形式，本質內涵可小變，強調能力指標和教學目標、教學活動的關係，不盡然是對等符應的關係。可依時、地、人、物、事在合理範圍內，摻雜己見，適度調整文字意涵。

（三）批判創造觀：認為本質、形式皆可變，強調能力指標僅是教學目標和活動的參考來源之一，並非絕然不可更動，其合理性需加以批判，並依照地、物等因素，進行較大幅度的創造和改變。

二、轉化之策略

能力或能力指標轉化成課程和教學活動內容極為重要。一般有關轉化策略，均以葉連祺（2002）提到之轉化策略為說明，秦嗣輝（2003）整理如下：

（一）替代（replace）：利用一對一對應轉化關係，以某

主題物替換原有能力指標內的關鍵詞，形成教學目標。以自然領域為例，如能力指標：「2-1-3-1 觀察現象的改變，察覺現象改變必有其原因」，其中，「現象」為關鍵詞，可以替代成「太陽」、「月亮」等主題物，變成「觀察太陽的改變，察覺太陽改變必有其原因」。

（二）拆解（decompose）：使用一對多對應轉化關係，將能力指標拆解成幾個互有關聯的細項能力指標，以作為學習目標。如能力指標：「2-2-4-2 觀察月亮東昇西落的情形，以及長期觀察月相，發現月相盈虧，而他的改變是週期性的」，能拆解成「觀察月亮東昇的情形」、「觀察月亮西落的情形」、「長期觀察月相」、「發現月相有盈虧的現象」、「發現月相有週期性的改變」的活動目標，進而規劃出：在晚上和白天觀察月亮昇起和落下的情形、記錄月形和觀察時間等資料、長期觀察月亮、比較月形變化情形等活動。

（三）組合（group）：運用多對一對應轉化關係，以一個主題結合多個能力指標，形成一個課程內容。如以太陽為主題，結合「運用科技與資訊」、「尊重、關懷與團隊合作」和「2-1-3-1 觀察現象的改變，察覺現象改變必有其原因」，可行成「查詢有關太陽的書面和數位化資料」、「分組合作討論太陽在天空高度變化的原因」等活動。

（四）聚焦（focus）：由多個具關聯性的一對一對應轉化
關係所構成，係選取某能力指標的某部分或全部主
軸，以其為教學焦點，逐次擴大發展其他活動，可
運用認知層次和觀察、記錄、敘述、比較、分析
等，作為擴展的參考。如取「111-2a 察覺月亮東昇
西落」能力指標為主軸，主題物是月亮，主題事件
是月亮的昇落，可擴展出「觀察月亮昇起方位」、
「記錄月亮升起後在天空位置的變化」、「發展紀
錄月亮在天空位置的工具和方法」、「描述月亮升
起後在天空中位置的變化情形」、「預測月亮最後
落下的方位」等活動。

（五）聯結（relate）：聯繫多組的一對一對應轉化關係，
先以某個能力指標和主題成為發展活動的起點，再
不斷聯結其他不同的學習領域或思考層面（如人、
事、時、地、物），構成一個課程內容。如以星星
此主題和「111-3b 察覺天空中的星星無數，有明有
暗」能力指標為起點，可聯結藝術與人文學習領域
形成「畫星星」活動，接著可聯結「111-3c 觀察並
描述不同季節的夜晚看到的不同星星（或星座）」
能力指標，進行「認識星座」活動和「探索星座的
由來」活動。

（六）複合（mix）：適度擷取前五項策略的某幾種或全
部，形成複雜的轉化關係，進而發展出一個或多個
教學活動。例如，結合「111-3b 察覺天空中的星星

無數，有明有暗」及「111-3c 觀察並描述不同季節的夜晚看到的不同星星（或星座）」能力指標，進行「認識星座」活動和「探索星座的由來」活動外，試著自己命名星座，並編出一套有趣的故事讓興作更有趣，並結合校外教學，至天文館認識其他的天文知識。

三、能力指標轉化之程序

能力指標轉化之程序，大致分為兩種（葉連祺，2002）：

（一）順向轉化：由能力指標配合主題，運用轉化策略，去構思教學活動。

（二）逆向轉化：先選取主題，構思活動架構，接著確認需要或可行採用的能力指標，最後選取其中適合的部分，構成教學活動。

綜合觀之，九年一貫課程強調學生將知識轉化為能力，課程轉化包括忠實觀、調適觀和批判創造觀。而轉化的策略則包括替代、拆解、組合、聚焦、聯結和複合等，而轉化之程序則分為順向轉化與逆向轉化兩種。教師應發揮專業精神，將能力指標做分解、組合等方式進行課程設計與實施。

參、寫作能力

表達、溝通與分享能力是九年一貫課程目標與十大基本能力之一，而寫作便是有效運用文字，表達個人的思想、觀念或情感的方式。以下先比較八十二年版本之課程標準與九年一貫

課程綱要中，有關寫作能力之敘述，再整理出四年級學生在寫作表達上應具有的能力。

一、課程標準對於「寫作」的相關規定

民國八十二年版的國民小學課程標準，總目標第六項為：「具有表達思想情意的語體文寫作能力與興趣」。

分段目標如下：

低年級：培養造詞、造句、口述作文等基本能力；能把自己的話寫出來；認識標點符號。

中年級：培養審題、立意、選材、組織等基本的寫作能力；寫作簡易而有條理的記敘文及書信、日記、便條等應用文；認識並應用標點符號。

高年級：養成各種寫作技巧的基本能力；寫作主旨明確、內容充實、文詞暢達、段落分明的各體文章；熟練標點符號的應用。

作文的教學評量方式規定教師就下列考察項目，評定成績，並予個別訂正。

口述作文，參照說話作業考查要點考查之。評量的內容包含：

（一）字句方面：文句明用通順，用字用詞適當。

（二）內容方面：取材切題，內容充實。

（三）結構方面：層次清楚，段落分明。

（四）修辭方面：措詞優美，描寫生動。

（五）標點方面：各種標點符號，使用恰當。

二、九年一貫課程綱要中有關「寫作」的分段能力指標

在九年一貫課程綱要中有關「寫作」的分段能力指標，國小部分羅列如下：

（一）寫作能力第一學習階段（一至三年級）分段能力指標

F-1-1　能經由觀摩、分享與欣賞，培養良好的寫作態度與興趣。

1-1-1-1　能學習觀察簡單的圖畫和事物，並練習寫成一段文字。

1-1-2-2　能在口述作文和筆述作文中，培養豐富的想像力。

1-1-4-3　能相互觀摩作品，分享寫作的樂趣。

1-1-9-4　能經由作品欣賞、朗讀、美讀等方式，培養寫作的興趣。

F-1-2　能擴充詞彙，正確的遣辭造句，並練習常用的基本句型。

1-2-1-1　能運用學過的字詞，造出通順的句子。

1-2-1-2　能仿寫簡單句型。

F-1-3　能認識各種文體的寫作要點，並練習寫作。

1-3-3-1　能認識並欣賞童詩。

1-3-4-2　能認識並練習寫作簡單的記敘文和說明文。

1-3-4-3　能配合日常生活，練習寫簡單的應用文。如：賀卡、便條、書信及日記等。

F-1-4　能練習運用各種表達方式習寫作文。

1-4-5-1　能利用卡片寫作，傳達對他人的關心。

1-4-6-2　能寫出自己身邊或與鄉土有關的人、事、物。

1-4-10-3　能應用文字來表達自己對日常生活的想法。

F-1-5　能概略分辨出作品中文句的錯誤。

1-5-1-1　能指出作品中有明顯錯誤的句子。

F-1-6　能概略知道寫作的步驟（從收集材料到審題、立意、選材及安排段落、組織成篇），逐步豐富作品的內容。

1-6-3-1　能概略知道寫作的步驟。

1-6-7-2　能練習利用不同的途徑和方式，收集各類寫作的材料。

F-1-7　能認識並練習使用標點符號。

1-7-1-1　能認識並練習使用標點符號。

F-1-8　能分辨並欣賞作品中的修辭技巧。

1-8-2-1　能分辨並欣賞文章中的修辭技巧。

（二）寫作能力第二學習階段（四至六年級）分段能力指標

F-2-1　能培養觀察與思考的寫作習慣。

2-1-1-1　能養成觀察周圍事物，並寫下重點的習慣。

F-2-2　能正確流暢的遣辭造句、安排段落、組織成篇。

2-2-1-1　能掌握詞語的相關知識，寫出語意完整的句子。

2-2-1-2　能應用各種句型，安排段落、組織成篇。

F-2-3　能認識各種文體，並練習不同類型的寫作。

2-3-3-1　能收集自己喜好的作品，並加以分類。

2-3-4-2　能掌握記敘文、說明文和議論文的特性，練習寫作。

2-3-4-3　能配合學校活動，練習寫作應用文（如：通知、公告、讀書心得、參觀報告、會議記錄、生活公約、短篇演講稿等）。

F-2-4　能應用各種表達方式練習寫作。

2-4-3-1　能應用改寫、續寫、擴寫、縮寫等方式寫作。

2-4-4-2　能配合閱讀教學，練習撰寫摘要、札記及讀書卡片等。

2-4-5-3　能寫作慰問書信、簡單的道歉啟事，表達對他人的關懷和誠意。

2-4-6-4　能寫遊記，記錄旅遊的所見所聞，增進認識各地風土民情的情趣。

F-2-5　能具備自己修改作文的能力，並主動和他人交換寫作心得。

2-5-1-1　能從內容、詞句、標點方面，修改自己的作品。

2-5-9-2　能經由共同討論作品的優缺點，以及刊物編輯等方式，主動交換寫作的經驗。

F-2-6　能依收集材料到審題、立意、選材、安排段落、組織成篇的寫作步驟進行寫作。

2-6-7-1　練習利用不同的途徑和方式，收集各類可供寫作的材料，並練習選擇材料，進行寫作。

2-6-10-2　練習從審題、立意、選材、安排段落及組織等步驟，習寫作文。

F-2-7 能了解標點符號的功能，並在寫作時恰當的使用。

　　2-7-1-1　能了解標點符號的功能，並能恰當的使用。

F-2-8 能把握修辭的特性，並加以練習及運用。

　　2-8-2-1　能理解簡單的修辭技巧，並練習應用在實際寫作。

F-2-9 能練習使用電腦編輯作品，分享寫作經驗和樂趣。

　　2-9-8-1　能利用電腦編輯班刊或自己的作品集。

　　2-9-8-2　能透過網路，與他人分享寫作經驗和樂趣。

F-2-10 能發揮想像力，嘗試創作，並欣賞自己的作品。

　　2-10-2-1　能在寫作中，發揮豐富的想像力。

　　2-10-3-2　能嘗試創作（如童詩、童話等），並欣賞自己的
　　　　　　　作品。

　　　九年一貫課程能力指標，大致著重兩種能力，一為聚斂能力，一為擴散能力。對國語教育而言，前者是將上層的聽、說、讀、寫等知識層面的內容，聚斂成一種下層的語文應用能力，後者強調的則是一種「思維」的能力。亦即，在書面和口頭之間，其實是透過思維在運作的，見圖 10-1。

　　　本研究教學對象為國小四年級學生，研究者首先細分析寫作第二階段能力指標，嘗試將性質相近的能力指標，分析整合其蘊藏之「能力」，大致分為觀察力、思考力、想像力與表達力等思維能力，見表 10-1。

　　　就第二階段寫作能力分析，寫作能力 F-2-1 著重的是一個觀察與思考的習慣，強調的是觀察力與思考力；F-2-2 著重的是「組織成篇」，強調的是思考力；F-2-3 著重的是「認識各種文體」，掌握各種文體的特性並加以寫作，強調的是思考

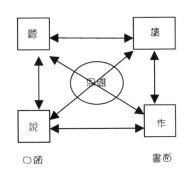

圖 10-1 思維能力與聽、說、讀、寫作的關係

表 10-1 國語文第二階段寫作能力指標之分析與整合

		能力指標	分析／整合
兒童語文表達能力評量	寫作能力	※ F-2-1 能培養觀察與思考的寫作習慣。 ※ F-2-2 能正確流暢的遣詞造句、安排段落、組織成篇。	觀察力 思考力 表達力
		※ F2-3 能認識各種文體，並練習不同類型的寫作。 ※ F2-4 能利用各種表達方式練習寫作。	思考力 想像力
		※ F2-6 能依蒐集材料到審題、立意、選材、安排段落、組織成篇的寫作步驟進行寫作。	思考力
		※ F2-7 能了解標點符號的功能，並在寫作時恰當的使用。 ※F2-8 能把握修辭的特性，並加以練習及運用。	思考力 觀察力 表達力
		※ F2-5 能具備自己修改作文的能力，並主動和他人交換心得寫作。	思考力
		※F2-10 能發揮想像力，嘗試創作，並欣賞自己的作品。 ※ F2-9 能練習使用電腦編輯作品，分享寫作經驗和樂趣。	想像力 思考力

力；F-2-4 著重的是能應用各種表達方式來寫作，這「各種表達方式」包括「改寫」、「續寫」、「擴寫」、甚至「縮寫」等，強調兒童運用想像力來進行寫作；F-2-6 著重的是寫作的基本能力，包括審題、立意、選材、組織等，而這些寫作步驟強調的是數個思考能力，例如，當利用不同途徑和方式，蒐集各類寫作材料時，如何選材，如何創作，最後則面臨如何組織成篇的組織思考力；F-2-7 及 F-2-8 著重的是能掌握標點符號及修辭的知識與應用。這兩類的知識首重「思考力」，何時使用標點符號，用何種標點符號，何時使用修辭，用何種修辭，都需要兒童從長期記憶中擷取相關訊息。另外，在修辭中有所謂的摹寫修辭，包括了視覺、聽覺、嗅覺、味覺、觸覺等感官，這些感官能接收的訊息都是一種觀察力。最後，如何運用標點與修辭讓文章表達更貼切，就需要思考力、表達力了；F-2-5 著重在內容、詞句、標點上修改自己的作品，強調思考力的應用；F-2-9 著重在利用電腦編輯作品，學生不僅需要創作文章，還要用電腦編輯、美編等，強調的是組織思考力；F-2-10 需要學生發揮想像力，自行創作，強調的無疑是兒童想像力的運用。

　　綜上所述，本研究教學對象為國小四年級學生，對照四年級的新舊課程，即中年級或第二學習階段之學生，寫作能力之要求為：培養基本的寫作能力，發展學生的觀察力、思考力、想像力與創造力等思維能力，以期學生能在字句、內容、修辭、結構與標點上，達到表情達意的作用。

肆、創新作文教學之課程規劃

　　國民教育階段九年一貫課程的實施，以「綱要」而非「成品」的方式呈現，塑造出一種「開放」的環境，其意在邀集全國教師共同參與課程發展的工作。因此，教師必須調整「課程使用者」的角色成為「課程設計者」，期能發展出「多元」、「創意」的課程。然而，能力指標是九年一貫課程的重要內涵之一，「綱要」雖然不是一種「標準」，卻仍是一種「規範」，指引著課程與教學的方向。「國民教育階段九年一貫課程總綱」國語文寫作能力所界定的能力指標，其內涵要如何加以解讀，是關心寫作教育工作者所面臨的挑戰。

　　本研究嘗試以九年一貫課程國語文領域的寫作能力指標為綱，設計四年級下學期作文教學課程，課程規劃設計如下，提供教師作文教學實作之參考。

一、 轉化能力指標的讀寫結合作文教學

　　寫作是人們利用文字符號表達自己思想情感的過程，而閱讀則是從文字符號獲得意義的過程。對於閱讀而言，首先要「理解」，理解一篇文章的字詞、句子、段落到全篇文意。其次是從理解到的文意，去研究作者如何選材、剪裁、佈局及遣詞用字等，延續「理解」到「應用」的過程。對於寫作而言，首先要透過寫作者的觀念或感情理解外在客觀的事物；其次，再將其轉化成為文字符號，加以運用。換句話說，讀是寫的基礎，寫又是讀的延續（王家珍，1999）。

　　一直以來，國內的閱讀和寫作是分開的，造成學生在寫作時相當困難，缺乏靈感。馮瑞龍等（2002）引用 Caccamise（1987: 238-239）的實驗，說明寫作者長期記憶系統是意念發展最主要的障礙，限制了意念的數目、深度、廣度及相聯性（參見圖 10-2）。

　　既然，關鍵在於長期系統，那麼教師便可以致力於激發意念來解決問題。Zamel（1987: 274）更強調能力較差的作者（我們的學生）尤其需要學習怎樣在寫作前採取激發意念的策略。事實上，這激發意念的策略，除了環境等學習情境的營造外，與閱讀的結合，無疑是激發長期記憶思索的策略。在讀書教學的閱讀課文裡，透過課文的形式深究和內容深究，我們可以了解一篇文章的題旨、中心、結構、字句和內容，透過思維，必

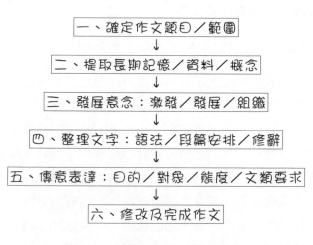

圖 10-2　寫作過程的六階段流程圖

會影響寫作者對於主題、中心、段落、字句和內容的決定。傳統的寫作忽略了讀寫的結合，使得知識變成惰性知識，亦即可以記得很清楚，卻不知如何用的知識。因此，如何在寫作教學時，與閱讀教學結合，是研究者試圖要處理的問題。

　　目前，研究者所任教年級為四年級，本校四年級下學期國語課本的主題共分為四大單元，分別是珍惜生命、植物的世界、惜福、耕耘與收穫。「珍惜生命」包括三課，分別為：第一課幫小狗找新家、第二課勇者的畫像、第三課水滴與大河；「植物的世界」包括四課，分別為第四課蒲公英、第五課大地的衣裳、第六課探訪原生植物園、第七課母親花；「惜福」包括三課，分別為：第八課跳蚤市場、第九課難忘的經驗、第十課我們同在這條船上；「耕耘與收穫」包括四課，分別為：第十一課汗水不會白流、第十二課掌中歲月、第十三課草蝦養殖之父、第十四課昌明的夢。

　　關於作文教學的內容，本研究擬採上述讀寫結合的理論，分析能力指標後，從本校所選的四年級國語課本的主題去做統整與結合，亦即以國語文領域領域內的主題為核心，再加深加廣，藉讀寫結合，使學生的寫作過程更為順暢。

二、課程方案的實施

　　九年一貫課程以來，我們習慣將先課程設計出，再去配合能力指標。本研究嘗試將能力指標做「正向轉化」，成教學活動。在轉化的過程中，經過能力指標的篩選、分析、解讀，再配合教科書內容編寫教材，設計教學活動與評量。以下就整個

課程方案的設計架構以及教學計畫中的學習活動、教學目標與活動重點，說明如後：

（一）課程方案的設計架構：本研究之課程規劃如表 10-2：

表 10-2　能力指標之分析、整合與教學內容

	能力指標	分析／整合	課本統整單元（讀）	教學內容（寫）
兒童語文表達能力評量	寫作能力	※ F-2-1 能培養觀察與思考的寫作習慣 ※ F-2-2 能正確流暢的遣詞造句、安排段落、組織成篇	觀察力 思考力 表達力	單元一：珍惜生命	第一篇：小四的一天 配合課本單元一：珍惜生命，以看圖說故事的方式進行，呈現四張圖，最後一張缺結尾，以問號呈現。
		※F2-3 能認識各種文體，並練習不同類型的寫作 ※F2-4 能利用各種表達方式練習寫作	思考力 想像力	單元一：珍惜生命	第二篇：學習名家寫作風采 配合課本單元一的文體，再進行以下活動：剪報、分類、比較、創作。
				單元二：植物的世界	第三篇：拈花惹草 配合課本蒲公英、母親花等內容，及校園植物的觀察與認識，進行植物書卡製作。

國文作文教學的理論與實務

表 10-2　能力指標之分析、整合與教學內容（續）

		※F2-6能依蒐集材料到審題、立意、選材、安排段落、組織成篇的寫作步驟進行寫作	思考力	單元二：植物的世界	第四篇：我最喜歡的植物 配合課本蒲公英、母親花及校園植物的認識，體悟自己最喜歡的植物，再上網搜尋相關寫作材料。
		※F2-7能了解標點符號的功能，並在寫作時恰當的使用 ※F2-8能把握修辭的特性，並加以練習及運用	觀察力 思考力 表達力	單元三：惜福	第五篇：逛跳蚤市場（1） 配合課本惜福的觀念、譬喻、擬人修辭的介紹，及跳蚤市場實際體驗，進行情感抒發。《創作文章》
		※F2-5能具備自己修改作文的能力，並主動和他人交換心得寫作	思考力	單元三：惜福	第六篇：逛跳蚤市場（2） 配合課本惜福的觀念、譬喻、擬人修辭的介紹，及跳蚤市場實際體驗，進行情感抒發。《修改他人文章》
		※F2-10能發揮想像力，嘗試創作，並欣賞自己的作品 ※F2-9能練習使用電腦編輯作品，分享寫作經驗和樂趣	想像力 思考力	單元四：耕耘與收穫	第七篇：耕耘與收穫詩一篇 配合課本耕耘與收穫四篇課文的內容，及自己的體悟，寫一篇詩——「耕耘與收穫」。再利用電腦編輯，分享作品。

　　由表 10-2 可知，能力指標其實提供很多的寫作內容、方法與知識。研究者首先從能力指標整合分析出學生的觀察力、

思考力、想像力與表達力等思維能力，然後與閱讀所得結合，進行課程設計與規劃。在課程方案的規劃上，將課本的四單元，分成七次作文來習寫，分別為：小四的一天、學習名家寫作風采、拈花惹草、我最喜歡的植物、逛跳蚤市場⑴逛跳蚤市場⑵耕耘與收穫詩一篇。詳細課程規劃見附錄一。

（二）教學計畫

學習活動	學習目標	活動重點
活動一 小四的一天	·能養成觀察周圍事物，並寫下重點的習慣 ·能掌握詞語的相關知識，寫出語意完整的句子 ·能應用各種句型，安排段落、組織成篇	·觀察故事的順序及因果關係，討論各圖關鍵字 ·用完整句子說大意 ·組織成篇
活動二 學習名家風采	·能蒐集自己喜好的作品，並加以分類 ·能掌握記敘文、說明文和議論文的特性寫作	·觀察比較各種文體 ·掌握文體特性，擴寫珍惜生命的範文
活動三 拈花惹草	·能應用改寫、續寫、擴寫、縮寫等方式寫作 ·能配合閱讀教學，練習撰寫讀書卡片	·改寫、續寫、擴寫或縮寫閱讀內容 ·製作植物書卡

國文作文教學的理論與實務

活動四 我最喜歡的 植物	・練習利用網路，收集各類 　可供寫作的材料，並練習 　選擇材料，進行寫作 ・練習從審題、立意、選 　材、安排段落及組織等步 　驟寫作	・上網蒐集植物資料 ・分享討論 ・組織成篇
活動五 逛跳蚤市場 1	・能了解標點符號的功能， 　並能恰當的使用 ・能把握簡單修辭的特性， 　並加以練習及運用	・介紹譬喻和擬人修辭 ・說說跳蚤市場的感受 ・創作文章
活動六 逛跳蚤市場 2	・能從內容、詞句、標點方 　面，修改自己的作品 ・能經由共同討論作品的 　優缺點，以及刊物編輯 　等方式，主動交換寫作 　的經驗	・共同修改範文 ・各自修改自己文章 ・重新謄寫與創作
活動七 耕耘與收穫	・能在寫作中，發揮豐富的 　想像力 ・能嘗試創作童詩，並欣賞 　自己的作品 ・能練習使用電腦編輯作 　品，分享寫作經驗和樂 　趣	・童詩賞析 ・自行創作一詩 ・電腦編輯作品

三、教學評量

　　本研究之學習目標與評量指標整理如表 10-3：

表 10-3　兒童寫作能力指標內涵與轉化後之學習目標與評量指標

類別	能力指標	能力指標	學習目標與評量規準
能力指標內涵		兒童寫作能力	能培養觀察與思考的寫作習慣
		能養成觀察周圍事物，並寫下重點的習慣	能正確流暢的遣詞造句、安排段落、組織成篇
			能掌握詞語的相關知識，寫出語意完整的句子
			能應用各種句型，安排段落、組織成篇
		能認識各種文體，並練習不同類型的寫作	能收集自己喜好的作品，並加以分類
			能掌握記敘文、說明文和議論文的特性，練習寫作
		能應用各種表達方式練習寫作	能應用改寫、續寫、擴寫、縮寫等方式寫作
			能配合閱讀教學，練習撰寫摘要、札記及讀書卡片等
		能具備自己修改作文的能力，並主動和他人交換寫作心得	能從內容、詞句、標點方面，修改自己的作品
			能經由共同討論作品的優缺點，以及刊物編輯等方式，主動交換寫作的經驗
		能依蒐集材料到審題、立意、選材、安排段落、組織成篇的寫作步驟進行寫作	練習利用不同的途徑和方式，收集各類可供寫作的材料，並練習選擇材料，進行寫作
			練習從審題、立意、選材、安排段落及組織等步驟，習寫作文
		能瞭解標點符號的功能，並在寫作時恰當的使用	能瞭解標點符號的功能，並能恰當的使用

表 10-3　兒童寫作能力指標內涵與轉化後之學習目標與評量指標（續）

能力指標類別	能力指標	學習目標與評量規準
能力指標內涵	能把握修辭的特性，並加以練習及運用	能理解簡單的修辭技巧，並練習應用在實際寫作
	能練習使用電腦編輯作品，分享寫作經驗和樂趣	能利用電腦編輯班刊或自己的作品集
		能透過網路，與他人分享寫作經驗和樂趣
	能發揮想像力，嘗試創作，並欣賞自己的作品	能在寫作中，發揮豐富的想像力
		能嘗試創作（如童詩、童話等），並欣賞自己的作品

伍、結語

　　作文教學為國語文教學之重要內容，九年一貫課程實施後，能力指標其實蘊含著豐富的課程設計內容。在寫作方面，透過能力指標的篩選與分析，本研究將能力指標落實於教學上，從能力指標中整合分析出學生的觀察力、思考力、想像力與表達力等思維能力，然後與閱讀所得結合，巧妙地進行課程設計與規劃，提供一學期的教學活動設計，不僅為寫作教學提供一個課程設計模式，也為作文教學提供另一新視窗。

參考文獻

中文部分

王家珍（1999）。讀寫結合的修辭教學對國小兒童寫作修辭能力之影響。碩士論文，未出版。

王家珍（2000）。快快樂樂學修辭。板橋：螢火蟲。

王家珍等（2003）。九年一貫課程能力指標在教學上之轉化與落實——以兒童口語表達能力為例。台北：教育部。

秦嗣輝（2003）。九年一貫課程自然與生活科技學習領域能力指標轉化之個案研究。碩士論文，未出版。

馮瑞龍等（2002）。寫作教學遊戲手冊。香港：中華書局。

葉連祺（2002）。九年一貫課程與基本能力轉化。教育研究月刊，**96**，49-63。

西文部分

Caccamise, D. J. (1987). Idea generation in writing. In A. Matsuhashi (Ed.), *Writing in real time: Modeling production processes* (pp. 224-253) New Jersey: Ablex.

Zamel, V. (1987). Writing: The process of discovering meaning. In M. H. Long & J. C. Richards (Eds.), *Methodolgy in TESOL a book of readings* (New York: Newbury House Publishers).

國文作文教學的理論與實務

附錄一　教學活動設計與學習單

壹、兒童寫作能力教學活動設計

一、活動名稱：小四的一天

二、習領學域：語文領域

三、教學對象：國小四年級學生

四、教學時間：共二節

五、活動目標：

（一）能培養觀察與思考的寫作習慣。

能養成觀察周圍事物，並寫下重點的習慣。

（二）能正確流暢的遣詞造句、安排段落、組織成篇。

1. 能掌握詞語的相關知識，寫出語意完整的句子。

2. 能應用各種句型，安排段落、組織成篇。

六、活動流程：

活動 內容	說明 （含教學策略）	教學 時間	情境 佈置	轉化後之 重要能力	指導要點及 注意事項
（一）展示繪本故事	1. 教師將繪本—珍惜生命的故事，以四張圖卡呈現在黑板上。（第四張為問號） 2. 請小朋友仔細的觀賞，看看圖卡中的人、事、物，他們有什麼關係？他們發生了什麼事？	5分	圖卡	觀察力	

活動 內容	說明 （含教學策略）	教學 時間	情境 佈置	轉化後之 重要能力	指導要點及 注意事項
（二）提 出各圖關 鍵字	1. 教師根據每張圖卡所 要傳達的訊息，在上 方寫上關鍵字。 2. 請小朋友根據關鍵字 再想一想誰是主角？ 他發生了什麼事？	5分		思考力	關鍵字可由 老師自行訂 定，或和小 朋友一起討 論後提出
（三）看 圖說故事	1. 全班分成若干組。 2. 小朋友看圖並根據關 鍵字的提示，討論故 事的內容。 3. 各組派出代表上台說 故事。	10分		表達力	提醒小朋友 上台說故事 應有的禮 貌，並且保 持適當的速 度與音量
（四）自 行創作內 容	歸納整理各種所得及閱 讀所學之句型，自行創 作。	60分			

（五）教學補給站：方法
　　1. 觀察
　　2. 關鍵字
　　3. 運用句型（複習與提示課文的句型練習）
　　4. 組織成篇

貳、兒童寫作能力教學活動設計

一、活動名稱：學習名家風采

二、習領學域：語文領域

三、教學對象：國小四年級學生

四、教學時間：共二節

五、活動目標：能認識各種文體，並練習不同類型的寫作。

　　（一）能收集自己喜好的作品，並加以分類。

　　（二）能掌握記敘文、說明文和議論文的特性，練習寫作。

六、活動流程：

活動內容	說明（含教學策略）	教學時間	情境佈置	轉化後之重要能力	指導要點及注意事項
（一）文章分享	1. 自行剪報。 2. 學生分組分享所蒐集的珍惜生命的文章。	5分			
（二）共同討論	1. 進行下列活動，並討論之。 *分類：名家作品分類（記敘文、說明文、議論文）。 *比較：學習欣賞名家寫作文體、技巧優缺點。 *討論：何謂記敘文、說明文、議論文。 2. 回憶課文中 1-3 課文體，並進行比較。	15分	文章	思考力	

活動 內容	說明 （含教學策略）	教學 時間	情境 佈置	轉化後之 重要能力	指導要點及 注意事項
（三）自 行創作內 容	1. 小小體驗活動。 2. 「擴寫」另一篇珍惜 　　生命的文章。	60分		想像力	提醒小朋 友，不會寫 的字可以先 注音
（四）教學補給站：方法 　　1.觀察比較各種文體 　　2.配合學校生命體驗活動 　　3.擴寫文章					

國文作文教學的理論與實務

參、兒童寫作能力教學活動設計

一、活動名稱：拈花惹草

二、習領學域：語文領域

三、教學對象：國小四年級學生

四、教學時間：共二節

五、活動目標：能利用各種表達方式練習寫作。

　　（一）能應用改寫、續寫、擴寫、縮寫等方式寫作。

　　（二）能配合閱讀教學，練習撰寫讀書卡片。

六、活動流程：

活動內容	說明（含教學策略）	教學時間	情境佈置	轉化後之重要能力	指導要點及注意事項
（一）介紹各種植物	1. 回憶課本蒲公英、母親花等內容。 2. 播放老師拍攝的校園植物 VCD。	5 分	VCD		
（二）走訪校園並共同討論	1. 親自走一遭校園，看花、看樹、 聽鳥叫……。 2. 討論與分享所感。 3. 討論如何用一句話說說花語或激勵自己的任何話語、或感想。	35分		思考力	探訪校園的活動可以事先利用下課時間，也可以與藝文課結合（本校藝文課剛好上到此單元，與國語做結合）

活動 內容	說明 （含教學策略）	教學 時間	情境 佈置	轉化後之 重要能力	指導要點及 注意事項
（三）自 行創作內 容	1. 畫下植物簡單的倩影 或撿拾來的小花小 草，然後寫下剛剛的 話語，進行植物書卡 製作。 2. 展示與分享作品。	40分		想像力	可以請小朋 友事先帶一 些小花小草

（四）教學補給站：方法
    1. 觀看本校校園植物 VCD
    2. 實際走訪校園
    3. 植物書卡製作					

肆、兒童寫作能力教學活動設計

一、活動名稱：我最喜歡的植物

二、習領學域：語文領域

三、教學對象：國小四年級學生

四、教學時間：共三節

五、活動目標：能依蒐集材料到審題、立意、選材、安排段落、組織成篇的寫作步驟進行寫作。

　　（一）練習利用不同的途徑和方式，收集各類可供寫作的材料，並練習選擇材料，進行寫作。

　　（二）練習從審題、立意、選材、安排段落及組織等步驟，習寫作文。

六、活動流程：

活動內容	說明（含教學策略）	教學時間	情境佈置	轉化後之重要能力	指導要點及注意事項
（一）蒐集植物資料	事先或上網收集自己最喜歡的植物。	40分	電腦教室		可以請小朋友事先蒐集自己最喜歡的植物的資料
（二）分享討論	1. 討論與分享自己最喜歡的植物。 2. 說一說自己會如何寫下最喜歡的植物。	20分	圖片	思考力	

活動 內容	說明 （含教學策略）	教學 時間	情境 佈置	轉化後之 重要能力	指導要點及 注意事項
（三）自 行創作內 容	1. 自行創作——我最喜 　歡的植物。 2. 分享作品。	60分		思考力	提醒小朋 友，不會寫 的字可以先 注音
（四）教學補給站：方法 　　1. 植物的認識與分享 　　2. 上網搜尋寫作材料 　　3. 創思作文					

伍、兒童寫作能力教學活動設計

一、活動名稱：逛跳蚤市場 1

二、習領學域：語文領域

三、教學對象：國小四年級學生

四、教學時間：共二節

五、活動目標：

（一）能了解標點符號的功能，並在寫作時恰當的使用。

　　　1.能了解標點符號的功能，並能恰當的使用。

（二）能把握修辭的特性，並加以練習及運用。

　　　2.能理解簡單的修辭技巧，並練習應用在實際寫作。

六、活動流程：

活動內容	說明（含教學策略）	教學時間	情境佈置	轉化後之重要能力	指導要點及注意事項
（一）介紹譬喻法及擬人法	進行修辭介紹。例 1. 概念形成——介紹何謂譬喻修辭。 2. 概念澄清——比較有無譬喻修辭的不同。 3. 概念應用——應用譬喻修辭於文章中。 *參考王家珍（2000）《快快樂樂學修辭》一書的譬喻及擬人法模式及內容。	10分	《快快樂樂學修辭》書一本或事先影印的學習單	觀察力	本校圖書館置放《快快樂樂學修辭》書40本可利用；教師若無足量的書，也可以事先影印4頁當學習單使用

活動 內容	說明 （含教學策略）	教學 時間	情境 佈置	轉化後之 重要能力	指導要點及 注意事項
（二）分 享討論	說一說學校跳蚤市場的 情形與感受。（可結合 課本惜福的觀念與內容）	10分		思考力	結合親職 日，可以辦 學年或班級 跳蚤市場
（三）自 行創作內 容	1. 自行創作——逛跳蚤 　市場。 2. 展示與分享作品。	60分		表達力	提醒小朋 友，不會寫 的字可以先 注音
（四）教學補給站：方法 　　1. 配合學校跳蚤市場體驗 　　2. 譬喻擬人修辭的介紹 　　3. 創思作文					

陸、兒童寫作能力教學活動設計

一、活動名稱：逛跳蚤市場 2

二、習領學域：語文領域

三、教學對象：國小四年級學生

四、教學時間：共二節

五、活動目標：能具備自己修改作文的能力，並主動和他人交換心得寫作。

（一）能從內容、詞句、標點方面，修改自己的作品。

（二）能經由共同討論作品的優缺點，以及刊物編輯等方式，主動交換寫作的經驗。

六、活動流程：

活動 內容	說明 （含教學策略）	教學 時間	情境 佈置	轉化後之 重要能力	指導要點及 注意事項
（一）共同修改文章一篇	1. 自行創作——逛跳蚤市場。 2. 師生共同於黑板上修改一篇文章。 3. 分享修改所得與技巧。	20分	電腦教室	思考力	
（二）修改文章	1. 學生修改文章。 2. 彼此進行討論與修正。	40分		思考力	

活動內容	說明（含教學策略）	教學時間	情境佈置	轉化後之重要能力	指導要點及注意事項
（三）重新謄寫修改後之文章	1. 重新謄寫修改後之文章——逛跳蚤市場。 2. 展示與分享作品。	20分		思考力	提醒小朋友，不會寫的字可以先注音
（四）教學補給站：方法 　　　1. 共同修改一篇文章 　　　2. 彼此分享文章 　　　3. 彼此討論修改文章					

柒、兒童寫作能力教學活動設計

一、活動名稱：耕耘與收穫

二、習領學域：語文領域

三、教學對象：國小四年級學生

四、教學時間：共二節

五、活動目標：

（一）能發揮想像力，嘗試創作，並欣賞自己的作品。

　　1. 能在寫作中，發揮豐富的想像力。

　　2. 能嘗試創作（如童詩、童話等），並欣賞自己的作品。

（二）能練習使用電腦編輯作品，分享寫作經驗和樂趣。

　　1. 能透過網路，與他人分享寫作經驗和樂趣。

六、活動流程：

活動內容	說明（含教學策略）	教學時間	情境佈置	轉化後之重要能力	指導要點及注意事項
（一）童詩賞析	1. 童詩欣賞。 2. 師生共同討論寫詩的方法。	10分	童詩數則	思考力	
（二）自行創作	1. 歸納整理課本第四單元——耕耘與收穫所得。 2. 自行創作一首詩。	30分		想像力	

活動 內容	說明 （含教學策略）	教學 時間	情境 佈置	轉化後之 重要能力	指導要點及 注意事項
（三）電 腦編輯作 品	1. 將作品做電腦編輯。 2. 展示與分享作品。	40分	電腦 教室	思考力	可以在班級 網頁展示或 者集合作品 成為班刊

（四）教學補給站：
    1. 分享耕耘與收穫的想法
    2. 創思一篇詩 —— 耕耘與收穫
    3. 用電腦編輯作品
    4. 與他人分享					

Chapter *11*

Bloom 2001 年修正版在國中寫作能力評量上的應用

國立師範大學國文學系副教授
鄭圓鈴

國文作文教學的理論與實務

第一單元 評量寫作能力題型

　　寫作能力測驗主要用來測量學生以文字達成有效溝通或其他語文藝術目的的能力。一般的評量形式有兩種：(1)客觀測驗題；(2)實作題。

壹、客觀測驗題

　　所謂客觀測驗題是指利用客觀測驗試題讓考生辨識何者為恰當的語詞、句子結構及文章組織。客觀測驗題一般認為信度較高[1]而效度較低[2]，但根據 Breland 和 Gaynory 在一九七九年的研究[3]，將一份審慎編製及評分，且以測驗寫作能力為主，考試時間為二十分鐘的單一論文題，變更為三題論文題，則它和一份測驗寫作能力客觀試題間的相關係數從 0.60 提高到 0.70。如果將時間延長為六十分鐘，則多題式論文測驗與客觀測驗的

1　信度（reliability）指測驗的可靠性，包括測驗分數的穩定性與測驗內容的一致性。穩定性指同一份測驗經過多次施測所得分數一致，無太大差異。一致性指測驗內容僅在測量一種特質。測驗內容如一致性偏低，會降低測驗分數的穩定性。鄭圓鈴（2004）。標準化成就測驗的定義與編製。載於**高職國語文標準化成就測驗的編製**（初版）（頁6）。台北：心理。

2　效度（validity）指測驗的正確性，即測驗工具能否真實且正確的測量它所欲測量的特質。鄭圓鈴（2004）。標準化成就測驗的定義與編製。載於**高職國語文標準化成就測驗的編製**（初版）（頁8）。台北：心理。

3　李茂興（譯）（2003）。Kenneth D. Hopkins 著。論文題的編製與使用。載於**教育測驗與評量**（頁243）。台北：學富文化。

相關係數往往超過 0.75。甚至根據 Breland 於一九七九年的研究結果[4]，一份測驗時間三十分鐘的客觀測驗，比學生實際的寫作樣本更能正確預測他們在大一的寫作表現。而根據 Hoffman 和 Ziegler 在 1978 年的研究[5]則發現，客觀測驗能有效且富效率的偵測寫作技巧不佳的大學生。由此可見，評量寫作能力的客觀測驗，除具備優良的測驗信度外，如能妥善規劃試題內容，亦可在測量考生寫作技巧的部分，表現極佳的測驗效度。

一、客觀測驗常見題型——選擇題

客觀測驗題常見的題型有：(1)是非；(2)配對；(3)選擇；(4)填充四種。其中以選擇題最為常見。

（一）選擇題型特色

選擇題由題幹與選項組成試題。題幹即測驗問題，選項包含一個正確答案與數個誘答選項。題幹形式可分四類：

1. 完全問句：題幹句義完整。
2. 不完全敘述句：題幹句義，須加選項始為完整。
3. 題幹置於指導語中：同類型的試題集中為一大題，可把題幹置於作答說明中。
4. 選項置於題幹中：由於選項過於簡單，可將選項直接

---

4 李茂興（譯）（2003）。Kenneth D. Hopkins 著。論文題的編製與使用。載於**教育測驗與評量**（頁 243）。台北：學富文化。
5 李茂興（譯）（2003）。Kenneth D. Hopkins 著。論文題的編製與使用。載於**教育測驗與評量**（頁 244）。台北：學富文化。

置於題幹中。

題幹類型可依測驗內容與考生反應，靈活調整，但完全問句較易使考生理解題意，且能測驗較高層次能力，是其中較好的形式。

（二）選擇題型優點

選擇題型的優點為：

1. 能評量記憶、理解、應用、分析、評鑑等能力。
2. 計分經濟客觀。
3. 評量範圍廣泛，內容取樣可更具代表性。
4. 題意清晰明確，不致造成混淆。
5. 誘答選項具有教學診斷價值。
6. 能依據選項分析，偵測學習成果。
7. 避免猜測，提高測驗信度。
9. 能激發學生評估方案的能力。[6]

（三）選擇題型限制

選擇題型的限制為：

1. 無法評量創造能力。
2. 無法評量學生的綜合寫作能力。

6　王文中等（2002）。選擇題的編製。載於**教育測驗與評量**（初版）（頁129-132）。台北：五南。

（四）選擇題型編寫原則

1.一般原則

（1）確定選擇題型最適合評量該教學目標的各項能力。

（2）問題設計須與評量指標密切結合。

（3）每個試題只提問一個問題，評量一種能力。

（4）問題的描述或複雜度，須切合考生程度。

（5）遣詞用字力求簡潔，避免不必要的陳述。

（6）試題設計應避免過於弔詭或故設陷阱。

（7）題目不宜過多，以免答題不及，造成猜測。

（8）難度適中，不宜過難或過於簡單。

（9）題號用數字，選項用英文字母加括號。

2.題幹

（1）題幹要能清楚說明問題，避免過於簡略。

（2）不要將選項插入題幹中，分割題幹，造成閱讀困難。

（3）以提問正面問題為主，如必須以否定提問，應加註明顯記號。

3.標準答案

（1）標準答案的文法應與題幹一致。

（2）不宜直接抄錄課本，應加以變化或改寫。

（3）謹慎使用「以上皆是」及「以上皆非」。

4.誘答選項

（1）誘答選項必須具有似真性。

（2）每個誘答選項最好都能反映學生的迷思或學習困難。

（3）誘答選項的文法須與題幹一致。

（4）避免誘答選項間有重複、同義、相似、包含或從屬
　　　關係。

5.選項安排

（1）所有選項必須在類型、文法、字數上，盡量相近。

（2）所有選項如有共同字詞，該字詞應移至題幹。

（3）選項安排盡量依據字母次序、數值大小，年代順序
　　　排列。

6.答題線索

（1）正確答案不宜重複題幹的某些關鍵字詞。

（2）選項文字長度宜接近，避免正確答案過長或過短。

（3）正確答案宜隨機出現，避免過度集中某個位置。[7]

貳、實作題

　　所謂實作題是利用考生的寫作樣本，判斷考生的寫作能
力。一般認為實作題能測量最複雜、最高層次的評鑑與創造能
力。但實作題的評分常不能達到標準化測驗所要求的信度、效
度與實用性的條件。造成實作題評分不易客觀的常見因素有兩
種：一為寫作者因素，一為評分者因素（閱卷者效度）。寫
作者因素中最重要的是，寫作者對不同體裁的寫作，各有優

7　王文中等（2002）。選擇題的編製。載於**教育測驗與評量**（初版）
　　（頁125-147）。台北：五南。

勢 [8]，因此僅以單一試題評量學生的寫作能力不夠客觀。而評分者因素常見者為：評分標準不一 [9]、分數分配不同 [10] 及分數的變異程度大 [11]。造成這些因素的常見原因為：

1. 月暈效應：學生在其他方面的表現，會影響閱卷者對他寫作能力的評分判斷 [12]。

8　根據 1992 年大陸高考的作文題目，提供一份材料要求學生分別寫一篇記敘文及議論文，學生兩篇作文分數的相關係數只有 0.27。章熊（2000）。寫作能力的測試。載於**中國當代寫作與閱讀測試**（初版）（頁 59-61）。四川：教育出版社。

9　美國教育測驗服務中心進行的研究：邀請 53 位來自各領域的傑出代表，為 300 份大一學生作文評分。評分標準為九等級的量表，結果 34% 的文章得到 9 種分數，37% 的文章得到 8 種分數，23% 的文章得到 7 種分數，沒有任何文章得到低於 5 種的分數。李茂興（譯）（2003）、Kenneth D. Hopkins 著。論文題的編製與使用。載於**教育測驗與評量**（頁 235）。台北：學富文化。

10 Coffman 和 Kurfman 研究評分差異，其差異表現在分數分配不同，有些評分者的分數較分散，有些較集中，而分數集中的評分者，與其他評分者相比，往往對高分者評較低分，對低分者評較高分。李茂興（譯）（2003）。Kenneth D. Hopkins 著。論文題的編製與使用。載於**教育測驗與評量**（頁 235）。台北：學富文化。

11 江西師範大學教育系漆書青等人，自 1984 年起，連續三年，每年取閱卷人數 347-460 人，共同評閱 4 篇作文，取每位評分者的平均分，再對分數的離散程度進行統計。結果 1984、1985、1986 年的兩極差與總平均比，分別為 0.627、0.510、0.524，而如果不取評分者四篇作文的平均分，只取每篇作文的評分統計，以 1984 年為例，則兩極差與總平均比，第一篇 0.55、第二篇 0.67、第三篇 1.16、第四篇 1.33。章熊（2000）。寫作能力的測試。載於**中國當代寫作與閱讀測試**（初版）（頁 54-56）。四川：教育出版社。

12 在大型考試彌封閱卷制度下，此現象較不易發生，但在課堂的寫作評閱，則極易發生。

2. 項目間的遺留效應：考生前一題的作答情形，會影響評分者對他下一題的評分。

3. 試卷間的遺留效應：在連續低劣試卷之後被評分，分數往往較高；在連續優良試卷之後被評分，分數往往較低。

4. 次序效應：評分者給分會出現溜滑梯效應，即較早批閱分數較高，較晚批閱分數較低。

5. 文字操作效應：教師評分時無法單就內容評分，會受到錯別字、標點、文法、筆跡、字數的影響，如果錯字連篇、筆跡潦草、篇幅過短，都不易獲得高分[13]。

雖然閱卷者效度與寫作者的特質會影響實作題的測驗信度，但如能改善下列技巧，則實作題的信度仍能獲得改善。要改善閱卷者效度，可注意以下三點：

1. 論文題目設計的明確清楚。

2. 提供閱卷者答案範例，提示答案要點或概念，分數等級標準。

3. 較多人評閱一份試題[14]。

---

13 李茂興（譯）（2003）。Kenneth D. Hopkins 著。論文題的編製與使用。載於**教育測驗與評量**（頁 236-239）。台北：學富文化。

14 Godshalk 等人研究發現，一項測驗涵蓋五個主題，每個主題由 5 人進行批閱，則測驗總分的閱卷者信度可達 0.92，而分數信度則在 0.84 左右。如一個主題僅由一人評閱，則上述兩個信度分別為 0.40 和 0.25。李茂興（譯）（2003）。Kenneth D. Hopkins 著。論文題的編製與使用。載於**教育測驗與評量**（頁 241）。台北：學富文化。

　　要改善測驗信度及效度，避免寫作者特質影響寫作者的寫作能力表現，可注意以下三點：

1. 增加評分複本 [15]，即增加寫作題題數。
2. 在相同的測驗時間提高寫作題數，並減少答案字數。
3. 對寫作試題，給予範圍限制。

　　實作題如能根據上述建議，在編製及評分技巧上，略作改善，則仍可提高其信度與效度，使之成為標準化測驗。

一、實作測驗常見題型——論文題 [16]

　　實作題常見的題型有：(1)論文題；(2)寫作題兩種。

（一）論文題型特色

　　論文題常見的題型為：(1)簡答題；(2)申論題。

　　1.簡答題

　　（1）每個題目有一明確重點，涵蓋範圍較小。

---

15 論文信度的計算，可將一名學生作答的兩份試卷甲、乙，交給兩位老師 A、B 評分，從其中求出甲、乙試卷所得分數的相關係數，此即測驗信度。如欲提高測驗信度，可增加測驗複本。根據斯布公式，如果兩個複本的個別信度係數都是 0.50，則兩個複本的綜合信度是 0.67；如果三個複本的個別信度係數都是 0.50，則三個複本的綜合信度是 0.75。李茂興（譯）（2003）。**Kenneth D. Hopkins** 著。論文題的編製與使用。載於**教育測驗與評量**（頁 242）。台北：學富文化。

16 王文中等（2002）。題組與論文題。載於**教育測驗與評量**（初版）（頁 167-171）。台北：五南。

（2）問題答案為數個句子組成之陳述，且具有邏輯性組織。

（3）發問詞多為「列舉」、「解釋」、「描述」。

2.申論題

（1）期待學生整合多元領域的知識作答，但每個題目仍
應有明確的要點。

（2）題目應說明評量目標，讓學生了解答題方向。

（3）發問詞多為「比較」、「說明」、「舉例」，避免
用「討論」、「描述」。

（二）論文題型優點

1. 避免學生猜測答案。

2. 可評量評鑑、創造等高層次的認知能力。

3. 避免測驗大量支離破碎的片段知識。

（三）論文題型限制

1. 計分費時：無法借助電腦計分，人工計分，增加閱卷
時間及成本。

2. 取樣較少：一次測驗涵蓋的題目較少，涵蓋的學習範
圍有限，可能造成取樣偏差。

（四）論文題型編寫原則

1. 其他題型不適宜評量欲測驗的能力，如統整、創造，
才考慮論文題型。

2. 題目設計須與教學目標相關，才能檢核教學目標是否

達成。

3. 問題陳述須清楚明白，避免學生誤解題意。

4. 指示作答時間，使學生能分配作答時間。

5. 不宜讓學生選題，以免造成評分不公平。

（五）論文題型評分建議

1. 預先準備好正確答案綱要，使評分有較客觀的依據。

2. 使用恰當計分方式，並事先決定答案重點配分。

3. 事先決定如何處理無關的答案，部分給分或完全不給分？文面書寫整齊是否列入評分？

4. 閱卷時每次針對同一題評分，避免評分標準因不同時期閱卷而變動，影響公平性。

5. 避免知道學生姓名，以避免主觀印象，影響評分。

6. 考試結果如對個人影響重大，最好由兩人以上評分，並事先決定分數相差在某範圍內，應請第三人評分。

二、實作題常見題型——寫作題 [17]

寫作題可分：(1)操作題；(2)短文題；(3)長文題三種。

（一）寫作題型特色

1.操作型試題

---

[17] 章熊（2000）。寫作能力的測試。載於**中國當代寫作與閱讀測試**（初版）（頁 74-276）。四川：教育出版社。

（1）提供限制性內容，要求學生根據規定作語言處理。

（2）縮小寫作評量範圍，排除寫作其他因素，集中評量語言技能的部分。

2.短文型試題

（1）要求受試者書寫文章的篇幅較小，評量因素較小。

（2）提供情境條件，限制性較強。

（3）評量處理文章局部的能力。

（4）與操作型試題較大的差別為，內容由學生自行安排，學生有較多的思維活動空間。

（5）評分標準較簡單。

3.長文型試題

（1）要求受試者書寫文章的篇幅較長，評量因素較多。

（2）評量高層的認知綜合能力如評鑑、創造。

（3）評量範圍廣泛，如審題、立意、結構、組織、表達、修改等。

（4）題目單一，故命題須注意題旨明確、與生活經驗結合、義蘊寬廣、易引發想像、容易發揮；並避免題意八股、命題時預設答題方向。

（二）寫作題型優點

1. 題目不必太多，減輕命題負擔。

2. 避免學生猜測答案。

3. 可評量評鑑、創造等，較高層次的認知歷程。

4. 避免測驗大量支離破碎的片段知識。

（三）寫作題型限制

1. 計分費時；無法借助電腦計分，人工計分，增加閱卷時間。
2. 取樣較少：一次測驗涵蓋的題目較少，涵蓋的學習範圍有限，可能造成取樣偏差。

（四）寫作題型評分建議

1.操作型試題

（1）預先準備好正確答案綱要，使評分有較客觀的依據。

（2）使用恰當計分方式，並事先決定答案重點的配分。

2.短文型試題，如下表 11-1。

（1）建立評分簡表

表 11-1　短文型試題評分表

評分等級	內容
0	未寫或文不對題
1	點出主題
2	點出主題及相關重點
3	敘述清晰流暢
4	敘述優美生動

3.長文型試題，如下表 11-2。

（1）建立評分簡表 [18]

---

18 如為大型入學測驗，除參考本文所附的評分簡表外，為增加測驗信度與效度，應對實作題，提供不同等級的參考卷，評分標準說明及各等級的評分原則。

表 11-2　長文型試題評分表

內容項目／等次	優（一）	良（二）	中（三）	較差（四）	差（五）
內容（10分）	10-8 分 立意深刻，材料豐富生動	8-6 分 內容充實，掌握重點	6-4 分 材料能表現主題	4-2 分 材料部分偏離主題	2-0 分 材料嚴重偏離主題
思維（10分）	10-8 分 思路靈活清晰	8-6 分 思路清晰	6-4 分 思路切合主題	4-2 分 思路部分偏離主題	2-0 分 思路嚴重偏離主題
結構（10分）	10-8 分 結構有巧思，層次分明	8-6 分 結構完整，層次清楚	6-4 分 結構不夠完整，層次清楚	4-2 分 結構鬆散，條理不清	2-0 分 結構雜亂無章
語言（10分）	10-8 分 語言流暢、準確、得體	8-6 分 語言準確，語句通順	6-4 分 語句大體通順、連貫有少量語病	4-2 分 語句不夠通順、連貫有些語病	2-0 分 文理不通，語病連篇
文面（5分）	5 分 篇面整潔，字體美觀，標點、格式正確	4 分 篇面整潔，寫字，標點、格式正確	3 分 寫字，標點、格式錯誤較少	2 分 寫字，標點、格式，錯誤較多	1 分 字跡潦草，難以辨識，標點不清，錯別字極多
創新（5分）	5 分 觀點深刻且具獨創性	4 分 觀點具獨創性	3 分 觀點平實	2 分 觀點不合邏輯	1 分 觀點不合常情

評量寫作能力的理論依據

　　為完整評量國中生的寫作能力，筆者嘗試根據 Bloom 2001 修訂版的分類架構，規劃教學目標及評量指標，用為編寫客觀試題與實作試題的依據。有關 Bloom 2001 修訂版的分類架構及國中寫作能力的教學目標與評量指標規劃，茲說明如後 [19] 如下表 11-3 及 11-4：

表 11-3　Bloom 知識分類與寫作教學指標簡表

Bloom 知識分類主類別／次類別	定義／說明	寫作教學指標
A.事實知識（factual knowledge）	認識學習科目後和解決問題時應知道之基本要素的知識。	
AA.術語的知識（knowledge of terminology）	特定語文或非語文形式的符號和術語的知識。	1.能認識正確字形
C.程序知識（procedural knowledge）	認識如何完成某事的流程、方法及使用技巧的知識。	
CA.特定學科技能和演算的知識（knowledge of subject-specific skills and algorithms）	具有固定結果或順序、步驟之技能的知識。	2.能認識標點符號 [20]

---

19 教學目標與評量指標的擬定參考下列資料：
　　鄭圓鈴（2004）。高職國語文測驗目標與雙向細目表。載於**高職國語文標準化成就測驗的編製**（初版）（頁 52-63）。台北：心理。
　　鄭圓鈴（2004）。認識組織原則知識評量。載於**Bloom 認知領域教育目標在國語文教學與評量的應用**（初版）（頁 388-414）。
　　教育部。九年一貫國語文領域分段能力指標。**九年一貫課程**，取自 http//teach.eje.edu.tw/9cc/fields/2003/language01-source.php

20 併入能認識段落寫作中。

表 11-3　Bloom 知識分類與寫作教學指標簡表（續）

Bloom知識分類主類別／次類別	定義／說明	寫作教學指標
CB.特定學科技術和方法的知識（knowledge of subject-specific techniques and methods）	學者、專家共同協調，用以思考和解決問題方式的知識。	3.能認識語詞寫作 4.能認識句子寫作 5.能認識段落寫作
D.後設認知知識（meta-cognitive knowledge）	認識監控、規範認知的知識。	
DA.策略的知識（strategic knowledge）	會使用各種學習、思考和解決問題策略的知識。	6.能認識短文評鑑
DB.認知任務的知識，包括特有脈絡和狀態的知識（knowledge about cognitive tasks, including appropriate contextual and conditional knowledge）	了解何時使用和為何使用某知識策略的知識。	7.能認識情境寫作 8.能認識閱讀寫作 9.能認識各類文體寫作

表 11-4　Bloom 認知能力分類與寫作評量指標簡表

Bloom 認知能力主類別／次類別	定義	教學目標	評量指標
1.記憶	從長期記憶中提取相關知識。	1.能認識正確字形	
1.1 確認	尋找長期記憶中和現有事實一致的知識。		1-1能確認正確字形 1-2能確認形近字 1-3能確認同音字
3.應用	對某情境執行或使用一個程序。	2.能認識語詞寫作 3.能認識句子寫作 4.能認識段落寫作	

表 11-4　Bloom 認知能力分類與寫作評量指標簡表（續）

Bloom 認知能力 主類別／次類別	定義	教學目標	評量指標
3.2 實行	應用一個程式於陌生的工作。		2-1 能實行正確語詞 2-2 能實行相似語詞 3-1 能實行複雜修飾語 3-2 能實行恰當句子 3-3 能實行辨別病句 3-4 能實行修改病句 3-5 能實行句子改寫 3-6 能實行以修辭法造句 4-1 能實行資料整理 4-2 能實行文句重組 4-3 能實行正確標題 4-4 能實行恰當標點符號 4-5 能實行段落修改
5. 評鑑	根據規準和標準作判斷。	5. 能認識短文評鑑	

表 11-4　Bloom 認知能力分類與寫作評量指標簡表（續）

Bloom 認知能力 主類別／次類別	定義	教學目標	評量指標
5.1 檢查	檢視過程或產品，內部的不一致性。		5-1 能依據文章組織規準，檢查短文詞語使用 5-2 能依據文章組織規準，檢查短文句子使用 5-3 能依據文章組織規準，檢查短文組織原則使用
6.創造	集合要素以組成一個具協調性或功能性的整體。	6.能認識情境寫作 7.能認識閱讀寫作 8.能認識各類文體寫作	
6.1 產生	根據規準，提出假設。		6-1 能產生應用短文（書　信、報告、計　畫、廣告、文　宣、日記、表演稿、演說稿） 6-2 能依據情境，產生短文 6-3 能依據情境，產生短文修改

表 11-4　Bloom 認知能力分類與寫作評量指標簡表（續）

Bloom 認知能力 主類別／次類別	定義	教學目標	評量指標
6.2 規劃	設計程式，完成某些工作。		7-1 能規劃說明作品要旨 7-2 能規劃說明作品內容要點 7-3 能規劃說明作品表現技巧
6.3 製作	發明新產品。		8-1 能製作記敘長文 8-2 能製作議論長文 8-3 能製作抒情長文 8-4 能製作說明長文

　　結合上述兩表，可做成國中國語文寫作能力評量雙向細目表，並加入九年一貫國語文領域能力指標，以為參照。如下表 11-5。

表 11-5　評量國中寫作能力雙向細目表

教學目標	評量指標	認知歷程	題型	九年一貫國語文領域能力指標
1.能認識正確字形	1-1 能確認正確字形	記憶	選擇	D-3-1 能認識常用中國字3500-4500 字。[21]
	1-2 能確認形近字	記憶	選擇	
	1-3 能確認同音字	記憶	選擇	
2.能認識語詞寫作	2-1 能實行正確語詞	應用	選擇	F-3-2 能精確的遣詞用字,並靈活運用各種句型寫作。[22]
	2-2 能實行相似語詞	應用	選擇	F-3-2-1-1 能精確的遣詞用字,恰當的表情達意。[23]
3.能認識句子寫作	3-1 能實行複雜修飾語	應用	選擇	F-3-2 能精確的遣詞用字,並靈活運用各種句型寫作
	3-2 能實行恰當句子	應用	選擇	F-3-2-1-2 能靈活應用各種句型,充分表達自己的見解。
	3-3 能實行辨別病句	應用	選擇	F-3-7 能靈活應用修辭技巧,讓作品更加精緻感人。
	3-4 能實行修改病句	應用	論文	F-3-7-2-1 能養成反覆推敲的習慣,使自己的作品更加完美,更具特色。
	3-5 能實行句子改寫	應用	論文寫作	F-3-7-2-2 能靈活的運用修辭技巧,讓作品更加精緻優美。
	3-6 能實行以修辭法造句	應用	寫作	

---

21 D-3-1 為教學目標。D 指認字能力。3 指九年一貫第三階段,即國一至國三。1 指有關認字指標的排列序號。

22 F-3-2 為教學目標。F 指寫作能力。3 指九年一貫第三階段即國一至國三。2 指有關寫作指標的排列序號。

23 F-3-2-1-1 為評量指標。前 F-3-2 涵義與前項 F-3-2 同,代表教學目標 F-3-2 之下的評量指標。-1-1 的前-1 指國語文十大基本能力的第一項了解自我與發展潛能,後-1 則指十大基本能力第一項後的流水號第一條。

表 11-5　評量國中寫作能力雙向細目表（續）

教學目標	評量指標	認知歷程	題型	九年一貫國語文領域能力指標
4.能認識段落寫作	4-1 能實行資料整理	應用	選擇	F-3-5 掌握寫作步驟，充實作品的內容，精確的表達自己的思想。
	4-2 能實行文句重組	應用	選擇	F3-5-7-1 能將蒐集的材料，加以選擇，並做適當的運用。
	4-3 能實行正確標題	應用	選擇	F3-5-10-2 能依據寫作步驟，精確的表達自己的思想，並提出佐證或辯駁。
	4-4 能實行恰當標點符號	應用	選擇	F-3-6 了解標點符號的功能，並適當使用。
	4-5 能實行段落修改	應用	選擇 論文	F-3-6-1-1 能配合寫作需要，恰當選用標點符號和標點方式，達到寫作效果。
5.能認識短文評鑑	5-1 能依據文章組織規準，檢查短文詞語使用	評鑑	選擇	F-3-5 掌握寫作步驟，充實作品的內容，精確的表達自己的思想。
	5-2 能依據文章組織規準，檢查短文句子使用	評鑑	選擇	F3-5-7-1 能將蒐集的材料，加以選擇，並做適當的運用。
	5-3 能依據文章組織規準，檢查短文組織原則使用	評鑑	選擇	F3-5-10-2 能依據寫作步驟精確表達自己的思想，並提出佐證或辯駁。

表 11-5 評量國中寫作能力雙向細目表（續）

教學目標	評量指標	認知歷程	題型	九年一貫國語文領域能力指標
6.能認識情境寫作	6-1 能產生應用短文（書信、報告、計畫、廣告、文宣、日記、表演稿、演說稿）	創造	寫作	F-3-4 練習應用各種表達方式寫作。 F-3-4-4-1 能配合各項學習活動，撰寫演說稿、辯論稿或劇本。 F-3-4-4-2 能培養寫日記的習慣。 F-3-4-4-3 能配合各學習領域，練習寫作格式完整的讀書報告。
	6-2 能依據情境，產生短文	創造	寫作	F-3-4-5-4 能集體合作，設計宣傳海報或宣傳文案，傳遞對環境及人群的人文關懷。
	6-3 能依據情境，產生短文修改	創造	寫作	F-3-4-6-5 能靈活運用文字，透過寫作，介紹其他國家的風土民情。 F-3-4-7-6 能撰寫自己的工作計畫或擬定各項計畫。
7.能認識閱讀寫作	7-1 能規劃說明作品要旨	創造	論文	F-3-1 能應用觀察的方法，並精確表達自己的見聞。
	7-2 能規劃說明作品內容要點	創造	論文	F3-1-1-1 能應用觀察的方法，並精確表達自己的見聞。
	7-3 能規劃說明作品表現技巧	創造	論文	

國文作文教學的理論與實務

表 11-5　評量國中寫作能力雙向細目表（續）

教學目標	評量指標	認知歷程	題型	九年一貫國語文領域能力指標
8.能認識各類文體寫作	8-1 能製作記敘長文	創造	寫作	F-3-3 能理解各種文體的特質並練習寫作不同類型的作品。
	8-2 能製作議論長文	創造	寫作	F-3-3-4-1 能寫出事理通順、舉證充實的議論文和抒發情意的抒情文。
	8-3 能製作抒情長文	創造	寫作	F-3-3-9-2 能根據實際需要，主動嘗試寫作不同類型的文章。
	8-4 能製作說明長文	創造	寫作	F-3-9 發揮思考及創造的能力，使作品具有獨特的風格。[24] F3-9-3-1 能主動創作，並發表自己的作品。

第三單元　評量寫作能力試題範例

　　根據上述評量寫作能力雙向細目表，即可根據各項評量指標與認知能力，編寫試題，用以測量國中生的寫作能力。茲將每一評量指標的參考範例[25]，說明如後：

---

24 寫作尚有能力指標 3-8 能練習使用電腦編輯作品，分享寫作樂趣，討論寫作的經驗。及其評量指標 3-8-4-1 能透過電子網路，與他人分享寫作的樂趣。3-8-8-2 能透過電子網路，使他人分享作品，並討論寫作的經驗。F3-8-8-3 能練習利用電腦，編印班刊、校刊或自己作品集。但此指標與寫作能力無直接關係，故略去。

25 評量指標的參考範例，有關客觀題的部分，筆者如參考國中基測及四技二專、二技統測有關評量寫作能力試題，則註明該題出處，如基測 9001、二技統測 92 等，如無註明出處則為筆者自行編寫。論文題的部分如參考鄭圓鈴（2003）。**九年一貫國中寫作能力評量指標與範例研究**。行政院國家科學委員會專題研究計畫成果報告（NSC92-2411-H-011-009）。台北：國立台灣科技大學人文學科，則註明國科會。如無註明出處，則為筆者自行編寫。

壹、能認識正確字形

一、能確認正確字形

1. 下列詞語，何者用字完全正確？（基測 9001）[26]【客觀－選擇】

　　（A）並駕齊驅※　　（B）因循殆惰
　　（C）水乳交溶　　　（D）天崩地烈

二、能確認形近字

1. 閱讀下文，並推斷「」的字，何者正確？（基測 9001）【客觀－選擇】

　　青春年少時，終日流連電動玩具間，只圖玩樂，不知與同儕切「磋」（甲）進取；而今鬢髮霜白，臨事僅能「嗟」揉（乙）著雙手，苦無良計可施，徒自「蹉」歎（丙）年華已「搓」跎（丁）！

（A）甲※　　（B）乙　　（C）丙　　（D）丁

26　基測 9001 指 90 年第 1 次基測，如 9102 則指 91 年第 2 次基測，以下類推。

三、能確認同音字

1. 閱讀下列成語，並依序為「」選擇恰當的字。【客觀－選擇】

甲、猶豫不「」　乙、陷入「」境　丙、「」策千里

丁、「」妙好辭

（A）決／決／絕／絕　　（B）決／絕／決／絕※

（C）絕／決／絕／決　　（D）絕／絕／決／絕

貳、能認識語詞寫作

一、能實行正確語詞

1. 下列各句「」中詞語的運用，何者正確？（基測 9002）【客觀－選擇】

（A）連日豪雨成災，中南部早就已經「行雲流水」，不堪居住

（B）有部分的學生做科學實驗時「不求甚解」，因此進步神速

（C）現在上演的這部卡通動畫片備受好評，戲院裡總是「噓聲四起」

（D）為了爭睹企鵝丰采，眾人「比肩接踵」，把動物園擠得水洩不通※

2. 下列文句「」中語詞的使用，何者<u>不正確</u>？（基測 9302）【客觀－選擇】

（A）人要成功，「除了」自己的努力之外，「還得」仰仗

朋友的幫忙

（B）古聖先賢，「無不」經過百般的錘鍊，「才能」名留青史

（C）他們「不僅」是親兄弟，「而且」在個性上迥然不同※

（D）冬日「不論」多淒冷，「總有」遠去的時候

3. 閱讀下文，並回答問題。【客觀－選擇】

　　李小強收到朋友送來一把含苞的玫瑰。他細心地將它們一一種在花盆裡，殷勤地為它們澆水、施肥。忙碌了幾天，正期待著滿園的花團錦簇，但是，陽光下，只見每一片花瓣都滿布著令人怵目的褐斑；每一朵花都低垂著頭，奄奄一息如垂死的天鵝。面對如此景象，李小強呆立了半天，說不出話來。

（1）如果事後李小強對朋友發出了「□□我細心的照顧，這些花□□死了」的抱怨。句中□□處應填哪一組詞語最恰當？（基測9201）

　　（A）不管／畢竟　　（B）雖然／終於

　　（C）儘管／總算　　（D）縱然／還是※

（2）根據本文，「……忙碌了幾天，正期待著滿園的花團錦簇，但是，陽光下……」中的「但是」一詞，<u>不適合</u>用下列何者來取代？（基測9201）

　　（A）然而　　（B）沒想到　　（C）意外地　　（D）無疑地※

二、能實行相似語詞

1. 閱讀下列文句，並依序為「 」選擇恰當的語詞。【客觀－選擇】

　　甲、老師住院以後，同學們都十分「 」

　　乙、過度疲勞會使內心「 」不安，所以適度的休息是必要的

　　丙、他那「 」的話語，感染了全場的觀眾

　　丁、小明個性「 」，從不輕易屈服

　　（A）著急／焦慮／堅強／堅定

　　（B）焦慮／著急／堅強／堅定

　　（C）著急／焦慮／堅定／堅強※

　　（D）焦慮／著急／堅定／堅強

參、能認識句子寫作

一、能實行複雜修飾語

1. 閱讀下文，並依序選擇恰當的語詞排列，使文意流暢完整。
　　【客觀－選擇】

　　她所接觸過的家庭　甲、無一　乙、慘遭　丙、幾乎

　　丁、不曾　侵佔者蹂躪。

　　（A）甲乙丁丙　　　　（B）乙丁甲丙

　　（C）丙甲丁乙※　　　（D）丁甲乙丙

二、能實行恰當句子

1. 閱讀下文，並為□選擇恰當的句子，使語意連接順暢。【客觀－選擇】

大約十分鐘之後，我赫然發現所有的景物都消失在瀰天蓋地的灰色濃霧中。我也被包在其中，視線不及一公尺。□，原本十分有把握的路徑，竟然變得神祕了。

（A）我躺在草地上看鳥在天空遨翔

（B）我甚至於懷疑應該朝哪個方向才能走回小屋※

（C）風並不大，晶白而稀疏的雲慢慢地飄在很高的藍天下

（D）不久雨停了，陽光出現，蔭綠色的雲影在微雨後的草原上緩緩移動

三、能實行辨別病句

1. 下列各句，何者<u>沒有</u>繁冗多餘的語詞？（基測 9001）【客觀－選擇】

（A）有養成閱讀的習慣，等於就猶如擁有一筆珍貴的資產

（B）現代人經常能夠感受到生活中許多無窮的壓力

（C）時時反省改進，才能使我們有更美好的明天※

（D）節儉真是現代人都必須應該培養的美德

四、能實行修改病句

1. 閱讀下列文句，並對成分殘缺的部分，加以修改。【論文－簡答】

運動會快到了，運動場上的畫線工作由體育老師和五年級的同學。

【參考答案】運動會快到了，運動場上的畫線工作由體育老師和五年級的同學一起完成。

五、能實行句子改寫

（一）以下各題請依據要求改寫句子。【論文－簡答】

1. 我被夕陽染紅的天邊吸引住了。（改為「把」字句）

   【參考答案】夕陽染紅的天邊把我吸引住了。

2. 有誰不認為他是一位人才？（改為直述句）

   【參考答案】誰都認為他是一位人才。

3. 小偷把老王的家當偷光了。（改為「被」字句）

   【參考答案】老王的家當被小偷偷光了。

4. 動物園裡不會沒有長頸鹿。（改為肯定句）

   【參考答案】動物園裡一定會有長頸鹿。

（二）以下各題，請把畫底線的句子，改為語體文。【寫作－操作】

1. 三人行，必有我師焉。擇其善者而從之，其不善者而改之。

   【參考答案】選擇他們的優點學習

2. 趙高欲為亂，恐群臣不聽，乃先設驗。

   【參考答案】害怕大臣們不肯聽從他

（三）以下各題請利用關係詞將兩句話合併成一句話。【論文－簡答】

1. 人類隨意毀壞自然資源。　　人類的生存會受到嚴重威脅。

答：【參考答案】如果人類隨意毀壞自然資源，人類的生存會
　　受到嚴重威脅。

（四）以下各題請將雙重否定句改成肯定句。【論文－簡答】

1. 誰都不會否認電子計算機是方便的計算工具。

答：【參考答案】每個人都承認電子計算機是方便的計算工具。

六、能實行以修辭法造句

（一）「春天像剛落地的娃娃，從頭到腳都是新的」，利用譬
　　　喻法，形容春天。請利用相同的修辭法，形容下列語
　　　詞。【寫作－操作】

1. 馬桶－

　　【參考答案】馬桶像是挺著鮪魚肚的彌勒佛，永遠都能接
　　受別人不願接受的東西。

肆、能認識段落寫作

一、能實行資料整理

1. 下面是「海洋公園遊記」的要點，試把其中<u>不適當</u>的三項
　刪除，使文章的內容更加切題。【客觀－選擇】

　　甲、乘坐海洋公園吊車的感受

　　乙、觀看海洋劇場的海豚及海獅表演

　　丙、在海洋公園拍照念

　　丁、介紹海洋公園各種刺激的遊樂設施

　　戊、簡介海洋公園建成的經過

己、觀賞海洋公園的花卉和動物

庚、指出海洋公園的經費來源

辛、建議改善來往海洋公園的交通

（A）甲、丁、戊　　　　（B）丙、丁、己

（C）丁、己、庚　　　　（D）戊、庚、辛※

二、能實行文句重組

1. 下列是一首中間拆散了的現代詩，請依文意選出排序最恰
當的選項：（四技統測 92）【客觀－選擇】

詩人乃是一種奇異的鳥

甲、吟詠出他優美的歌聲

乙、然後駐留在我們之間

丙、假如我們不歌誦他

丁、他自神聖的領域升起

那麼／他將再度展翼／飛回他的故鄉

（A）甲丙丁乙　　　　（B）乙丙甲丁

（C）丙甲乙丁　　　　（D）丁乙甲丙※

2. 下列是一段中間拆散了的古代散文，請依文意選出排序最
恰當的選項：（四技統測 93）【客觀－選擇】

贓官可恨，人人知之；清官尤可恨，人多不知。

甲、清官則自以為不要錢，

乙、不敢公然為非，

丙、何所不可？

丁、蓋贓官自知有病，

剛愎自用，小則殺人，大則誤國。

　　（A）甲乙丁丙　　　　（B）甲丁乙丙

　　（C）丁甲丙乙　　　　（D）丁乙甲丙※

三、能實行正確標題

1. 閱讀下列短評，並從選項中，依序為「一、二、三」加上
   適當的標題：（二技統測 93）【客觀－選擇】
   一、□□□□：刻畫了一則「心中有愛，溫柔相待」的小
   故事；二、□□□□：不會刻意誇張情感的濃烈和衝擊性；
   三、□□□□：段與段之間環環相扣，銜接得極為流暢。

   　（A）題材感人／筆調平實／組織嚴密※

   　（B）內容溫馨／摹寫細緻／文詞通順

   　（C）內容平實／布局巧妙／脈絡清晰

   　（D）題材特殊／用字精準／節奏明快

四、能實行恰當標點符號

1. 八十歲的張老先生為人偏心，為了把財產全部留給兒子而
   立下了遺囑：「八十老翁親生一子所有財產完全給予女婿
   外人不得爭奪」。這段文字要如何標點，才能達到張老先
   生的心願？（基測 9002）【客觀－選擇】

   　（A）八十老翁親生一子，所有財產完全給予女婿、外人，
   　　　　不得爭奪。

   　（B）八十老翁親生一子；所有財產完全給予女、婿，外人
   　　　　不得爭奪。

（C）八十老翁親生一子。所有財產，完全給予女，婿外人
　　　不得爭奪。

（D）八十老翁親生一子，所有財產完全給予。女婿外人，
　　　不得爭奪。※

五、能實行段落修改

1. 閱讀下文，並推斷下列修改，何者最簡潔且切合原意？（二
技統測 92）【客觀－選擇】

　　也是因為我的努力，我才不至於要加入失業大軍的行列。
可是我從不會認為自己是老闆的奴隸，要遵從他的一切指
令，即使他是這樣的想。

（A）老闆希望我是他的奴隸，但我寧願保持自尊，以免
　　　失去我的工作

（B）因為我表現良好，又對老闆畢恭畢敬，所以才能夠獲
　　　得這一份工作

（C）如果我不想失業，就必須對老闆更加的言聽計從，更
　　　加的加倍努力

（D）我能保有這份工作，是因為工作努力，不是因為對
　　　老闆百依百順，做老闆的奴隸※

2. 閱讀下文，並改正三個錯別字，兩個用錯的詞語，一個病
句。【論文－簡答】

　　「砰」的一聲，槍聲響了，五名運動員像五棵出堂的子彈
向前衝去。過了一會兒，我們班的小三落在後面了。這時，
我們大聲喊著：「小三加油！小三加油！」聽到同學們的

喊聲，他馬上加快了進度，奮力敢上。在一陣熱情的掌聲中，小三終於獲得了四百米決賽的冠軍第一名。

【參考答案】棵→顆；堂→膛；進度→速度；敢→趕；熱情→
熱烈；小三終於獲得了四百米決賽的冠軍第一
名→小三終於獲得了四百米決賽的冠軍

伍、能認識短文評鑑

5-1 能依據文章組織規準，檢查短文詞語使用

5-2 能依據文章組織規準，檢查短文句子使用

5-3 能依據文章組織規準，檢查短文組織原則使用 [27]

1. 閱讀下列短文，回答問題。（二技統測92）【客觀－選擇】

　　作文，是語文學習的重點。每個學生都應該認真的做好作文。但是，同學們往往查覺沒有什麼材料可寫（甲），這是什麼原因呢？

　　先說我們班上的情況，每逢作文，我們都感到頭痛，不知道用什麼材料作文（乙）。老師經常強調要注意觀察，觀察生活，觀察事物；對作文要認真想想。可是，正如前面老師講的（丙），有的卻只注意作文的分數。我們班上的情況，大體反映了中學生對作文的態度。

　　如何寫好作文，這是每個學生所關心的。上面那個同學和老師說的話（丁），反映了同學們只重視分數，忽視

---

[27] 此類試題多採題組形式，無法依個別評量指標例舉試題，故將題組各子題之指標以【　】說明於題幹之後

觀察生活，知識貧乏，無話可說，不知道用什麼材料。因而，我們應該培養自己觀察力，對周圍的一事、一人、一物做認真細緻的觀察、分析、發表感想。

（1）如果你是國文老師，你覺得下列給予這篇文章的評語，何者最恰當？【5-3 組織原則】

　　（A）標點失當，錯字太多　（B）內容豐富，說理清晰

　　（C）簡潔流暢，把握重點　（D）文字冗贅，不夠簡潔※

（2）下列有關劃線處文句優劣的說明，何者正確？【5-2 句子】

　　（A）甲句「查覺」一詞使用不當※

　　（B）乙句使上下文承接順暢

　　（C）丙句舉例具有說服力

　　（D）丁句語序失當，應先寫老師，再寫學生

2. 閱讀下文，回答問題。（四技統測 93）【客觀－選擇】

這套 SARS 網路視訊系統（甲），除了可透過網路攝影機傳遞即時畫面與聲音，窺視隔離病房內患者的狀況（乙），醫護人員□可利用 PDA 結合無線上網的方式（丙），在醫院各角落進行同步觀察隔離病房內的情形（丁）。

（1）丙句□內不適合填入的語詞是：【5-1 語詞】

　　（A）更　　（B）方※　　（C）還　　（D）也

（2）下列關於甲、乙、丙、丁句的修改方式，何者最恰當？
　　【5-2 句子】

　　（A）甲句改成「這套 SARS 所提供的網路視訊系統」

　　（B）乙句以「掌握」替代「窺視」，改成「掌握隔離病房內……」※

（C）丙句加上「並且」，改成「醫護人員並且□可利用
　　PDA⋯⋯」

（D）丁句改成「進行同步觀察隔離病房在醫院各角落內
　　的情形」

陸、能認識情境寫作

一、能產生應用短文

1. 利用下列設定的條件，用 150 字以內創作一則平面廣告。
　（國科會）【寫作－短文】
　　例：主旨：○○書局舊書拍賣，過期舊書全面 1 折
　　　　時間：2004.04.20 至 2004.04.30
　　文案：論斤計兩舊書買賣會
　　　　　過期的鳳梨罐頭，不過期的食慾
　　　　　過期的底片，不過期的創作慾
　　　　　過期的舊書，不過期的求知慾
　　　　　全面 1 折拍賣活動
　　　　　貨品多，價格少，供應快
　　　　　知識無保存期限
　　　　　歡迎舊雨新知，前來大量搜購舊書
　　　　　一輩子受用無窮！

2. 某國中擬於寒假舉辦一個「國中生電腦體驗營」，以下是
　　這個體驗營的活動時間表：

	第一天	第二天	第三天	第四天
7:00-8:00		早餐		
8:00-9:30		早安，依魅兒	認識硬體	
10:00-11:30		勁爆 MP3	虛擬實境	
12:00-13:00		午餐		
13:30-15:00	始業式	防毒急診室	參觀人工智慧實驗室	結業式
15:30-17:00	網路遨遊	連線遊戲		賦歸
17:30-18:30		晚餐		
19:00-21:00	晚會	電玩大作戰	自己組電腦	
21:00-22:00		小隊時間		

請你根據上表，寫出一則 200 字宣傳文案，介紹這個營隊的特色，並吸引國中生參加。文案形式可以是一篇短文、一首新詩、一篇告示或其他文類。【寫作－短文】

二、能依據情境產生短文

1. 落葉是秋天常見的景物，但作者以爸爸和孩子的觀點來看落葉，形成兩種不同的情趣。請選擇一樣秋天特有的景物，仿照這首詩的手法，描寫它在不同人的眼中，所呈現的不同樣貌。（國科會）【寫作－短文】

孩子們的腳步踩過去了
爸爸的腳步也踩過去了
沙沙地
落葉正飄響在林間小徑
在爸爸的眼裡
落葉是一枚枯萎的標本

在孩子們的心裡

　　落葉卻是一隻墜落的蝴蝶　——趙天儀〈落葉〉

2. 下文為記者採訪台北市立木柵動物園副園長的稿子。現在，請你充當記者，在文中揀選有用的資訊，寫成一則 100 字以內，有關國王企鵝的報導。（國科會）【寫作－短文】

　　○月○○日下午四點鐘左右，在台北市立木柵動物園的會客室內，已經忙得焦頭爛額的副園長一面整理資料，一面跟他的記者朋友聊天：「累了一整天，好不容易能夠坐下來休息一會，不過可能待會兒又要去安排明天國王企鵝亮相的相關事宜了。自從上次那兩隻無尾熊哈雷和派翠克亮相後，我們園區只要每到假日，就會有一大票人潮湧入，真讓我們的工作人員累壞了。明天一定又會吸引一大批人潮，到時候你可要小心一點，別讓你的寶貝攝影機摔壞了，不然可就捕捉不到國王企鵝的可愛模樣了。說實在的，要照顧這些從日本來的國王企鵝可真不是件容易的事，要調節氣溫、餵牠們吃魚……，為了讓牠們趁早適應新環境，工作人員們都不敢掉以輕心呢！對了，請你幫我提醒其他的記者朋友及參觀的民眾們，千萬不要用閃光燈拍照。此外，參觀木柵動物園，最方便又省時的方法，就是搭乘捷運哦！再次提醒你，明天一定要儘早來，否則就只能在電視上望『鵝』興嘆囉！」

3. 下文描寫一個人的穿著、樣貌。請參考它的描寫手法，以班上同學為對象，加以描寫。（國科會）【寫作－短文】

他一身軍裝：泥漬斑斑的迷彩外套，野戰軍帽，子彈帶斜

掛肩上，一支獵槍。他臉上膚色和紋理恰像一塊匆促起鍋的牛排，鼻鋒突出，下面是凌亂的、被菸燻黑的山羊鬍子。赤黃的眉毛糾結怒生，遮蔽了部分灰藍的眼睛。笑起來，露出一口爛牙，能讓最樂觀的牙醫感到絕望。話雖如此，他卻給人一種特異的溫和親切之感。

三、能依據情境產生短文修改

1. 閱讀下文，並在保留原意及與上下文銜接流暢的前提下，依據題號所規定的格式，順序修改短文。[28]【寫作－限制】

　　春日，和三兩知己到郊外走走，多麼＿＿＿（例）快！沿途<u>花木茂勝，枝葉扶梳</u>（1），真令人有<u>景物眾多，眼睛來不及細看</u>（2）之感。

　　我和友人乘坐汽車郊遊。<u>汽車在公路上疾駛</u>（3），途經一個魚塘。只見密麻麻的鴨子像緞上綻放的白花，散落在魚塘四周。忽然其中一些白花慢慢地由圍狀化為一條直線，<u>伸劃過去／的泥地／向／塘邊／劃過／公路上</u>（4）。我們立刻把車停下來

　　這時鴨兒排好一＿＿＿＿（5）莊嚴的隊伍，<u>一隻跟著一隻橫過公路</u>（6）。我真不明白他們的紀律是如何訓練而成的，他們的領隊是「民選」的、「自薦」的、還是＿＿＿＿（7），而其他鴨子是否只是閒來湊湊熱鬧呢？

_____

28 修改自香港中學會考（2003）。中國語文試卷一，乙部語文運用問題。

鴨隊很長，車子安然的等待。<u>你是什麼人、什麼車、不是也要讓牠們先走嗎</u>（8）？鴨兒走後，我們又繼續前進，心裡卻對剛才壯觀的一幕有點依依。才走了十多公尺，回頭一看，＿＿＿＿（9），鴨兒竟然又重整隊伍，再度劃過公路，返回牠們原先聚居的魚塘！原來鴨兒只是在＿＿＿＿（10），我卻對牠們的紀律有太多的聯想！

短文修改問題

（例）補上一字　<u>愉</u>　。

（1）改正兩個錯字　<u>盛</u>　、　<u>疏</u>　。

（2）改為一個四字成語　<u>目不暇給</u>　。

（3）將直敘改為譬喻　<u>汽車像駿馬般在公路上疾駛</u>　。

（4）將虛線的語詞重組為通順的句子　<u>劃過塘邊的泥地向公路上伸劃過去</u>　。

（5）補上量詞　<u>列</u>　。

（6）將直敘改為擬人　<u>一隻跟著一隻軍紀井然的橫過公路</u>　。

（7）補上標點符號　<u>……</u>　。

（8）改為以「不管」起首的句子　<u>不管你是什麼人、什麼車、都要讓牠們先走</u>　。

（9）補上嘆詞　<u>啊</u>　。

（10）續寫，字數加標點符號不可超過 20 字　<u>原來鴨兒只是在漫無目的的閒逛，</u>

柒、能認識閱讀寫作

一、能規劃說明作品要旨

1. 閱讀下文，並用 10 字以內，說明它的要旨（國科會）【論文－申論】

   俄國作家列夫・托爾斯泰說：「一個人就好像是一個分數，他的實際才能好比分子，而他對自己的估計好比分母，分母愈大則分數的值就愈小。

   【參考答案】驕傲的人不易有成就

2. 閱讀下文，並用 30 字以內，說明它的寓意。（國科會）【論文－申論】

   一隻貓頭鷹一直向東方飛去。牠飛得很疲乏了，便停在樹林裡面歇息。一隻斑鳩也在那裡休息。斑鳩看見貓頭鷹氣喘吁吁的樣子，便問牠：「你這麼匆匆忙忙地趕路，上哪兒去呀？」貓頭鷹說：「我想搬到東方去住。」斑鳩問：「為什麼？」貓頭鷹說：「西邊的人都說我的聲音難聽，都討厭我。我在那兒住不下去，非搬家不可了！」斑鳩說：「搬家就能解決問題嗎？依我看，如果你不改變你的聲音，那麼不管你搬到哪兒，人們都會討厭你的。

【參考答案】改變自己的缺點，別人才會改變對你的態度

二、能規劃說明作品內容要點

1. 閱讀下文，並回答問題。（國科會）【論文－申論】

　　一杯熱茶可以對抗電視機放射出來的有害輻射，並幫助身體對癌症產生抵抗力。

　　一個有關茶的研討會，研究人員指出茶含有「聚酚」及其他物質，有助於增加白血球對抗外來生物的能力。研究人員發現茶可以防止硝酸氨鹽的形成，這是造成胃癌的因素之一。其中一個研究人員說，一杯熱茶已足以抵銷電視螢光幕放射出來的 X 光線；他說綠茶是最好的防癌物，而中國大陸已成功地利用茶製藥，醫治輻射性疾病。一種主要由茶葉提煉用以增加白血球的藥現已廣泛應用。研究人員又引述日本某學院用十二年時間進行的研究，發現在產茶葉的地區，由於居民常飲大量的茶，胃癌的病例非常的少。

　　其他與會的學者，又強調茶也可以防止中風以及動脈硬化。

（1）根據上文，列出六點說明飲茶的好處？

國文作文教學的理論與實務

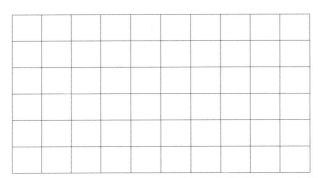

【參考答案】防癌、可抵銷電視螢光幕放射的 X 光線、可抵
　　　　　　抗有害輻射、有助於增加白血球對抗外來生物的
　　　　　　能力、防止中風、防止動脈硬化

（2）分別比較中日兩國研究茶的成果。

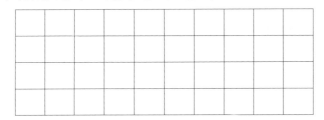

【參考答案】中：利用茶製藥，醫治輻射性疾病。日：發現產
　　　　　　茶葉地區，由於居民常飲用大量的茶，胃癌的病
　　　　　　例非常少

三、能規劃說明作品表現技巧

1. 閱讀下列短文，並回答問題。（國科會）【論文－申論】
　　A、樹是美麗且具有生命的靈魂，它渴望的是呵護的愛心
　　　而不是粗魯的鋸子。漫步在老樹林中，是我們希望孩

子們擁有的珍貴經驗之一。對那些提供豐富多樣的視野、影像、聲音及生氣盎然的原始生命的森林，我們應該珍惜它而不是將它當成廉價的木片出售。

B、木片事實上並不具備絕對的經濟價值，研究顯示它提供生態旅遊業工作機會所獲得的經濟效益，遠大於木材製造的收益。由於我們的經濟正處於赤字的階段，因此不考慮它的經濟效益是不聰明的。我們必須從過去只能扮演「世界採石場」的角色，調整成為追求經濟效益的領導者。

（1）列舉這兩篇文章討論的共同主題？

（2）解釋這兩篇文章所使用的說服技巧？

捌、能認識各類文體寫作

一、能製作記敘長文【寫作－長文】

1. 麥當勞是我們童年的一種回憶，裡面充滿了不同的人、不同的表情、不同的動作，甚至還夾雜著不同的聲音。請根據上面的提示，寫一篇〈麥當勞的 30 分鐘〉的記敘文。

   本題應包括：(1)環境空間的敘述。(2)人物的活動。(3)聲音的描寫。

二、能製作議論長文【寫作－長文】

1. 學了〈愚公移山〉後，有同學認為僅為了交通方便而移山，不如搬家，更符合經濟效用，你認為如何？請以〈移山不

如搬家〉為題寫一篇議論文。

本題應包括：(1)愚公移山的主要觀點。(2)搬家的主要觀點。

(3)自己的觀點 [29]。

三、能製作抒情長文【寫作－長文】

1. 感人的歌聲不一定優美動聽，卻總讓人記憶深刻。那首歌，打動我們的不只是聆聽旋律，更是某些生活片段的回憶。現在請以「心中的一首歌」為題，敘述一段聆聽歌聲的經驗。[30]

   本題應包括：(1)歌聲的描寫。(2)情境的說明。(3)心中的感受。

四、能製作說明長文【寫作－長文】

1. 你對學校印象深刻嗎？請畫一張介紹學校位置及空間結構的平面圖，並根據此圖寫一篇介紹學校空間結構的說明文。[31]

   本題應包括：(1)學校位置及空間結構的平面圖。(2)介紹學校應層次井然，掌握空間的方向感。(3)加入修飾語，增加閱讀趣味。

---

29 修改自賴慶雄等（1998）。作文新題型觀察。載於**作文新題型**（初版）（頁66）。台北：螢火蟲。

30 修改自賴慶雄等（1998）。作文新題型舉隅。載於**作文新題型**（初版）（頁229）。台北：螢火蟲。

31 修改自賴慶雄等（1998）。作文新題型觀察。載於**作文新題型**（初版）（頁110）。台北：螢火蟲。

參考文獻

中文部分

王文中等（2002）。**教育測驗與評量**。台北：五南。

李坤崇（2004）。修訂Bloom認知分類及命題實例。載於**教育研究月刊**，**122**，98-127。

章熊（2000）。**中國當代寫作與閱讀測試**。四川：教育出版社。

郭生玉（1985）。**心理與教育測驗**。台北：精華。

葉連祺、林淑萍（2003）。布魯姆認知領域教育目標分類修訂版之探討。載於**教育研究月刊**，**105**，100-101。

歐陽教等（1998）。**我國中小學國語文基本學力指標系統規劃研究**。師大教育研究中心研究專案。

歐滄和（2003）。**教育測驗與評量**。台北：心理。

賴慶雄等（1998）。**作文新題型**。台北：螢火蟲。

張鈿富（1995）。**台灣地區教育指標建構之研究**。行政院國家科學委員會專題研究計畫成果報告。NSC84-2413-H-0040-002。

黃光雄等譯（1983）。**認知領域目標分類**。高雄：復文。

黃政傑等（1996）。**教育指標系統整合型研究之規劃**。師大教育研究中心研究專案。

鄭圓鈴（2002）。國高中學力測驗的指標與範例（六）選擇型語文表達能力。載於**國文天地**，**201**，99-105。

鄭圓鈴（2003）。**九年一貫國中寫作能力評量指標與範例研**

國文作文教學的理論與實務

究。行政院國家科學委員會專題研究計畫成果報告。NSC92-2411-H-011-009。

鄭圓鈴（2004）。**Bloom 認知領域教育目標在國語文教學與評量的應用**。台北：心理。

鄭圓鈴（2004）。**高職國語文標準化成就測驗的編製**。台北：心理。

其他

1.教育部。**九年一貫國語文領域分段能力指標**。

2.歷屆國中基測試題。

3.歷屆四技二專及二技統測試題。

4.歷屆大學學測試題。

5.歷屆香港中學會考試題。

西文部分

Anderson, W. & Krathwohl, D. R. (Eds.) (2001). *A taxonomy for learning teaching, and assessing: A revision of Blooms' educational objectives*. New York: Longman, Green.

Bloom, B. S. (Ed.) (1956). *Taxonomy of educational objectives: The classification of educational goals, Handbook I: Cognitive domain*. New York: Longman, Green.

Kenneth D. Hopkins 著，李茂興譯，陳淑美審定（2003）。**教育測驗與評量**。台北：心理。

Robet L. Linn & Norman E. Gronlund 著，鄒慧英譯（2003）。**測驗與評量——在教學上的應用**。台北：洪葉。

附錄：名詞解釋

Bloom 2001 年修正版

　　指 Anderson, W. & Krathwohl, D. R. (Eds.) (2001).*A taxonomy for learning teaching, and assessing: A revision of Blooms' educational objectives*. New York: Longman。此書一般稱為 Bloom 2001 年版認知領域教育目標，或簡稱為 Bloom 2001 年修正版。
其理論架構為：
知識內容含四項主類目，及十一項次類目。

一、**事實知識**：術語知識、特定整體和元素知識。

二、**概念知識**：分類和類別知識、原則和通則化知識、理論／模式／結構知識。

三、**程序知識**：特定學科技能和演算的知識、特定學科技術和方法的知識、運用規準知識。

四、**後設認知知識**：策略的知識、認知任務（特有脈絡和狀態）的知識、自我知識。
　　認知領域含六類能力及 19 類動詞描述。

一、**記憶**：再認、回憶。

二、**理解**：詮釋、舉例、分類、摘要、推論、比較、解釋。

三、**應用**：執行、實行。

四、**分析**：區辨、組織、歸因。

五、**評鑑**：檢查、批判。

六、**創造**：產生、計畫、製作。

Chapter *12*

國中學童作文語法錯誤抽樣分析 [1]

國立台灣師範大學國文學系副教授
楊如雪

---

1 感謝國立台灣師範大學劉渼教授在本論文發表時的討論與指點。

壹、前言

　　語文是人類表情達意的主要工具，為達到彼此溝通的目的，其中必定含有約定俗成的習慣或規律，這些習慣或規律就是語法或文法。當一個人有意念要以語文的方式表達時，必須準確運用建構在自己腦中的「語法規律」，才能明確地表達心意，避免詞不達意的情況。每一種語言，句子的數目無法列舉完盡，但「語法規律」卻是有限的，是可以掌握的。掌握了有限的語法規律，便可以造出無限多的句子，於是便可以傳達出無數的新訊息（謝國平，1998：6）。而孩童的語文學習過程，其實主要就在學習「語法規律」。所以，語法規律堪稱是語文學習的樞紐（姚榮松，1987a，1987b）。

　　國中學童至少具備六年以上語文書寫的學習經驗，不過，學生寫作能力低落卻又是不爭的事實，例如：易麗君（2001）就曾指出，中學生語文能力低落的現象讓人憂心；施教麟（2001）則更指出國中學生作文程度一代不如一代，有「錯字不斷，矛盾百出，表達能力欠佳」等毛病，常令老師在批改作文時掩卷興嘆。尤其過去幾年，面臨國中基本學力測驗不考作文，以及國語文授課時數減少的雙重影響，學生寫作能力的低下，已經不是只讓國文教師頭痛，也令一些關心學生語文程度的知識分子憂心忡忡。例如，前幾年在中央研究院院士會議中，即有多位院士批評當前學生國語文素質與表達能力低落的問題（《中國時報》，2002.7.3，2版，社論）；而多名大學教授、高中教師在二〇〇四年六月十四日《文訊》所舉辦的一場

「高中國文教育與教材現況座談會」中，更一致感嘆e世代學生喜歡把網路聊天用語，當成國文作文詞句，建議國中基測加考作文，讓國中生好好學一下「真正」的作文（《聯合報》，2004.6.15，B8版）。

　　個人在九十二學年度接受國科會補助，進行「九年一貫國語文寫作基本能力『句型及語法』階段指標規劃研究」的專題研究（計畫編號NSC92-2411-H-003-066-），該研究針對國中小學童作文進行抽樣統計、分析，獲得九年一貫各階段學童作文寫作基本能力的階段指標[2]。不過，也就是在這個研究過程中，有機會接觸不少的學童作文樣本，發現在每本樣本中幾乎都出現或多或少的錯誤現象，其中尤以錯別字最為普遍。這一方面跟目前針對國民教育階段的學習成果所實施的基本學力測驗只考選擇題有關，學童回答問題時，不需自己建構答案，因此在學習的過程中，跟書寫有關的活動可能相對減少，另一方面可能跟學童經常使用電腦有關。而在語法方面所出現的錯誤現象則更令人憂心，因為如前所述，語法規律是語文學習的樞紐，作文裡的語法錯誤，可能代表學童在語法規律的習得上出現重大的問題，極可能影響其語文的根基。因此驅使個人在該研究之後，進行學童作文樣本有關語法錯誤的後續研究。

2　該研究在第三階段，亦即國中階段，規劃的階段指標為：單句方面希望延續第二階段熟習運用動詞謂語、名詞謂語、形容詞謂語及存在等句型的要求，NP與VP可學習使用兩個以上的修飾成分；在複句方面，至少要能運用補充、順承、因果、轉折、遞進、並列等六種複句關係。

　　以下擬列舉國中學童作文常見的語法錯誤類型，並對這些語法錯誤情形進行分析，進而針對這些常見的錯誤類型提出可運用的教學策略。

貳、研究方法

　　選取樣本前，有下列幾點考量：

一、希望取得的樣本文章長度能在三百字以上。

二、國中一年級（七年級）學童因為剛離開國小，與第二階段的能力頗相近；國中三年級（九年級）則即將面臨基本學力測驗，不論老師或學童都可能無法全心投入在寫作上。因此不對一、三年級取樣。

三、多數學童寫作論說文的能力本較薄弱，而寫作抒情文的能力則有頗大的個別差異。因此不以論說文或抒情文進行取樣。

四、學童對傳統式的命題作文文章題意的掌握較難一致，因此取樣時捨棄傳統式命題作文。

　　基於以上各項因素的考量，決定選用國中二年級（八年級）學生之作文樣本，由國文教師以引導式作文導引學生寫作[3]，題目為：「我最感動的一件事」，文體為記敘文，並規定

3　提供給國文老師的幾個導引原則，略述如下：
　　1.題材不限，寫人、敘事或記物皆可。
　　2.請注意題目的重點在「一件事」。
　　3.要完整地敘述這一件事的發生、過程與結束。
　　4.要說出這件事「為什麼」讓你感動。
　　5.並請就這件事給你的啟示或影響來作論述。

不得以小說或新詩寫作。

　　本研究採集之樣本分佈情形：北區兩所學校兩個班級共六十六本、中區一所學校一個班級三十七本、南區一所學校一個班級四十三本、東區一所學校一個班級四十本，共計一八六本。

　　在樣本中逐一找出語法錯誤的句子，針對錯誤進行分析與歸納之後，發現國中學童作文中常見的語法錯誤約可分為：判斷句的成分錯誤、語句成分搭配不良、助詞使用不當、介詞使用錯誤、語句成分不完整或不當省略、語序錯誤、套用母語語法或使用網路語言、斷句錯誤造成標點誤用、複句關連詞語使用失當等九種類型，以下列舉其中具有代表性的錯誤逐項說明於後。

參、國中學童作文常見的語法錯誤類型

一、判斷句的成分錯誤 [4]

　　判斷句是對事物的屬性、內涵給予解釋、說明，或對事物作一是非、異同的判斷的句子，以名詞或名詞性單位擔任謂語的主要成分──斷語，又稱名詞謂語句，斷語主要在說明主語的類屬、描寫主語的狀況、特徵或屬性，肯定的判斷句主語和斷語往往具有同質性。例如：

4　這種錯誤現象，筆者認為是對判斷句句型認知的錯誤，屬於句型的
　　問題，因此不將其歸入語句成分搭配不良的現象。

鳳凰木是熱帶地區受陽光、雨水嬌寵的植物。（蔣勳〈鳳凰木〉）

意念是無形的東西。（夏丏尊〈意念的表出〉）

強摘果子也是一種摧折、傷害。（琹涵〈酸橘子〉）

以上這三句是典型的判斷句，例一「鳳凰木」是「植物」，例二「意念」用「東西」來解釋，例三以「摧折傷害」說明「強摘果子」的行為，都可用等號表示主語和斷語兩者之相等或同質性。

國中學童作文樣本中出現的判斷句型，常有主語和斷語不具同質性的情況，尤其在解釋、說明最感動的一件事時，我們看到出現以人、時間或動物來解釋「一件事」的例子：

1. 我最感動的事，是在放暑假的時候。（南-10）[5]

2. 說到最感動的事，應該就要說到我在幼稚園時住院的時候了。（東-1）

3. 我最感動的一件事啊！大概是三年前我十歲的生日吧！（中-37）

4. 因為今天是校外教學，怎麼可以下雨呢？（東-10）

5. 暑假中令我最感動的事，是因為一隻可憐的小貓。

5　列舉學童作文錯誤的例句時，僅標出樣本所代表的區域與代號，而不出現取樣學校與學童姓名。北部有兩班樣本，因此以北 1、北 2 區分。學童作文若出現其他的錯誤現象，為保留作文原貌，多數未加更正；少數會影響句意判讀的，則先寫出正確詞語，並緊接著在後面以（　）說明樣本原來使用錯誤的詞語。

（南-44）

6. 我最感動的一件事，我的媽媽。（南-31）

　　例1至例3都是用「時間」來解釋「一件事」，例4則以「校外教學」（活動）來解釋「時間」，例5以「動物」解釋「一件事」，例6以「人」解釋「一件事」，這顯然與判斷句的特性——主語和斷語往往相等或具有同質性——相違，因此不是優良的判斷句類型。

二、語句成分搭配不良

　　語句成分搭配不良的現象，主要出現在敘事句裡，因為學童作文使用敘事句的比率最高。而語句成分搭配錯誤最常見到的就是動詞述語和賓語之間或主語與動詞述語之間的配合不諧調、不合理。例如：

7. 所以最重要的還是要努力用功讀書，*賺取事業*[6]，來報答爸爸對我們的恩情。（北1-12）

8. 就算再大的*阻礙*都能一一*消滅*！……好好運用自己所擁有的*價值*，*散發出生命的光彩*……（東-9）

9. 有些國家的某些人自己成隊（原作「對」）來到台灣*幫助*我們震後的*災情*。（南-29）

10. 希望大家都能為這社會*盡*一點你所能盡的*幫助*。（東-21）

11. 於是法官好幾次（原作「很幾次」）想幫他減輕判刑，

6　以標楷體標出語句搭配錯誤或不良的成分。

但都失敗了。（南-7）

12. 當我感到寒冷時，母親總是會<u>犧牲</u>自己身上的<u>外套</u>來讓我穿。（東-25）

以上這六個例子，「賺取事業」、「消滅阻礙」、「運用（自己的）價值」、「散發生命的光彩」、「幫助災情」、「減輕判刑」、「犧牲外套」等，都是動詞述語和賓語之間的不諧調。至於主語和動詞述語的不合理，例如：

13. 之後<u>病</u>又再度<u>作亂</u>二舅也因此去世了。（北1-14）

14. 它（指SARS）雖然暫時的<u>被安撫</u>了，但是誰又敢保證它不會<u>復活</u>呢？還有人會不顧一切為病人服務嗎？（東-19）

例13「病」會「作亂」、例14「SARS」可以「被安撫」，還會「復活」，都是很奇怪的「主語＋述語」的組合[7]。下面例 15「使他們的生活增加光彩」，是兼語句中第二繫的述賓關係不合理：

15. 後來看到電視上新聞報導慈濟功德會拿一些日常用品去救濟那一家人，使他們的<u>生活</u><u>增加</u>一些光彩。（南-23）

---

7 若從修辭觀點出發，這兩例也許可以看成轉化或比擬，但這兩本樣本其他地方均未使用該種修辭方式，所以把它們列為語句成分搭配不良來討論。

　　另外，學童對詞性的判斷有誤，也會造成詞語搭配的錯誤，例如「清潔」是形容詞，在例 16 裡不能當動詞用[8]：

16. 還有一種人也令我感動，就是清潔隊的人，因為他們每天都很早起床上班在街道上掃地幫人們清潔。（東-37）

　　例 17 比較特殊，出現在述語後面的補語無法與動詞述語配合，因為「溫（暖）」的感覺是無法藉由「吃」得到的：

17. 自己卻餓著肚子，去翻著人家不要的剩菜剩飯，吃個溫飽。（中-14）

　　表態句的句型在作文樣本中較少出現，但偶有主語和表語不諧調的情況：

18. 主角其中一位，繪畫天分很好。（中-22）

　　例 18 天分一般不用「好」或「不好」描寫，應該用「高」或「不高」。

　　另外，中區有兩本樣本「感動」這個動詞出現一個比較特別的語詞搭配問題：

19. 我為什麼感動這件事呢？（中-15）

20. 不過我也十分感動大家一起同生死，共患難的精神。（中-39）

　　「感動」出現的語境可以是「甲被乙感動」，也可以是「甲感動乙」，但其語意卻不相同，「甲被乙感動」受感動的

8　「清潔」若要當動詞用，後面往往要帶賓語，所以說成：「他們每天都很早起床上班，幫人們清潔街道。」較適宜。

是「甲」,「甲感動乙」受感動的是乙,而這兩句都是「我感動X」,但受感動的是卻是「我」,這顯然是因主動與被動的關係理解不清而造成的。

三、助詞使用不當

助詞使用不當出現得最頻繁的莫過於「的」與「得」的混用,目前在國民教育階段的教科書,對於出現在偏正結構[9]中的助詞主要用「的」[10],出現在副詞後的助詞或用「的」,或用「地」。這兩種語境的助詞,作文樣本較少出現錯誤。不過在中心語和補語之間的助詞「得」,則往往寫成「的」:

21. 大家都玩的不亦樂乎。……我高興的差點叫出來。(北 2-4)

22. 他的妻子似乎病的很嚴重。(北 2-36)

23. 那次是我看到媽媽哭的最嚴重的一次了。……看媽媽哭的很傷心,我也了解到以後不可以再這樣子。(南-38)

24. 某天,雨下的非常大,……因為這次傷的比較嚴重,……(南-39)

25. 但這樣只會讓我哭的更久。(南-20)

26. 我家住的很遠。(南-8)

---

9 或稱主從結構,在本文中指的是形容性修飾成分與被修飾成分,或領屬性修飾成分與被修飾成分的組合。

10 形容詞後的「的」與副詞後的「地」,或歸為助詞,或歸為後綴。

國文作文教學的理論與實務

27. 孤單是一種摸不到、看不見卻感覺的到的可怕東西。
……爸媽什麼東西都弄的好好的。（東-12）

28. 我以前真不懂的「知足」。（南-14）

　　以上前七個例子，都是該使用助詞「得」，樣本卻用「的」；例 28「懂得」已是一個詞，樣本卻仍將「得」作「的」。比較特殊的是下面這兩個例子：

29. 每當我生病了時候，我媽媽就會帶我去醫生。……每當我叫媽媽幫我做事了時候，也從來不嫌煩。（東-38）

30. 突然從旁邊有一個大學生急急忙忙得跑過。（東-21）

　　例 29 該用「的」卻誤作「了」，例 30 該作「地」（可作「的」），卻寫成「得」。

　　另外「了」可以表示過去或完成的時態，也可以表示句末結束的語氣，樣本裡也有一些使用錯誤的例子：

31. 說到了我最感動的一件事，應該就是發生在四年前九月二十一日的半夜一點 47 分，意料不到的一場大地震。（中-34）

32. 不過有時打球打晚一點也會被媽媽念了一頓呢！（南-38）

33. 到了她年長時，她已成為了一位偉大的文學家。（東-5）

　　這幾個例子都是不該用卻使用「了」：例 31 用「說到」起頭，一定是當下，在「說到」之後通常不加「了」；例 32「有時打球打晚一點」是一個假設情況，後一分句是在前述假設之下產生的結果，通常不加「了」；例 33「了」不應出現在「成為」這個動詞後面，但為強調事件的已然，可在本句末

加「了」，表示事情已然發生，且具有持續性，也可兼表句末結束的語氣。

前面三例是助詞「了」的不當使用，例34卻是句末該用「了」但未使用：

34. 過了幾天，媽媽終於好。（北 1-8）

反問或詰問的句子，會以否定語氣表達肯定的意思，若未使用反詰副詞，則要在句末加上表示疑問語氣的助詞，才能表示反詰的語意，但樣本中也發現這樣的例子：

35. 人活在世上不是要互相幫助、包容、學習。（東-11）

這可能是學童不清楚反詰問句若未使用反詰副詞，只用否定語氣無法表現反詰的意思，才會產生如此的錯誤。

四、介詞使用錯誤

樣本中出現的介詞使用錯誤，包括處置介詞、比較介詞、對象介詞、被動介詞、處所介詞等的誤用。例如：

36. 爬到一半我踩樹枝滑（「滑」原樣本漏）倒，本來想說完了，這時一個強壯的朋友拉了我一把，大家也一起來拉，才幫我從地獄的邊緣給拉了回來。（中-27）

37. 他不曾為被嘲笑當成一是一件很丟臉的事。（北 2-9）

38. 媽媽因為怕我升了國二後會和班上教學課程進度的（「的」多餘）落後，所以帶我到了一家小型的補習班去。（北 1-22）

39. 之後我就被烏龜著迷了。（北 1-4）

40. 只要給大自然蓋一座房子就會造成嚴重的災難。（北

1-27）

41. 他看到了就很快把表哥送到他們兵部的醫生看。（北
　　 1-34）

　　例 36、37 應用處置介詞「把」，卻誤作「幫」或「為」；
例 38 應用比較介詞「比」，卻使用交與對象的介詞「和」；
例 39「著迷」不是被動的，所以前面的介賓結構應用對象介
詞「對」，若要說成被動的方式，則應改為「被烏龜所迷」，
動詞就不能用「著迷」；例 40 宜用處所介詞「在」，卻誤作
受事介詞「給」；例 41 如果要用「到」，則後面要接處所介
詞賓語，如果依原文作「他們兵部的醫生」，則介詞應改作
「給」。

五、語句成分不完整或不當省略

　　一個句子裡本來應該具備的成分，由於說話情境或上下文
的關係，可以省去不出現，就是語句成分的省略。文章中語句
成分因前已有之，或將在下文中出現，於是有所省略的情況，
極為常見，但值得注意的是：這必須在不影響語意的前提下為
之。

　　作文樣本中呈現的語句成分不完整或不當省略，主要是表
現在主語的不當省略、動詞述語或其相關成分的不當省略、偏
正結構的中心語的不當省略以及介賓結構或介詞缺漏等方面。

（一）主語的不當省略

　　作文樣本中呈現的語句成分不完整或不當省略，主要是表

現在不當的呈上省略，往往是主語已轉換，卻未寫出，例如：

42. 雖然不是很要好的朋友，但他們卻願意跳出來幫我解圍，（我）心中有股說不出的感動。（中-3）

43. 從這件事中最感謝的人是媽媽，（她）原諒我這固執的個性，令我很感動。（中-10）

44. 我最感動的事是對我很好的神秘人物，（他）太陽般的笑容，溫暖我的心。（中-16）

45. 主角其中一位，繪畫天分很好，有如梵谷一般，但是他媽卻希望他功課能比較好一點，對他用斯巴達教育，但是（他）功課仍然很差。（中-22）

46. 到了故宮，第一件事看四周的風景，（那兒的風景）有如天堂般美麗動人。（中-24）

47. 我們家很少有時間出來，而且我第一次去故宮，（故宮）就像一朵美麗的花一樣多采多姿。（中-24）

例 42 第一個分句的主語是「我們」，可從第二分句的「他們」和「我」看出，第三分句主語是「我」，不宜省略；例 43 第一分句主語是「最感謝的人」，第二分句應有複指「媽媽」的代詞「她」；例 44 情況與 43 相似；例 45 第一個「但是」以下兩個分句的主語是「他媽」，而第二個「但是」之後，主語應是「他」，不宜省略；例 46 第一分句主語是未出現的「我」（作者自稱），但第二分句應是「風景」美麗動人，所以主語不能省略；例 47 第一分句主語是「我們家」，第二分句主語是「我」，而「像一朵美麗的花一樣多采多姿」的是「故宮」，既非「我們家」，也不是「我」，所以不能省。

（二）動詞述語或其相關成分的不當省略

該出現動詞述語或其相關成分，卻未出現的情形也不少：

48. 每次看到爸爸一下班就得馬上回家弄飯給我和姊姊（吃），接著再送我們去補習，還要處理家中大小事務。（東-3）

49. 我們來是拉小提琴的，可是（拉）中提琴的學生太少。（北-25）

50. 而我用一罐子把那滴眼淚（裝起來，並）稱為「幸運之淚」。（北-34）

51. 有時一些好心人士就會把自己所吃剩的東西給了他，他會高興的跑回家（拿）給家人吃。（中-6）

52. 因為哥哥出生時眼睛開了刀，就已花了不少錢和（流了）不知多少的淚水。（東-7）

53. 母貓不惜犧牲性命的精神，（讓人）想著[11]：世上的所有母親，也都是如此吧？（中-12）

54. 史懷哲先生，他一生的生活理念不僅令我感動，亦（令我）欽佩不已。（東-27）

例 48「弄飯給我和姊姊」必須必須補出「吃」語意才完整；例 49「中提琴的學生」應是「拉中提琴的學生」；例 50 出現表憑藉的介賓結構「用罐子」，之後又出現處置介賓結構，接著應該先交代憑藉介賓結構所完成的動作行為比較合

---

11 「想著」應作「想到」較合宜。

宜；例51後面的分句「給家人吃」的不應是「他」，而是「好心人士吃剩的東西」，所以在「他會高興的跑回家」與「給家人吃」之間，需要「拿」這個動詞，才能把這兩個部分的主謂和述賓關係分清楚；例52「花」這個動詞的賓語只能是「錢」，不能是「淚水」，所以「不知多少的淚水」之前需要有另一個能跟它相應的動詞述語；例53敘述某一種情況引起後面分句所敘述的情況產生，具有致使的語意，但忽略了致使動詞和兼語；例54則是兼語句致使述語和兼語不當的承上省略。

（三）偏正結構的中心語不當省略

樣本中也能發現偏正結構的中心語不當省略的例子：

55. 它描述著一位孕婦跟她的先生（的故事）。（北2-6）

56. 一路上看了很多從來沒見過（的東西）。（中-24）

57. 看到了螞蟻的愛心，又看到新聞中事件，這些（人）比昆蟲都不如！（南-21）

58. 我雖隨便拿了一種，卻意外的抽到我最想要的東西，再加上那又是我一直希望能送我禮物的人（送的禮物），我高興得（原作「的」）差點叫出來。（北2-4）

例55描述的不僅是孕婦與她的先生兩個人，而是圍繞在兩個人之間所發生的「故事」；例56「看」是及物動詞，必須要有名詞性的單位擔任賓語，但「很多從來沒見過」顯然不是名詞性的單位；例57「這些」雖有指代作用，但因為前面未出現先行詞，所以必須有中心語，語意才完整；例58「那又是我一直希望能送我禮物的人」的「那」，指代的是前面的

「東西」，亦即禮物，無法跟「我一直希望能送我禮物的人」形成判斷句的形式[12]，因此「是」的後面應該是「我一直希望能送我禮物的人送的禮物」才對，也就是「禮物」這個中心成分不能省略。

（四）介賓結構或介詞缺漏

另外，作文樣本中還可以看到介賓結構或介詞缺漏的例子：

59. 聽朋友訴說心事、（跟他）分擔煩惱。（中-16）
60. 我發現我忽略了站（在）門口的一位軍人，沒有去幫忙，而在一旁看戲。（東-6）

例 59「分擔煩惱」必須有對象，但樣本這句話顯然是受到前一句的「朋友」干擾，於是漏了；而例 60 的「站」本身是不及物動詞，後面如果帶處所賓語，通常須加介詞「在」。這兩個例子的缺漏，也許是偶然的現象，因為在其他樣本中並未發現類似的缺漏現象。

詞句成分不當省略，尚有複句關連詞語的缺漏，因為後面另有一小節專討論「複句關連詞語使用失當」的問題，所以將留待後面再一併舉例。

六、語序錯誤

樣本中語序錯誤的現象約可分為三類：一類是單句中修飾與被修飾成分間的語序前後錯置，第二類是語言成分在因果的

---

12 此例句尚涉及判斷句主語和斷語之間的不一致。

邏輯上犯了錯誤，第三類是複句裡的分句前後錯置。例如：

61. 有一群本校看似不良的學生，並排騎車。（東-6）

62. 主角其中一位，繪畫天份很好。（中-22）

63. 這世界充滿了愛，但是要我們讓它被看到、被知道、被感覺到。（北 2-45）

64. 我小的時候發高燒又感冒。（中-15）

65. 記得去年的冬天，某個早晨，我發燒感冒了。（南-34）

66. 有些小朋友都變孤兒了，我看了就好心酸，都無家可歸。（中-34）

67. 我們要好好的孝順媽媽，因為媽媽為我們做了很多事，以免以後要孝順媽媽的時候，媽媽已經去世了。（東-38）

68. 那段期（原作「其」）間，我們家的親朋好友都有來看我，我好感動，也送了一些東西。（東-36）

中文語句帶有修飾成分時，多數情況是修飾成分在前，被修飾成分在後。例 61 的修飾成分有明顯的層次關係：「不良」先修飾「學生」，「本校」再修飾「不良的學生」，其次「看似」再修飾「本校的不良學生」，最後數量詞「一群」再修飾「看似本校的不良學生」，所以理想的語序應是「一群看似本校的不良學生」；例 62「其中一位」擔任定語，「主角」擔任中心語較合中文的語言習慣[13]，因此「其中一位主角」是比較合理的語序[14]；例 63「要」有必須的意思，一般都出現在主謂

---

13 這個例子還有一項詞語搭配不良的錯誤現象，前已作了討論。

14 當然也還可以說成「主角中的一位」。

語之間，擔任謂語中心語的修飾成分，因此是「我們要讓它被看到、被知道、被感覺到」；例 64、65 兩例，應是先「感冒」才「發燒」，這是在因果的邏輯次序上犯了錯誤，這種現象在語序錯誤中是極為常見的；例 66、67 都是複句中的分句次序錯誤，例 66 應是「有些小朋友都變孤兒了，都無家可歸，我看了就好心酸」，例 67 分句的次序改為「我們要好好的孝順媽媽，以免以後要孝順媽媽的時候，媽媽已經去世了，因為媽媽為我們做了很多事」比較理想；例 68 是「親朋好友都有來看我，也送了一些東西，我好感動」才對，因為「也送了一些東西」這句的主語必須承前一分句的「我們家的親朋好友」，如果放到「我好感動」的後面，則主語變成「我」，顯然不對[15]。

七、套用母語語法或使用網路語言

樣本中常可見到套用閩南語語法的語句，最常見的是用「有」表示過去的經驗或已然完成的動作、發生的事實與狀況；其次在某些樣本中「用」除了一般的用法以外，還可以表示「炊煮食物」的意思，或具有標示狀心結構的狀語的作用。另外，學童還會將口頭語的說話習慣或網路語言帶入作文裡，例如在句末加上「的說」或在句中加入「說」。先看「有」字句的例子：

69. 其實昨天媽媽有憑著我大概的腳大小幫我買一雙慢跑鞋。（中-10）

---

15 本例「我們家的親朋好友都有來看我」還帶有因受母語影響的錯誤。

70. 之前女朋友有帶男朋友去跟爸爸商量。（北 1-2）

71. 外公昨天晚上起床時跌倒，好像有去傷到後腦！（北 1-14）

72. 我講一講心情是有比較好，但是我也哭了。（北 1-20）

73. 雖然有去做一些按摩，但是她卻為了家庭打拼。（北 1-29）

74. 我也有遇到過這種事。（北 2-43）

75. 還記得在我還小，不太懂事的階段，曾經有聽過一件事。（南-36）

76. 只要有做好防範SARS（缺「的工作」），就不怕被感染了。（南-41）

77. 她口口聲聲都在否認她有撞到人，倒是那群學生，試著幫老伯站起來。雖然後來還是有載他去就醫了。（東-6）

78. 小時候，體弱多病的我從小鼻子就有過敏。（北 1-8）

這幾個例子都大同小異，主要是以「有」代替「已經」、「曾經」，例75更是已用了時間副詞「曾經」，又用了「有」字；例76的「有」根本不必出現；例77後面的「有」字可以不必出現，因為句末已出現表示時態的助詞「了」字；例 78 若要保留「有」，宜說「有過敏的毛病」，否則應說「會過敏」，才是國語的語法。

至於樣本中的「用」字，因受閩南語影響，用法頗多樣，較具代表性的，例如：

79. 外婆每天辛苦的用補品給我吃。（北 1-32）

80. 因為打石膏要連小腿一起用，所以行動十分不便。
（東-25）

81. 爬起來老師看到我手斷掉，就用跑得去騎他的車子帶
我去清泉醫院，……到了清泉醫院老師打電話給我爸
媽。我的爸媽就用趕得去清泉醫院。（中-25）

82. 但是小時候還小，自己只要身體一不舒服就只會用哭
的。（中-15）

例 79、80 的「用」字，可以表示「燉（補品）」或「打
（石膏）」等意思；例81以「用」來標示狀心結構中的狀語，
表示對述語的一種修飾限制；例 82 其實只要說「只會哭」就
好了：

將口頭語的說話習慣或網路語言帶入作文裡，主要像把
「的說」加在句末，例如例 83、84[16]；或在句中出現不必要的
「說」字，像例85：

83. 尤其那包杏仁巧克力真是超好吃的說。（南-30）

84. 不過到最後結尾還蠻讚的說。（北 2-2）

85. 我們來是拉小提琴的，可是（缺「拉」）中提琴的學
生太少，而且聲音也不是說很大。（北 1-25）

---

16 本例的「蠻讚」是直接把閩南語的「真讚」的程度副詞作了改變，
其實也是受閩南語影響的例子，不過因為跟語法關係不那麼密切，
而且樣本中相似的例子少見，因此不作詳細討論。而「蠻」應作
「滿」於意較可說。

八、斷句錯誤造成標點誤用

樣本中斷句錯誤造成標點誤用，主要可歸納為：不宜點斷卻出現標點符號，連續多個句子卻未使用標點符號以及標點用錯位置三種情形，前兩種與語法的關係較為密切。

在多數的情況下，每一個單句必須使用一個標點符號點斷，如果為了強調句中的某些成分，例如：出現於句首的時間詞或處所詞，可以在它們的後面以逗號點斷；若要強調主語，也可以用逗號隔開主語和謂語。除此之外，較少在一句話中再用逗號隔開其間的成分。而樣本中不宜點斷卻出現標點符號的情形其實不少，像：

86. 輪到在場的去把花，放到死者的棺上。（北 1-17）

87. 正當，我要騎上腳踏車時突然聽到了喵喵的聲音。（南-44）

這兩個例子是頗為典型的錯誤樣本，它們分別都只是一個單句，例 86 是一個處置式，處置賓語和述語之間不宜用標點隔開；例 87 句中出現表示時間的介賓結構，可以在介賓結構的後面以逗號點斷，但樣本卻在介詞「當」後即點斷。

學童作文裡，連續多個句子而未使用標點符號的情形很普遍，早已成為國文老師批改作文頭痛的問題（施教麟，2001），這種情形在樣本中極為多見，略舉數例於後，並在例子裡嘗試將樣本未使用的標點以（ ）的方式補上：

88. 從這個時候，我決定要用功的讀書（，）以後考上公立的高中、大學（，）找一個好工作，賺錢買新房子

國文作文教學的理論與實務

給家人住。（北 1-19）

89. 在上台的前一刻（原誤作「克」），有一位學姊和我說她好緊張（，）她問我怎麼辦？（北 1-25）

90. 在我媽媽 20 歲的時候就嫁給我爸爸（，）在 21 歲生下我哥。（南-31）

91. 雖然連續五天都吃著苦苦的西藥（，）但是為了能早點康復（，）只好忍吧！可是一看到母親那一面慈祥的臉 [17]（，）我就一直想早一點好起來，好讓母親能早點休息（，）也能放下我在他心中的一粒大石頭。（中-26）

92. 嘉義那個工作很輕鬆（，）薪水 8 萬多元（。）可是我媽媽在我家那裡走路只要五分鐘的公司雖然比較近（，）可是薪水才三萬多（，）好少喔（原作「ㄛ」）！可是我媽媽在我 10 歲的時候找到一個公司五萬元（，）可是我媽媽又為了我放棄（，）因為太遠了。（南-31）

93. 等我媽媽六年級畢業的時候我媽就不讀了（，）因為我阿嬤身體不好（，）加上家裡很窮（，）所以我媽媽就要幫忙賺錢。（南-31）

---

17 本例這個句子另外還有兩個明顯的錯誤，一是「那一面慈祥的臉」量詞使用錯誤，這與詞語搭配有關，中文裡多數的名詞都有一些專門適合它們使用的量詞；其次是「可是一看到母親那一面慈祥的臉」的「可是」，屬於複句關連詞語使用失當的問題，這將在下文討論。

這些例句的情況，有些是同一主語多個單句，未將句與句之間斷開，像例88至91；有些是主語已經轉換，卻仍未斷句，像例92、93。

還有一些例句純屬標點的誤用，雖然跟語法的關係較少，但我們仍選錄幾個例子在下面：

94. 在我三年級時（，）我弟弟，就做了一件令我非常感動的事（北2-10）

95. 媽媽他常說：「如果你們變壞了，媽媽也不用活了，（。」）所以呢！我當然不可以變壞了。（南-38）

96. 結果到了出院的那一天，媽媽突然告訴我說：「你知道你為什麼住院嗎？（」）媽媽跟我說我得到急性腸胃炎。」（此下引號不必用）（南-1）

97. 現在才想起一句話：「唯有讀書高」，沒有讀書；（，）就沒有成就；沒有成就（，）就找不到工作。（南-32）

例94是逗號用錯位置，應在「在我三年級時」的後面以逗號點斷；例95、96是引號的使用發生錯誤，只出現上引號，缺乏下引號，或下引號用錯位置，而且例95媽媽的話已經說完時，應該使用句號，卻仍用逗號；例97一方面分號使用不當，在「沒有讀書」後面只宜使用逗號，不該用分號，另一方面第二個「沒有成就」後面應使用逗號卻未用[18]。

---

18 對於本例所提出來的「讀書」、「成就」、「找工作」之間，在邏輯上也有問題，因為這屬於邏輯思維的問題，在此暫不討論。

九、複句關連詞語[19]使用失當

　　複句是由兩個或兩個以上，在意義上有密切關係的單句（或造句單位）組合而成的。國中階段作文樣本使用的複句，以補充、順承、因果、轉折、遞進、並列、條件等複句關係為主[20]，其中補充複句與順承複句較少出現關連詞語使用失當的情形，而並列複句本就少用關連詞語，所以複句關連詞語使用失當的情形，主要集中在因果、轉折、遞進、條件這四種複句類型裡。

（一）因果複句關連詞語使用失當

　　常見的因果複句主要是「原因句＋結果句」的句型，其中原因句與結果句的次序可以互易。口語中，在原因句常用「因為」、「由於」或「為了」，在結果句則習慣使用連詞「所以」或「因此」。

　　樣本中的因果複句有些是把因果複句的關連詞語用錯了分句；也有是分句具有因果的關係，卻用了非因果複句的關連詞語，或未使用關連詞語；甚至有不該使用卻一再出現因果關連詞語的例子。

---

19 複句的成分稱為「分句」，表示分句之間的關係的詞語除了連詞之外，某些副詞也具有表示分句關係的功能，因此本文將這種表示分句間的關係的連詞或副詞統稱為關連詞語。

20 參見楊如雪〈九年一貫國語文寫作基本能力「句型及語法」階段指標規劃研究〉成果報告（計畫編號：NSC92-2411-H-003-066-）。

　　前已提及因果複句的關連詞語，原因句主要使用「因為」、「由於」或「為了」，結果句則習慣使用「所以」或「因此」，但樣本中卻有將關連詞語用錯了分句的例子：

　　98. 在她三歲時因為發燒引起了輕微耳聾，這對她來說是
　　　　極大的不便，她承受了這個打擊，她為了讓自己跟別
　　　　人一樣，因為（「所以」或「因此」）比平常人努力。
　　　　（東-5）

　　例 98「比平常人努力」是結果句，樣本卻使用了應出現在原因句的連詞「因為」。

　　下面兩例是該用複句連詞卻未使用的例子：

　　99. 他也讓我很感動的（，因為）他可以克服沒有媽媽的
　　　　生活。（中-19）

　　100. 經過（由於）那次高年級打群架，我認識了他，一個
　　　　把我推入黑暗，和我墮落的學長。（北1-36）

　　例 99「他可以克服沒有媽媽的生活」是「讓我很感動」的原因，應使用原因連詞；例 100「經過」一詞不太妥當[21]，可用「因為」或「由於」，不過使用「由於」較為通順。

　　下面兩例都將轉折連詞誤用到因果複句裡：

　　101. 到了換我的時候媽媽跟醫生說要給我打針，可是我一
　　　　直不想打針，於是我就哭了起來，媽媽就在旁邊安慰
　　　　我，並且說：「這不會痛，沒關係。」但是（所以）

---

21 如果要保留「經過」，則在「那次高年級打群架」之後應加上「的
　　事件」。

我只能不高興的說好。（南-10）

102. 我曾經看過，有一個人沒有錢去看醫生，可是（因為她們的父母親沒有錢。（中-31）

例 101「我只能不高興的說好」其實是在前述的情況下一種無奈的表示，應用結果句的連詞；例 102 是要補出「沒錢看醫生」的原因，應用原因句的連詞。可是這兩個例子都把語意誤為轉折，所以使用了轉折連詞。

下面三個例子在複句連詞的使用上有多餘的現象：

103. 我也和大家一樣，暈得頭暈腦脹，但我因為了和同學一起玩，怕我去休息，同儕們可能會不喜歡我了。（，）所以我就開始忍。（北 2-40）

104. 因為我跟舅舅，阿姨都不是很熟，因為外婆有十三個小孩，我母親是老大，其他人我都沒什麼印象，更別說表妹了。（北 1-17）

105. 可是後來開學了（，）所以每天都很忙，所以沒辦法常常餵牠，所以有時候（原誤作「後」）牠幾天都沒吃。（北 1-11）

例 103「和同學一起玩」以及作者「忍著頭暈腦脹不去休息」具有因果的關係，只用「為了」即可[22]；例 104 作者提出他與「舅舅、阿姨」、「（舅舅、阿姨以外的）其他親戚」以及「表妹」之間熟識的程度，說明自己跟表妹非常不熟，原因

---

22 如果要把因果複句再作細分，還可分出原因關係與目的關係，本例句屬於後者，目的分句連詞宜用「為了」。

是外婆子女人數眾多，因此只在「外婆有十三個小孩」之前使用「因為」即可，第一個「因為」多餘；例 105 則是「所以」一再連用，其實只要保留第三或第四個「所以」即可。

（二）轉折複句關連詞語使用失當

　　轉折複句主要以一個分句修正另一分句，表現其不協調的觀念或事實，甚至截然相反的意思；或者以後一分句否定前分句，表現一種始料所未及甚至無可奈何的心情。通常轉折複句會在被修正或被否定的分句前出現「雖然」，而在另一分句中使用「然而」、「但是」、「可是」、「不過」、「卻」等關連詞語。

　　樣本中轉折關連詞語使用失當，主要是被修正或被否定的句子連詞使用錯誤：

106. 因為這次事情我才知道不但（雖然）會和我吵架（，）可是她是一位盡責的媽媽。（北 1-29）

107. 但是（雖然）大街小巷到處都是掃不完的垃圾，（但是）他們還是熱心的為民服務。（中-20）

108. 因為這實在太感動了，我的家人也喜歡看，爸爸也喜歡看（，）可是（雖然）哥哥（也）喜歡看（，）可是不會哭。（北 1-2）

　　例 106 作者要表達的意思應是：「（媽媽）雖然會和我吵架，可是還是很盡責」，「吵架」和「盡責」之間具有轉折，但樣本在「會和我吵架」之前卻誤用表示遞進的連詞「不但」；例 107 是描寫清道夫面臨「掃不完的垃圾」卻仍「熱心為民服

務」，前句應用「雖然」，但樣本卻將應該用在後一分句的「但是」使用在前一分句上；例108提到某個電視節目，很感人，所以作者喜歡，他的家人也喜歡，而且多數的家人看了都會受感動而流淚，比較特別的是「可是哥哥喜歡看可是不會哭」，在前後分句都用了轉折連詞「可是」，第二個「可是」使用正確，但第一個「可是」之後若能加上「雖然」語意當更清楚、語氣也較精確。

與轉折連詞搭配的副詞主要是「卻」或「竟然」，但下面例109誤作「就」：

109. 作者從小到大拿過一大堆的第一名，但是它的爸爸就（卻）跟他說了一句話：「書念得再好，獎狀再多，也換不來一碗能夠溫飽的飯！」（中-6）

（三）遞進複句關連詞語使用失當

分句之間在範圍、數量、程度等方面有層次的分別，可以表示層層遞進或遞減的關係，稱為遞進複句。

遞進複句如果是後面的分句比前面的分句在層次上更進一層，含有加合的關係，那麼常見「不但……而且（並且）」、「不僅……還要」這種關連詞語同時出現在前後分句中，也可以只在後一分句使用「並且」、「而且」。

樣本中也有一些遞進複句關連詞語使用失當的例子，例如：

110. 你要認清對方的關心，接納它，（可用「然後」或「並且」）把溫暖傳給每一個人。（東-10）

例110「你要認清對方的關心，接納它」與後分句「把溫

暖傳給每一個人」之間，可視為順承關係或遞進關係。若認為具有順承關係，宜用「然後」；若認為屬於遞進關係，則要使用「並且」或其同意詞[23]。

下面這個例子比較特別，這段話提出兩個情況讓作者忍著「苦」吃下藥，一是「為了早點康復」，一是「希望母親能早點休息、早點放心」，這兩種情況其實後者比較重要、比較突出，所以可以使用「尤其」這個副詞來強調[24]，但作者卻用了「可是」，反而讓語意不協調：

> 111. 雖然連續五天都吃著苦苦的西藥（，）但是為了能早點康復只好忍吧！可是（尤其）一看到母親那一面慈祥的臉我就一直想早一點好起來，好讓母親能早點休息（，）也能放下我在她心中的一粒大石頭。（中-26）

（四）條件複句關連詞語使用失當

以一個分句先提出事情賴以發生的條件或前提，另一分句表示在此條件、前提之下產生的結果，是為條件複句。

條件句所提的條件，可以是積極限制的條件，也可以表示任何條件無一可免。積極限制的條件主要用「只要」這個連詞，而任何條件無一可免，則要用「無論」、「不論」或「不管」。

---

23 這裡個人認為具有遞進關係語意較為強烈，所以將其關連詞語的誤用歸到遞進複句中。

24 參見北京大學中文系 1955、1957 級語言班編〈現代漢語虛詞例釋〉頁 505。

　　學童作文樣本條件複句關連詞語的誤用，常見的是在表示任何條件無一可免時：

112. 我覺得每個人都需要被愛、被關懷、被幫助，不分男女老少，（不論）是富有的人，或是貧困的人，他們都需要。（東-12）

113. 由這次的經驗，我知道當往後如果（無論）遇到什麼事時，都應當機立斷，不可猶豫不決……到最後，責任也得付。（東-6）

　　例 112 可以在「是富有的人」前補入「無論」，也可以將「不分」的語氣貫下來，把「是富有的人」改成「也不分富有的人」；例 113 連詞「如果」只表示假設的語氣，改為「無論」可顯出既堅決又不會有例外情況的語氣。

　　下面這個例子「只有」很可能是「只要」的筆誤。

114. 因為只有（只要）一看到它們，就會想起當年父親在燈光下，認真的幫我縫製手搖鈴的景象。（北 2-43）

肆、導正學童作文語法錯誤的教學策略

　　在《國民中小學九年一貫語文學習領域課程綱要》（教育部：2003。以下簡稱《語文學習領域課程綱要》）中對於國語文的基本理念的陳述裡，特別指出「期使學生具備良好的聽、說、讀、寫、作能力」，亦即國語文能力應包括聽、說、讀、寫、作各項能力，而作文能力是語文表達能力中，較易掌握的一環，因此觀察學童的作文能力，其實也可看出其語文程度。

　　出現在學童作文樣本中關於語法方面的錯誤現象，大抵已

如前述，這些琳瑯滿目的語法錯誤現象，多數令人覺得錯愕或感嘆，因為作文能力的好壞，其實是學童國語文程度好壞的指標。換句話說，學童作文能力與其國語文能力具有關聯性，今日學童的作文錯誤連篇，國語文程度的好壞其實可想而知。因此在掩卷興嘆之餘，不得不深思：要如何才能改善學童作文所出現的這些語法錯誤？所以，以下企圖提出相關的教學策略，供教師參考，希望能避免學童作文出現類似的語法錯誤現象。

　　國語文能力所包括的聽、說、讀、寫、作各項能力中，閱讀能力與寫作能力相輔相成，閱讀是語文能力獲得的過程，寫作則是語文能力的展現。而學童的閱讀經驗最重要的來自於國語文教科書中的範文，因此學童作文能力的根本，即建立在國文教師教學時的範文讀講上，所以唯有從範文教學入手，才能達到提高學生作文能力的效果（王更生：1997）。

　　現今國語文教材語體文所佔的比例頗高[25]，因此教師正可以利用範文教學的機會，在培養學童閱讀能力的同時，也藉此提升學童的作文能力。

（一）可運用的教學策略

　　在進行「句子」的教學時，清楚的引導學童了解什麼是句子，簡單的說：句子可以分成兩個部分，前一部分是被描述或說明的主體事物，後一部分是對主體的描述或說明。句子中的

---

25 《語文學習領域課程綱要》規定第三階段教材中語體文佔總選文的比例為 85%～65%。

主體事物稱為「主語」，對主體的描述或說明稱為「謂語」。
其次可運用下列的策略以避免不同的語法錯誤：

1. 找出句子的基本成分

　　教學時，引導學童先分出句子的主語、謂語，再以畫線的
方式找出句子主語、謂語中的基本成分[26]。在這項活動中，一
方面可讓學童掌握句子的成分，了解句意；另一方面可引導學
童發覺語句成分在句子裡的先後順序；更進一步可找出語句的
省略成分，亦即掌握在各種語言環境中，哪些成分可以省略，
而不影響語意，哪些成分不宜省略，因為可能造成讀者對語意
的誤解。經過這些步驟，應能輕易地概括出段落的意旨。

　　這項活動對於避免詞語的搭配不良或語句成分不當省略、
語序錯誤等都有相當的助益。

2. 找出修飾成分和補充成分

　　在上述的基礎上，引導學童找出在基本成分之外的修飾成
分或補充成分[27]，並對只保留基本成分的句子以及帶有修飾成
分、補充成分的句子進行比較，以體會出修飾成分、補充成分

---

[26] 另外尚可參考筆者〈文法學在讀與寫教學中的運用〉一文中關於
　　「掌握語句的基本成分有助於白話文語意的掌握」的相關敘述與活
　　動設計。

[27] 這裡的修飾成分指廣義的修飾成分，包括出現於偏正結構中的定
　　語、狀心結構中心語前的狀語（副語）、介賓結構；補充成分則指
　　出現在中心語後的補語（補足語）、介賓結構。

的作用；進而引導學生從造句活動中體會句子基本成分與修飾成分的關係和語序的先後[28]。這樣，可以避免詞語搭配不良以及語序失當，甚至「得」與「的」的誤用，也可利用語句中的詞語順序來作說明[29]。

3. 強調判斷句「主語」和「斷語」的同質性

對於判斷句的句型教學，應說明斷語主要在說明主語的類屬、描寫主語的狀況、特徵或屬性，肯定的判斷句主語和斷語往往具有同質性；此外，尚可進一步說明肯定判斷句「A 是 B」往往可表示「A 等於 B」的概念，所以主語和斷語多數的情況下必須是同性質的人或事物。這有助於避免判斷句斷語與主語非同質的錯誤現象。

4. 高聲朗讀以體會文章的氣勢

不論文言或語體，都可藉由朗讀，以體察作者的感情；透過聲音的輕重、緩急、強弱以及停頓或連續、語調的高低、節奏的變化等，在字正腔圓與抑揚頓挫中，能再現作者寫作該篇文章的真實情感。而文章中的虛詞往往最容易展現作者的感情，透過虛詞可以表現作者種種不同的情緒，例如：情感的轉

---

28 可參考楊如雪、林鑾英（2003）的相關活動設計。

29 例如：「的」通常出現在「表領屬的名詞（代詞）＋的＋名詞」以及「形容詞＋的＋名詞」的語句環境中；而「得」則主要出現在「動詞＋得＋補充成分」或「形容詞＋得＋補充成分」的語句位置上。

折、語意的反詰、語氣的肯定或疑惑，甚至喜樂時的驚訝或贊嘆、哀傷時的痛惜與懊悔、憤怒時的難平或沮喪、強烈的希冀或要求，也常用虛詞來增強其表達的強度。因此指導學生朗讀，一方面可以深切體味作者的情感，另一方面也可以從中掌握虛詞的用法和語句的節奏，這對於寫作時如何使用正確的助詞與複句關連詞語，甚至在斷句與標點符號的使用方面，都有相當的助益。

5. 教導學童避免將母語的語句或網路語言直接運用在作文中

　　對於受到母語影響所造成的錯誤，以目前的情況來說，好像較難避免，因為不少的範文其實中間就會夾有方言母語的詞彙或句型。不過，教師或可引導學童透過範文例句的賞析，了解作者在範文裡夾雜方言母語，多數為了「存真」，因為那些文句往往具有特殊性，或者較難以國語來表達，它們對於文章具有加分的作用；可是如果只是普通的語句，卻夾雜方言，就難以達成這種作用。因此，不論在說話或寫作的教學中，可教導學童避免將母語的語句直譯為國語入手，來避免國語與方言雜揉的情況。而對於網路用語，尤其是表情文字和注音文，老師可嚴格要求學生不宜直接用在寫作上。

（二）策略運用學習單

　　以下嘗試以劉克襄〈大樹之歌〉為例，說明藉由閱讀教學可以進行哪些活動，以減少學童作文在語法方面的錯誤。不過要特別聲明的是：這裡為了說明方便，所以同時列舉了幾個可

能的訓練策略，將它們安排在一張學習單中，但並非希望教師在整份學習單中都進行這種類似的活動，教師在教學時可以選擇適當的時機，把這種訓練分別融合在每次的閱讀訓練當中。

在這張學習單的活動裡有幾個學習重點：

1. 第一項活動，標出句子的重要成分，目的在找出每一句話的基本成分，讓學童更清楚地掌握句意。其中第一句的主語承接第一段的最後一句，省略了。而「它是一棵雀榕」，是一個典型的判斷句，可以利用機會指導學童了解這種句型中「主語」和「斷語」的關係，「斷語」主要對「主語」進行解釋、說明，所以必須性質相同或具有同一的指涉，在本句中「它」指的就是「雀榕」。

2. 利用第一項活動的第一句話具有的省略現象，帶出第二項活動：找出句子裡重要成分被省略的部分，並將它們補出來。這項活動可能需要老師較多的引導，可先像第一項活動一樣，指導學童找出句子的重要成分；再觀察每個句子裡重要成分出現的情形，讓學童從重要成分的出現與否，了解語句成分的省略，以及省略了哪些成分。

3. 在第二項活動中，可以發現最後一句的句型非常特殊，是一個倒裝的句子，於是帶出第三項活動。本活動可以從尋找這句話的動詞入手，這句話裡出現了「見」和「發現」兩個動詞，但是「見」後面出現結構助詞「的」，很明顯的「常見」是對「酢漿草、鼠麴草、

黃鵪菜、馬齒莧等」進行修飾，已轉為形容詞的性質，所以只剩下「發現」是真正的動詞；從這裡再引導學童找出「誰」「發現」的？「發現」了「什麼」，這樣先把語句成分補足後，再進行語序的說明，也許較容易發現語句的倒裝現象。在進行這項活動時，可以視情況引導學童認識句子重要成分的語序。

4. 第四項活動希望學童能從標出句子的重要成分，進入到歸納出整個段落的大意，有助於對篇章文意的掌握。

5. 最後經過第五項活動的比較，希望學童能找出文章中轉折的關鍵，藉此機會引導學童認識複句的關連詞語。[30]

不過有些較專門的術語，不見得要同時帶出，可視各班學童的程度作彈性處理。[31]

---

30 另可參考楊坤堂（2004：226）。

31 感謝台北市南門國中吳蔚君老師對學習單內容的難易以及學習重點說明的部分提供寶貴的意見，學習重點第二項、第三項有些是根據吳老師的意見進行修訂、補充的。

大樹之歌學習單

_____班 _____號 姓名：_____

（一）在下列段落中，請以<u>不同的線條</u>把句子的重要成分標出來：

> 什麼樣的樹呢？它是一棵雀榕。雀榕的枝幹通常長有許多肉紅色的漿果，平地的鳥群最愛集聚那兒，所以它應該也有許多鳥朋友。河口附近還有許多雀榕，樹齡都和這一棵差不多。感覺上這個河口應該是一個大樹群生的地點，就像象群集聚的泥沼地一般的情景。

（二）下面這個段落中，有一些句子的主要成分省略了，請你把它們補上去：

> 這棵基部足足可讓四人擁抱的大樹，葉子已經落得一乾二淨，只剩肥胖的軀幹和枯枝伸向清冷的天空。以前爸爸去金山賞鳥，都會順路去探望它。有一次，我在它身上粗略統計了一下，還有十來種草木寄宿在它身上；像常見的酢漿草、鼠麴草、黃鵪菜、馬齒莧等，都會發現。

（三）當你補出省略的成分後，請你看看「像常見的酢漿草、鼠麴草、黃鵪菜、馬齒莧等，都會發現。」這句話跟其他的句子，在語句成分的次序方面有什麼不同？

國文作文教學的理論與實務

（四）請以畫線的方式標出下列兩段文字的重點，並將段落
　　　大意歸納出來：

> 　　　這棵基部足足可讓四人擁抱的大樹，葉子已經落得一
> 乾二淨，只剩肥胖的軀幹和枯枝伸向清冷的天空。以前爸
> 爸去金山賞鳥，都會順路去探望它。有一次，我在它身上
> 粗略統計了一下，還有十來種草木寄宿在它身上；像常見
> 的酢漿草、鼠麴草、黃鵪菜、馬齒莧等，都會發現。
>
> 　　　整段的意思是：＿＿＿＿＿＿＿＿＿＿
>
> 　　　但附近的人並非很善待它，他們在它身上纏繞了電
> 線，還掛魚網鋪晒，樹幹間的樹洞裡也堆積著廢棄的空罐
> 頭和保特瓶。我們仔細探視這位老朋友，它的枯枝已有一
> 些紅色的嫩芽，準備掙出天空了。下個月再來，想必已蓊
> 鬱成一片樹海！
>
> 　　　整段的意思是：＿＿＿＿＿＿＿＿＿＿

（五）請你在上列兩段文句中，找出作者與當地人對待雀榕
　　　的方式，說出其中的不同，並找出兩段之間轉折的關
　　　鍵詞。

伍、結論

　　學童作文能力的好壞，其實是其語文能力的指標；而語文是工具學科，是多數學科的基礎，所以語文能力的良窳，更關係到學童多數學科或學習領域的表現。本論文不在消極地指出學童作文的錯誤現象，而是希望透過這些錯誤現象的呈現，提出在範文教學中可運用的策略，企圖減少學童發生類似的錯誤。

　　另一方面，有鑑於目前坊間的參考書或測驗卷受到基本學力測驗命題方式的影響，對教材的分析往往處理得過分支離，甚至只強調課文中語法或修辭的個別現象，忽略了文章的全貌。所以也藉此呼籲老師們，進行範文教學時，宜多注意學童閱讀能力的培養，因為閱讀是語文能力獲得的過程，如果忽略閱讀能力的培養，期望學童的語文能力或作文能力提升，那是一個不可能的任務。

參考文獻

中文部分

王更生（1997）。**重修增訂國文教學新論**（再版）。台北：明文。

北京大學中文系 1955、1957 級語言班（1996）。**現代漢語虛詞例釋**。北京：商務印書館。

孟祥森（2004，6 月 15 日）。網路用語不像話老師：基測加考國文作文。**聯合報**，B8 版

易麗君（2001，12 月 12 日）。教改──讓作文水準低落了。**中國時報**，15 版。

施教麟（2001，2 月 12 日）。倉頡造字國中生造反。**自由時報**，34 版。

姚榮松（1987a）。語法在小學華語教學活動中的角色。**華文世界**，**46**，18-28。

姚榮松（1987b）。意念表出的流程。**國文天地**，**2**（11），30-33

教育部（2003）。**國民中小學九年一貫語文學習領域課程綱要**。台北：教育部。

楊如雪、林鑾英（2003）。語法教學記實。**國文天地**，**19**（6），21-28。

楊如雪（2004）。**九年一貫國語文寫作基本能力「句型及語法」階段指標規劃研究**。行政院國家科學委員會專題研究計畫成果報告（NSC92-2411-H-003-066-）。台北：國立台

灣師範大學國文學系。

楊如雪（2004）。文法學在讀與寫教學中的運用。**國文天地，20**（4），27-38。

楊坤堂（2004）。**書寫語文學習障礙**。台北：心理。

謝國平（1998）。**語言學概論**（增訂初版）。台北：三民。

切莫輕忽院士的警語。（2002，7月3日）。**中國時報**，2版，社論。

Chapter *13*

差之毫釐，失之千里

談大考寫作題考生答題的幾個面向

國立彰化師範大學國文學系副教授
林素珍

壹、前言

由大學入學考試中心所推動、規劃的國文考科試題，迄今已實行多年，主要是測驗高中學生對本國語文的理解、組織、分析、歸納、傳遞及應用等能力。其功能有二[1]：

第一、評量考生是否具備就讀大學的基本本國語文表達能力。

第二、幫助高中生進行語文程度的自我診斷。

就考生而言，無論是寒假所舉行的推薦甄試、學科能力測驗，或是暑假的聯考、指定科目考試，在非選題部分，寫作項目項佔有相當大的比重，大考中心曾說明有十四種類型：⑴縮寫型、⑵擴寫型、⑶改寫型、⑷續寫型、⑸摘寫型、⑹故事型、⑺看圖型、⑻問答型、⑼應用型、⑽引導型、⑾廣告型、⑿報導型、⒀綜合型、⒁論辯型。無論所出的題型為何，其測驗目標則有以下四項[2]：

第一、測驗考生遣詞造句的能力：

1 何寄澎等（1999）。語文表答能力測驗研究（五）。財團法人大學入學考試中心（研—88—160）。台北：財團法人大學入學考試中心。
2 何寄澎等（1998）。語文表答能力測驗研究（四）。財團法人大學入學考試中心（研—87—143）。台北：財團法人大學入學考試中心。

是否能以合乎語法規則的方式遣詞造句，進而用優美生動的修辭技巧。

第二、測驗考生篇章組織的能力：

是否能以清晰的條理，組織意義完整、首尾連貫的段落或篇章。

第三、測驗考生構思選材的能力：

是否能依照描、說明、議論、抒情等表達需求、選取適合的素材。

第四、測驗考生場合應對的能力：

是否能配合特定的場合或對象，適當調整表達方式。

本文擬就多年批改大學入學考試試卷（包括聯考、推薦甄試、學力測驗、指定科目考試等）的經驗，以及寫作的基礎理論，針對考生答題的幾個面向作一綜合性的觀察與探討，期能對現今高中寫作教學提供改善的教學策略。

貳、在審題立意方面

有別於以往單一命題的方式，大學入學考試的寫作題型較為多元而富於變化性，大考中心曾說明有三項命題的理念與原則[3]：

3　何寄澎等（1998）。語文表答能力測驗研究（四）。財團法人大學入學考試中心（研—87—143）。台北：財團法人大學入學考試中心。

其一，注重自然與人文、理性與感性、學問與實用、傳統與現代的結合。

其二，貼近生活經驗，切合社會脈動。

其三，強化分析理解，促進多元思考。

上面所提到的範圍相當廣泛，包含了一切可能的面向，也將記敘、描寫、說明、議論等文類含括在內。然而，無論其命題原則為何，考生在考試的時候，必須辨明題目及說明文字的意義及重心，以便針對題旨有所發揮。陳滿銘《作文教學指導》曾提「明辨題目的意義」、「把握題目的重心」和「認清題目的範圍」等重點[4]：

題目的意義，可分為字面與內涵兩方面。在字面方面，須就題文逐字逐詞地分析它們的意義，……明辨題目的意義之後，就要把握題目的重心。學生能針對題目的重心加以發揮，才不會使內容無所依倚，而偏離了題目。……把握題目的重心之後，就要認清題目的範圍。學生能依這個範圍去搜尋材料，才不致漫無邊際，背離題目的要求。

由此可見，仔細閱讀題目，明白題意的要求，是應試的一個重要關鍵，會錯題意或是看錯題目，往往造成不可挽回的遺

4　陳滿銘（1997）。指引。載於**作文教學指導**（頁118-121）。台北：萬卷樓。

憾，就考試而言是非常嚴重的缺失，茲以八十八年推甄的短文
寫作試題為例：

　　以下是有關「魚」的兩種不同情境，請選擇其中一項，寫
一段散文，可以從「人」的角度寫，也可以從「魚」的角度
寫，文限 200 至 300 字之間。（佔 18 分）
　　（一）餐桌上的魚　　（二）水族箱中的魚

　　這是一個意義段寫作的題型，希望考生以「魚」或「人」
的角度，選擇一種魚的情境加以詮釋，因此考生只能就「在餐
桌上」或是「在水族箱中」的魚來說明。但是，應考的考生卻
有人兩題都寫，不但損失了考試的寶貴時間，也冒著失分的危
險。另外，更有人將兩題合併，就「餐桌上，水族箱中的魚」
來發揮，完全跳脫題意的要求。至於題目中只要書寫一段，文
字限制在 200 至 300 間的要件，也是不容忽視的，有人分段，
有人超出字數限制，都不符合作答方式的要求。再以八十九年
大學聯考的作文題目為例：

　　說明：人生在世，須有所付出。面臨需要幫助的人，我們
應該伸出援手。唯有付出，人生才會更加飽滿而充實。其實我
們的周遭，處處充滿了這種高貴的情操，如義消、義交、導
護、醫院義工以及各種服務和行善的團體，他們都奉獻出自己
的時間、金錢和溫暖的情誼。
　　請以「義工」為主題、自擬題目寫出你的看法。（佔 30 分）

　　一般而言，考生對「義工」的定義應該不會有所誤解才對，況且題目中也舉了義消、義交、導護、醫院義工以及各種服務或行善的團體為例，但是卻有人以為清道夫、自己的媽媽、警察、政府官員等都是義工，在範圍的選取上顯然是錯誤的。再者，文中要求自訂題目，大部分的考生只寫個「義工」，並沒有認真思考如何將題目訂得精確而醒目。最後，再以九十三年學科能力測驗的判讀題為例：

　　近一、二年來，「中高齡失業」成為台灣社會「沉重」的現象。所謂中高齡，泛指45歲到65歲。根據主計處2003年10月統計，50至54歲平均待業期達35.23週（8.2個月），55至59歲達38.68週（9個月），年齡愈大愈不容易找到工作，他們的處境也就愈見艱難。

　　假設，你的鄰居陳先生也在這波中高齡失業潮裡。

　　陳先生今年50歲，他的太太來自越南，兩名子女分別就讀小學、幼稚園，一家四口僅靠他的薪水度日。一年前，陳先生任職的工廠遷往大陸，他因此失業了。雖然曾到「就業服務中心」登記，也應徵過幾個工作，然皆未獲回音。陳先生從事過紡織、餐飲、保全，最近更在社區大學上過電腦課，他迫切需要一份工作，但因文筆不佳，寄出的求職信往往石沉大海，因此拜託你幫他寫一封求職信。他特別強調，對工作性質、地點都不挑剔，希望待遇是4萬元。

　　在寫這封求職信之前，你必須仔細衡量上述陳先生的狀況，從中選擇若干，做為訴求重點，以便打動僱主的心。那麼

你會選擇哪些重點呢？請逐項列出，並說明所以選擇其作為訴求重點的理由。

　　【注意】：本題用意，並不在要求寫成完整的求職信，作答時，請逐項列出重點並說明理由即可。（佔 14 分）

　　題目的用意是希望考生能將撰寫求職信前的準備重心羅列出來，並且說明其中的理由。例如：一、「曾從事過紡織、餐飲、保全」：把陳先生以往的工作經驗寫出，使僱主覺得他有多方面的專才和經驗。二、「最近在社區大學進修過電腦」：可顯示出陳先生雖是中年，仍不忘進修、充電，能令僱主認為他跟著時代潮流前進，不斷提升自己的能力。三、「對工作性質、地點皆不挑剔」：陳先生的配合度高，讓僱主調度方便。四、「家中越南妻子及兩名稚子的生活由自己一人扛起，希望待遇為四萬元」：強調陳先生的經濟負擔大，使僱主心生憐憫再順勢提出薪資條件，較易為僱主認可等，都是其中的重點所在。但大部分的考生卻沒有仔細閱讀題目，將答案寫成求職信或是履歷表，都有違題目的意旨。所以，認真而仔細的閱讀題目，並且徹底了解題目的旨趣和要求是應考的第一要項。

　　寫作不但是語文能力的展現，也是思維能力的表現[5]。作者最該用心思考的，莫過於全文的主旨所在，因為主旨的優劣直接影響了文章的好壞，所以寫作立場的決定是一個重要的關

5　劉忠惠（1996）。表達與用語。載於**寫作指導（上）──理論技巧**（頁 243）。高雄：麗文。

鍵，陳滿銘《作文教學指導》提及[6]：

　　審辨了題目的意義、重心、範圍，並決定寫作的體裁以後，在正式寫作以前，還有一件待做的事，那就是確定寫作的立場。惟有立場確定之後，才能依此貫穿全文，使它維持一致的思想情意。

　　寫作立場要明確是開始下筆行文必須做到的第一步，有些考題有立場的選擇或限定，都要留心與遵守，例如八十九年大學聯考的短文寫作題：

　　說明：根據最近的一份調查顯示：如果在「金錢」與「時間」中要作一個選擇，世界上有百分之五十二的人都會選擇「錢」；但包括印度、菲律賓、泰國、越南等許多亞洲開發中國家的人，卻希望擁有更多的「時間」而非「金錢」。如果讓你在兩者間選擇其一，你會選擇什麼？請寫一篇二百字左右的短文，說明你的選擇與理由。（佔 10 分）

　　題目要考生在「時間」與「金錢」中選擇一項來作答，有明確的限定，就不可二者兼論，有些考生含混作答，使人不明白作者的立場究竟為何。又如九十年推甄的作文題目：

6　陳滿銘（1997）。指引。載於**作文教學指導**（頁 123）。台北：萬卷樓。

　　從前，「慢」是成事的基礎──好湯得靠「慢火」燉煮，健康要從「細嚼慢嚥」開始，「欲速則不達」是孔子善意的提醒，「慢工出細活」更是品質的保證，總之，「一切慢慢來！快了出錯划不來！」

　　現在，「快」是前進的動力──有「速食麵」就不怕肚子餓，有「捷運」、「高速鐵路」就不怕塞車，有「寬頻」就不怕資料下載中斷，有「宅急便」就不怕禮物交寄太晚，身邊的事物都告訴我們：「快！否則你就跟不上時代！」

　　不同的時代總有不同的想法，但「慢」在今天是否已經過時？「快」在今天又是否真的必要？

　　題目：試以「快與慢」為題，闡述自己的觀點，文長不限。（佔 37 分）

　　這個題目彈性較大，至少有三種立場可以發揮：以「快」為重心、以「慢」為重心、或是「快與慢」各有其長，無論如何，應就其中一項加強闡述，才能使文章的重焦點集中。再以九十一年指定科目考試的問答題為例：

　　孟子曾說：「古之人，得志，澤加於民；不得志，脩身見於世。窮則獨善其身，達則兼善天下」（〈盡心上〉），標舉了知識份子在窮達之際的理想作為，但面臨生命的重要轉折，每個人的作法會因其性格、際遇與修養而有所不同。所以，無論是憂讒畏譏、忿懥沈江的屈原，或是不為五斗米折腰、守拙歸園田的陶潛，或是曠達自適、無處而不自得的蘇軾，都為後

世立下了不同的典範，而他們的任事態度與生命情懷，也都反應在其作品中。以上三人，你最欣賞哪一位對於出處進退的態度及其作品？為什麼？試結合其生命情懷與作品加以說明，文不必分段，以 300 字為度。（佔 18 分）

題目是要考生就屈原、陶淵明、蘇軾三人之中選擇自己最喜歡的一位加以說明，學生在六年中學國文課的學習中必然都接觸過這三位文學家：屈原有著人格潔癖，以自盡結束自己的悲劇；陶淵明有著恬淡的胸懷，因此歸隱園田；蘇軾則豪邁釋懷，無入而不自得，無論選擇哪一位文人，都有其發揮的空間。但是，有的考生卻泛論三人的生平事蹟，立場非常模糊。有許多人的寫的是文章開頭的孟子，這可能是沒看清題目的用意，囫圇吞棗的行文；令人最訝異的是，有人欣賞的竟然是陳水扁、馬英九等，實在是風馬牛不相干。

再者，考生也不需猜測閱卷老師的立場，以前述「時間」和「金錢」的題目為例，姑不論考生的真正立場為何，這一題的作答方式有二：其一，是如實地寫出自己的立場；其二，是選擇較好發揮的項目著手，無論採取哪一種方式，都還算忠於作者自己的本意。然而，有些考生可能猜測閱卷者的想法，認為金錢太庸俗市儈了，不太討好，因此選擇時間來論述，通篇言不由衷，反而自暴其短。再看八十九年推甄的作文題目：

讀過〈桃花源記〉的人都知道，「桃花源」是陶淵明心目

中的「烏托邦」。對你而言，「烏托邦」或許是太遙遠的世界，但只要是人，都有他的「嚮往」。這「嚮往」也許是一個具體的目標，也許是一種抽象的境界，或許只是區區卑微的願望，也或是永不可能達成的幻想，卻都代表了內心的願景。

請以「我的嚮往」為題，寫一篇文章，文長不限。（佔 27 分）

提示：內容應包括：(1)自己的嚮往是什麼　(2)為何有這樣的嚮往　(3)如何追求這嚮往　(4)自我的感懷

基本上這個題目不難發揮，相當符合高中生的心理與想法，而且題目的「提示」部分也將文章的主要內容鉤勒出來了。但是在閱卷的過程中，筆者充分感到學子的無奈：他們不好意思寫出自己真正的嚮往，諸如一頓美食、一次旅遊或是參加偶像歌手的演唱會等，好像深怕寫出這些東西會被嘲笑，顯得自己的眼界太狹礙，因此有為數不少的考生嚮往「世界和平」這個遠大的目標，並分別就政治、社會、經濟、教育等各方面提出改進方案，讀了教人啼笑皆非。反不如一位考生論述自己來自一個暴力家庭，從小就目睹父親毆打母親，所以他嚮往一個和樂幸福的家庭來得實際。

其實，「立意」最主要的目在確立主題[7]，為了在眾多考生中使自己的作品突出，創意新穎的切入點則是一個要項，劉

7　林保淳等（1993）。立意。載於**創意與非創意表達**（頁 70）。台北：里仁。

世劍《文章寫作學》說到[8]：

> 主題要深刻、新穎，這是與其他文章的主題相比較而言
> 的。作者在確定主題時，必然要考慮到主題是否具有「過人之
> 處」，是否具有「前所未有」、「前所未到」的特點，只有那
> 種能「見人所未見，發人所未發」的主題，才能稱得上是深刻
> 新穎的主題。

因此，針對一個題目應先思考如何發揮其菁華，通常第一
層次能想到的，幾乎是每個應考者都會觸及的，應該再深層思
考，以便讓閱卷者有「耳目一新」的感覺。以前面提到的八十
八年推甄試題為例：幾乎所有考生都寫「我是水族箱中的一條
魚，悠閒自在的在水中游來游去，累了就在水草中休息，餓了
就吃主人撒下來的魚飼料」，這類文字只是將「魚兒魚兒水中
游」的歌詞重述一次而已，沒有新意。但是有一篇則令人印象
非常深刻，作者以魚的第一人稱來對牠的主人說話，其內容大
要如下：

> 你將我關在這個水族箱裡，給了我所有好的東西，像美麗
> 的裝飾品，各式各樣的水草等，你也很準時來餵我，從不讓我
> 餓著，你真的對我不錯，我挺感謝你的。其實，我對你也不

---

8 劉世劍（1995）。主題。載於**文章寫作學**（頁 107-108）。高雄：麗
   文。

差，每當你來看我的時候，我都會努力的變換各種姿勢給你欣
賞，做為報答的禮物。你以為你可以掌控我的一切，你以為你
可以觀察我的一舉一動，但是別忘了，我也正透過玻璃觀察
你：每天早晨，我看著你連早餐都來不及吃，就得匆匆忙忙的
趕去上班，好可憐啊！傍晚時分，則拖著疲憊不堪的身軀回
來，不是抱怨著生活，就是咒罵著老闆，好無奈啊！頓時，我
覺得我雖然被你關在水族箱中，但是我的「空間」卻比你大太
多了。

　　這段文字的涵意很深刻，發揮的角度也很有創意，自然可
以脫穎而出。一般考生的文章大都內容貧乏、氣格不高，以前
面三個文學家的選擇為例，有人喜歡屈原，理由是有端午節的
粽子可以吃；有人欣賞蘇東坡，是因為他研發了東坡肉。再以
同年的另一道作文題「對鏡」為例：

　　我們身邊，有各種不同的「鏡子」。有人在時間的流轉
中，從「它」照見了容顏的改變；有人在生的戲局中，從「它」
觀看出真正的自我；但也有人不願或不能面對「它」。試以
「對鏡」為題，寫一篇文章，文長不限。（佔 27 分）

　　有人在對鏡之後，發現自己的鼻子太塌了，所以通篇都在
寫自己如何用各種方法讓鼻子高挺起來，對於題目深遠的寓意
根本沒有觸及，文章的內容顯得相當單薄且庸俗。有一篇文字
就相當可觀，其大要如下：

　　大家好，我是一面鏡子喔！一面掛在火車站前的鏡子，每天看著川流不息的人潮從我面前走過，我一點兒也不孤單，有人會看著我整理儀容，有人會站在我面前發呆，更還有人會對著我莫名其妙的說些話。從我的身上，人們瞧見了自己日益衰老的模樣而感歎不已，從我的身上，小寶寶生命即將舞動的姿態，表現無遺，彷彿這個世界只要是有形體的東西，就逃不出我的映照，可是啊，為什麼還是看到許多人不快樂的樣子呢？我總覺得，我似乎無法映照出人們心裡的想法，人真是奇怪的動物。

　　直到有一天，我被打碎了，站長不得已將我從牆上取了下來丟進了垃圾桶，我才恍然大悟，原來無形的鏡子是藏在內心的，除了自己，誰都無法窺視到的，而我這面看過無數人影的鏡子，直到功成身退時，才略明白這件事，才真正看到自我是什麼，那沉淪在繁忙世界中的人們，是否也將走到生命的盡頭時，才會有著如我一般的醒悟呢？若真的是這樣，那人這種動物就太可悲了。

　　人啊！人啊！當你照鏡子時是否也照到內心了呢？有看到真實的那面嗎？我只能幫你看到外表，至於尋找真實的自我，只能靠你自己啊！不需害怕，不要逃避，找到你自己，這樣生命才能活得精彩，無憾。

　　一般的考生都寫人去對鏡，然而這位考生則用相反的角度，將自己化作一面鏡子去看人生的百態，作者充分掌握「對鏡」的寫實意義，也發揮了抽象意涵，讓文章顯得相當特別且

深刻。另外，九十三年指定科考的題目「偶像」⁹，大多數的考生都崇拜自己的父母，但大都寫得過泛，如爸爸每天準時上班、媽媽照顧全家人等，並沒有特出之處，評閱起來讓人有詞窮之感。而九十四年學測的題目「失去」¹⁰，大部分的考生不是寫祖父往生，就是寫祖母往生，除了感慨親人在世時沒能好好與其相處而懊悔外，幾乎沒有其他深刻感人之處，很難打動讀者，無法讓人感動。有名考生則說到自己的父母因為到北極而被北極熊吃掉了，這種「失去」實在有違常情，太誇張了。由此可知，創意仍需根基於合情、合度的條件下，才能引起共鳴，使作品出色。

貳、在遣詞造句方面

對於考生的遣詞造句方面的評量，大考中心曾定訂一套標準，共分五個等級，其大要如下¹¹：

---

9 請以「偶像」為題，寫一篇文章，文長不限。「偶像」可以是「仰慕的對象」，也可以是「學習的典範」等等。你可以針對這個文化現象，提出理性的思辯；也可以敘述你模仿、追逐歷史人物、身邊長輩、各行各業精英或故事中主角的經驗；敘議兼具，也未嘗不可；但務必建立屬於自己的、首尾連貫的脈絡。（佔 27 分）

10 人生難免「失去」：我們有時沉浸在失去的感傷中；有時因失去才學會珍惜；有時明明已經失去，卻毫不自覺；而有時失去其實並非失去……請根據自己的體驗，以「失去」為題，寫作一篇首尾俱足、結構完整的文章，文長不限。（佔 27 分）

11 何寄澎等（1997）。八十七年度語文表達能力測驗研究報告。財團法人大學入學考試中心（研—86—123）。台北：財團法人大學入學考試中心。

A：語彙豐富，用詞貼切，文筆生動流暢，文字精確優美，善用修辭技巧來強化旨意。

B：文筆通順，用詞穩當，能運用修辭技巧，對於典故、成語的運用均算適切。

C：語彙稍感貧乏，用詞不夠精確，偶有語病，但文字大致通順可讀。

D：語彙貧乏，文字多重複而有語病，不甚通順。

E：粗率雜亂，或不知所云。

　　就遣詞方面而言，應先從明白、準確、適當做起，常見有些考生措詞不當，使文句變得突兀而奇怪，例如：**「義工是一群愛心氾濫的人」**、**「愛，充斥在每個人的心中」**、**「我們的社會每一個角落都充斥著義工」**，其中「氾濫」的原意是大水漫流，四處橫溢，引申為事物過度擴散滋長，常用在負面的情境，用來形容義工的愛心是極為不妥的。相同的，「充斥」一詞也是用在負面的情況，諸如「盜匪充斥」、「盜版充斥」等，用來說明愛或義工，有著嚴重的錯誤。再看**「我們的社會能如此安定，要歸咎於默默貢獻的義工」**，「歸咎」是推諉過錯的意思，而社會安定是一件好事，應「歸功」於義工的付出才對。

　　由於措詞不當而造成句子語意矛盾的情況亦不在少數，如**「在我的記憶中，依稀仿佛有一位令我難忘的義工」**，在這個句子中，「依稀」與「仿佛」只要擇一而用就可以了，無論用其中任何一個語詞，與後面的「難忘」顯然無法銜接，而造成

語意上的衝突。另外，「那些義交頭上頂著火熱如紅蛋般的太陽」，火熱的太陽用「紅蛋」來描述，氣勢著實不夠，也不恰當，而「流氓強盜奉獻他們的惡行，好讓警察發揮他們的功能」，這句話的意思好像所有警察都應該感謝流氓強盜，要不是他們「奉獻惡行」，警察們恐怕很難發揮自己的專長，整個句子不但措詞失當、語意偏差，而且還和現實的情況有所違逆。

　　其實，造句方面應先從通順、簡練、清楚做起，常見有些考生的行文，句子是造出來了，但卻不夠通順而且詞不達意，讓閱卷者不明白所要表達的意思。例如下面幾個句子：

1. 更令人難得的是：這些人的食物竟然是自己的排泄物。
2. 有些人當義工是想要成名，但心中仍以國家興旺為優先。
3. 人應該多欣賞這個花花世界，多裝作附庸風雅的隱士去欣賞良辰美景。
4. 與其做個有用的人，不如做個有價值的人。
5. 子路為義行的代表，但仔細想想也不是，因為他的脾氣暴躁。

　　第一句可能是將「難忘」誤寫為「難得」，雖只有一字之差，但是所要表達的意思卻截然不同。第二句則是將「興亡」誤植為「興旺」，前後的語意有矛盾之處。第三句的前半部分表現出較積極的態度，然而後半部分所提到的隱士卻與前面的情境不相襯；再者，以附庸風雅來形容隱士也不妥當。第四句的句型往往是用在兩個不一樣的情境中，但是句中所提到的

「有用的人」和「有價值的人」差別並不大。第五句則是先提出一個觀點，隨即又否定自己所提的看法，讀起來也是不通的。

　　接著要討論的是成語的運用，據了解我國學生自小學開始，無論家長或老師都會要求他們背成語，坊間關於成語的參考書也非常的多。然而，考試時成語誤用的情形依然很多，以下有五個例子：

1. 學習過程不是<u>百依百順</u>的。
2. 生活在這個世界上，<u>左顧右盼</u>隨時可俯拾一些義工。
3. 做人做事的道理非得是經驗、歷練的累積，否則將無法發為<u>駭人聽聞</u>的言語。
4. 義工的義行<u>層出不窮</u>。
5. 由於義工們的<u>雪上加霜</u>，使得九二一的救災活動得以順利進行。

　　「百依百順」通常都用在對人的態度上，用以形容學習過程是不可以的。「左顧右盼」是說明動作用的，用在此處根本是多餘的，而「俯拾」一詞也誤用了。「駭人聽聞」、「層出不窮」、「雪上加霜」等均用在負面的情境，第三、四、五句用來說明經驗歷練的累積以及義工的義行是絕對錯誤的。九十一年首度實施學測時，非選擇題的第二題便考驗學子使用成語的能力：

　　寫作時，適度而精確的使用口語與成語，可使文章增色，

但若濫用、誤用，反不可取。下面是一封情書，除粗陋的口語外，更充斥俗濫與錯誤的成語。請在不違背其本意的前提下，用真切、自然的文字加以改寫。（佔18分）

　　注意：1.改寫時須保留原信的時間、地點、人物、情節。

　　　　　2.不可使用粗陋的口語，並避免濫用成語。

　　「上個禮拜六在校刊編輯會議首度看到你，就被你煞得很慘。你長得稱得上是閉月羞花，聲音也像鶯啼燕囀。從此，你在我心中音容宛在，害我臥薪嚐膽、形容枯槁。我老媽看不下去，斥責我馬齒徒長、尸位素餐，不知奮發圖強，難道要等到名落孫山、墓木已拱才甘心嗎？我也有自知之明，這封信對你而言只是九牛一毛，你一定棄之如敝屣。但我相信愚公移山的偉大教訓，也就是人定勝天，如果你給我機會讓我向你表白我自己，你會恍然大悟我是個很善良的人。期待你的隻字片語，若收到回音，那一定是我一生中最快樂的一天了！」

　　這裡僅以「我老媽看不下去，斥責我馬齒徒長、尸位素餐不知奮發圖強，難道要等到名落孫山、墓木已拱才甘心嗎？」為例，其中「馬齒徒長、尸位素餐」被改為「守株待兔、坐食山空」、「不愛江山，愛美人」、「一朵鮮花插在牛糞上」、「年少輕狂，翅膀硬了」、「衝冠一怒為紅顏」、「鬼迷心竅，紅顏棄軒冕」、「朝三暮四，故步自封」、「數典忘祖，目光如鼠」、「馬不知臉長，母豬賽貂蟬」等；而「名落孫山、墓木已拱」則被改為「天崩地裂，火山爆發」、「玉石俱焚」、「生米煮成熟飯」、「木已成舟」、「人老珠黃」、

「挖好墳墓」等，題目所用的成語已有誤差，而考生所更易的似乎也不太高明，甚至還有背離原意的情形。

參、在舉證說明方面

　　自古以來，許多文人在寫作時，都用心於典故、例證的經營，其內容大致可分為：事例、物例、語例等[12]。文章中的例證可以加強行文的說服力，若是有所誤用或不精確，將會嚴重影響考試成績，所以應力求適當而正確，以八十四年大學聯考的「榮與辱」為例[13]：有許多考生舉證說到「韓愈忍受胯下之辱」，更有人進一步說「因為韓愈忍下了胯下之辱，所以長大之後才會推動古文運動」，此處顯然是將韓信與韓愈混淆了。另外，在「義工」的前題下，竟有人舉譚嗣同、司馬遷、陶淵明、子路為例證，可能是他們各有犧牲、忍辱、恬淡、率直的特性，與某些義工的特質相近，然而舉這四個歷史人物做為義工的代表，未免也太牽強了。而九十年推甄的「最遙遠的距

---

12 林清標（1993）。舉例的重要與必要。載於**怎樣作文——寫出好文章的技巧**（頁 113-127）。台北：文經。

13 說明：1.請抄作文題目。文言、白話不拘，但須加新式標點。2.不得以詩歌、小說或書信體寫作，違者不予計分。題目：榮與辱。（佔 40 分）

國文作文教學的理論與實務

離」[14]，則有考生提到：

> 貝多芬、紂王、鄭豐喜不知克服自己的缺點──面對自己
> 的失敗而不知道自己到底錯在哪裡，無法對自己所犯的錯誤進
> 行改進。

作者以為上述三人因為不懂得克服自己的缺點，所以離
「成功」非常遙遠。其中紂王的例子可以被接受，但是貝多芬
以無比的毅力克服聽障的限制，最後成為世界知名的音樂家，
而鄭豐喜也以一己的努力超越了肢體的障礙，成為年輕人的典
範，這裡竟然被用在負面的例證說明，顯現學子舉證能力之薄
弱。

下述關於「偶像」的例子，也值得老師教學上作深入思
考，何以學子在受過多年國文教育之後，還舉出如此的例證。

一、有人崇拜曹操，認為他能做到「不在其位，不謀其政」。

──────────

14 注意：1.甲、乙二題，任擇一題作答，不可二題皆答，違者扣分。
　　2.須抄題，違者扣分。甲什麼是最遙遠的距離？有人以天文學的角
　　度說：還在不斷擴大、無從探測邊界的宇宙，就是最遙遠的距離；
　　也有人說：最遙遠的距離，是生與死的永遠分別；更有人說：最遙
　　遠的距離，是我就站在你面前，你卻不知道我愛你。
　　題目：試就你自己的感覺、經驗、知識或省思，以「最遙遠的距
　　離」為題，寫一篇文章，文長不限。（佔 37 分）
　　提示：文章可以全然抒情而寫得很感性，也可以運用知識而寫得充
　　滿知性，當然也可以融會二者，兼具知性與感性。

二、有人認為崇拜偶像是一件好事，像孔子就以諸葛亮為偶像所以才會有傑出成就。

三、有人崇拜王莽，認為他是史上最高明的臣子，歷史評價褒多於貶。

四、有人崇拜竹聯幫幫主趙爾文，因為他很有領導統御的能力，把黑社會管得很好。

五、有人崇拜自己的外公，因為外公是「吃著金飯碗」出生的，可以輕鬆的工作、退休、環遊世界。

六、有人崇拜老莊，因為他們幽默風趣，寫了許多幽默文章。

七、有人崇拜陶淵明，說到他所處的時代共有兩千年之久。

八、七年級的我，不做草莓，要做荔枝，有著堅硬的外表，禁得起碰撞。

　　只要讀過歷史的人都知道：曹操「挾天子以令諸侯」的野心，是越權僭位的具體表現；孔子是春秋時期的人物，怎可能去崇拜比他晚數百年的諸葛亮；王莽的篡位虛偽並未得到認同，老莊的文字雖然微妙精通卻不能以幽默來形容；魏晉南北朝不過兩百多年，何來兩千年之多。再者，黑社會的人物、不勞而獲的例證，根本沒有任何的說服力；而比荔枝堅硬的水果恐怕也不在少數。上述的例證，不是不當就是有誤，應再求精準正確。

肆、在錯別字方面

　　現在學子的錯別字問題相當嚴重，在考試中往往也會加深

閱卷老師的印象而影響成績，下述例子大概可分為兩類：

一、音近（或音同）而字誤

幫住　爆力　隔外　蕭塞　稱托　承現　呼略　品性　氣芬
過成　推徵　老板　警剃　童化　映象　隔合　衝次　句體
從新　任為　冷默　浩時　和協　疲瘀衝忙　離翼　訊速
試範　敬沛　急整　打侉　默生　垮父　至從　必竟　事非
而以　氣紛　潛白　明憭　崇上　舒情　深動　鞠恭　畢需
背動　困禁　嚴素　具大

盼斷力　賓遣館　拌腳石　水族綱　不令色　不經易　桃花園
瑩光幕　有所健言　社會隱優　令人挽惜　年少吃狂
不齒下問　天珠地滅　漠漠關心　掉著點滴　淑女伸士
出棋不異　出奇不遇　每個階斷　實在卑哀　回愧社會
匪疑所思　致今未婚　餘心不忍　莘莘向榮　路徒遙遠
報張雜誌　有昭一日　相輔相承　斥之以鼻　繼續不段
不則手段　潛顯易懂　意無反故　作監犯科　身入其境
壇花一現　秩安敗壞　三經半夜　關念不同　另人生氣
萬理晴空　雄雄烈火　漠漠奉獻　另人感動　徐徐如生
被受肯定　提心掉膽　知冶通鑑　赴湯導火　沒有性趣
效果不張　無動於中　爭鋒相對　感同深受　不在出現
再再顯示　時間流事　拒決毒品　托托拉拉　清翠動人
一切都往然　偉人的旦生　慈濟工德會　採橘東籬下
天涯若壁鄰　父母的負出　欲樹則不達　摸不著頭序

窪了一條鴻溝　各式交通公具　因該崇拜偶像　拌演自己的角色

二、形近（或音同）而字誤

狀年　狀觀　隋落　制造　重復　瑜快　拙壯　不淮　既將
悔人不倦　不知所惜　命在但夕　滿門抄軟　燴聲燴影
素昧平生　判逆少年　堹露頭腳精雕細啄　一厥不振

　　綜觀上述例子，與現在學子普遍使用電腦有關，電腦打字取代了用手書寫，而常期使用注音輸入法的結果，使得許多學生只記得音讀，不認識字形。九十三年指定考試出了改寫國字與改錯，應該就是因為一般考生錯別字過多而發的：

　　這家全市「ㄕㄡˇ」屈一指的海鮮餐廳，其受歡迎的程度，從用餐時間民眾大排長龍即可見一「ㄅㄢ」。當一道美食送上餐桌，濃「ㄩˋ」的香氣不禁令人「ㄕˊ」指大動。老闆說，他每天都要親自選最新鮮的食材，並交「ㄅㄞˋ」廚房師父用心烹調，「ㄅㄧˋ」竟要維持口碑並不是一件容易的事。

　　你難道沒看見魔王索倫攻勢伶俐，前線守軍已經嚇得不省人事了！你竟然還在講「人不自私，天諸地滅」的鬼話！「不然能怎麼辦？」「我不像你，只會在這兒一愁莫展。我願意率領敢死隊，出奇不意的中途攔劫！」「好！姑且讓你放手一搏；若有閃失，絕不寬代！」

國文作文教學的理論與實務

上述兩個題目，答案分別是「首」、「斑」、「郁」、「食」、「代」、「畢」，以及、「凌」、「厲」、「誅」、「籌」、「其」、「貧」（或「待」），十二個字中，較優者對個八至十字，其次五到七字，至於僅對三、四字或以下者，則宜再加強文字辨識的能力。

伍、結語

相信許多老師都有相同的感慨，那就是台灣學生的語文能力相當低落，在作文方面的表現常常是詞彙貧乏、文句不通、思維淺薄、例證失當、錯別字充斥等，所以現在的學生非常需要專門的課程來訓練寫作的能力。然而，在國文課有限的授課時數下，課本教材的進度佔用了大半的時間，作文課幾乎無法好好經營而淪為國文課的附庸。其實，「寫作」應該是專門而獨立的課程，其理由至少有以下二項：

一、**實用性的考量**：表達個人意見、與人溝通觀念、書信文件往來、撰寫學期報告、整理隨堂筆記、摘錄經典著作等，都必須透過語言文字。

二、**因應升學趨勢**：遣詞造句、篇章組織、構思選材、場合應對等能力之測驗。

自民國八十三年以來，由大考中心主導的推甄、學測、指定科考等，都希望提升學子的語文能力，一般而言，考生在應考時應注意下列事項：

其一，在審題立意方面：須看清題旨，明白題目的要求，如主題核心、做答方式式等。再者，對於題旨的發

揮也要從創意、新穎的角度切入，以使文章出色。

其二，在遣詞造句方面：要留心措詞與成語的適當性，文句應求其流暢，也要注意明確達意。

其三，在舉證說明方面，不可含混不清，要求其適宜且精確，否則張冠李戴，將會自暴其短。

其四，在錯別字方面，也要力求正確，改進音近字誤及形近字誤的情形。

透過升學考試寫作題的測試，用以提升學生的寫作能力，或許是一個很好的途徑，卻不是唯一的方法，如今我們已跨出穩健的第一步，其後還需要學界、教育界以及學生等，大家一起共同努力。

國文作文教學的理論與實務

國家圖書館出版品預行編目資料

國文作文教學的理論與實務／王開府、陳麗
桂主編.--初版.--臺北市：心理, 2006（民 95）
面；　公分.--（地方教育輔導；43）

ISBN 957-702-852-7（平裝）
GPN 1009500025

1.中國語言－作文　　　2.九年一貫課程－教學法

523.313　　　　　　　　　　　　　　94022560

地方教育輔導 43　**國文作文教學的理論與實務**

主　　　編：王開府、陳麗桂
執 行 編 輯：林怡倩
總 編 輯：林敬堯
出 版 者：心理出版社股份有限公司
社　　　址：台北市和平東路一段 180 號 7 樓
總　　　機：(02) 23671490　　　傳　　真：(02) 23671457
郵　　　撥：19293172　心理出版社股份有限公司
電子信箱：psychoco@ms15.hinet.net
網　　　址：www.psy.com.tw
駐美代表：Lisa Wu　　tel: 973 546-5845　　fax: 973 546-7651
登 記 證：局版北市業字第 1372 號
電腦排版：辰皓國際出版製作有限公司
印 刷 者：翔盛印刷有限公司
初版一刷：2006 年 1 月

定價：新台幣 450 元　　■有著作權‧侵害必究■
ISBN 957-702-852-7
GPN 1009500025